U0680702

高校图书馆文献资源配置
与个性化读者服务体系构建

申 伟 栗 丽 著

吉林文史出版社

图书在版编目（CIP）数据

高校图书馆文献资源配置与个性化读者服务体系构建 /
申伟 , 栗丽著 . -- 长春 : 吉林文史出版社 , 2025.4.
ISBN 978-7-5752-1143-7

Ⅰ . G258.6

中国国家版本馆 CIP 数据核字第 20251W1U11 号

高校图书馆文献资源配置与个性化读者服务体系构建

GAOXIAO TUSHUGUAN WENXIAN ZIYUANPEIZHI YU GEXINGHUA DUZHE FUWU TIXI GOUJIAN

出 版 人：张　强

著　　者：申　伟　栗　丽

责任编辑：柳永哲

封面设计：孟　博

出版发行：吉林文史出版社

电　　话：0431-81629352

地　　址：长春市福祉大路 5788 号

邮　　编：130117

网　　址：www.jlws.com.cn

印　　刷：吉林省信诚印刷有限公司

开　　本：710mm×1000mm 1/16

印　　张：15.75

字　　数：300 千字

版　　次：2025 年 5 月第 1 版

印　　次：2025 年 5 月第 1 次印刷

书　　号：ISBN 978-7-5752-1143-7

定　　价：78.00 元

高校图书馆作为学术资源的枢纽与知识共享的中枢，不仅承载着服务教学科研的使命，更是文化传播与技术革新交汇的场域。在信息技术迅猛发展的今天，数字化浪潮正以前所未有的力量改写文献资源的组织方式，驱动图书馆服务模式的变革。在这种深刻转型的背景下，如何优化文献资源配置，构建个性化读者服务体系，成为高校图书馆在未来发展中亟待解决的核心课题。

文献资源的配置是图书馆服务能力的基础，而这一过程既关乎资源的科学管理，也涉及学术需求的精准对接。面对学科交叉日益加深、研究领域愈加多样的现实，传统的资源配置模式逐渐暴露出局限性。资源冗余、低利用率、不均衡分配等问题，成为高校图书馆服务效能的隐形桎梏。同时，数字资源的大规模引入为解决这些问题提供了契机，却也带来了版权保护、长期保存和技术维护等一系列挑战。如何平衡资源的多样性与实用性，如何通过技术手段提升配置效率，需要系统性思考与全局性谋划。

而个性化服务的兴起也为高校图书馆的服务模式注入了全新活力。以读者为中心的理念在数字化背景下焕发出更深远的意义。读者需求的多样化、复杂化，以及信息过载所引发的筛选困境，使得传统的被动式服务难以满足当下的需求。通过精准分析读者行为，预测潜在兴趣，提供动态化、智能化的服务，图书馆正在从静态资源提供者向综合性信息导航者转型。无论是智能推荐技术的应用，还是移动端服务的创新，都在试图让每一位读者享受到个性化、场景化的服务体验。

本著作聚焦文献资源配置与个性化服务体系的深度融合，试图在理论与实践的结合中探索高校图书馆服务模式的未来发展方向。从资源类型与配置现状出发，分析现实中的挑战与瓶颈，进一步探讨个性化服务的内涵与发展逻辑，直至研究二者之间的互动关系与协同优化路径。本书还将结合前沿技术的应用场景，详细解析智能推荐系统、大数据行为分析、移动端优化等新兴领域，为资源配置与服务创新的结合提供系统化的解决思路。

本书的撰写并非单纯的理论总结或实践经验的堆砌，而是致力于将理论构建、技术分析和案例探讨相结合，为高校图书馆在新时代的角色转型提供坚实的理论依据与实践指导。在资源的高效整合及服务模式的深度变革方面，以开放的视角审视了这些议题，试图打破资源与服务之间的界限，创造出一种更加和谐与高效的互动关系。

　　图书馆的未来不仅在于资源的丰富性，也在于服务的精细化与智慧化。推动这一愿景的实现，离不开资源配置优化和服务体系创新的协同努力。本书将以此为基础，结合国内外的成功实践与技术趋势，勾勒出高校图书馆未来发展路径的蓝图。无论是图书馆管理者、信息科学研究者，还是图书馆学领域的学生，都可以在本书中找到对现实问题的解答以及对未来发展的思考。

　　在高校图书馆与数字社会深度融合的今天，文献资源与读者服务体系的优化已经不再只是服务于学术的单一任务，而是关乎社会知识生产力提升的系统工程。通过系统的理论分析和实际的案例探讨，本书期望为这一目标的实现贡献一份力量。本书由申伟和栗丽共同完成编写工作。其中，第一章到第四章由申伟撰写完成，共撰写15.5万字符，第五章到第七章由栗丽撰写完成，共撰写14.5万字符。

第一章
高校图书馆文献资源配置现状分析

第一节 文献资源的类型与特点

一、图书资源的传统功能与现代转型

图书馆是高校知识体系的核心枢纽，而图书资源则是其基础载体。书籍不仅承载着知识，更是文化与智慧的传播媒介。在漫长的发展过程中，图书资源逐渐形成了明确的功能定位，这些功能与图书馆的服务理念密不可分。作为高校师生的学术工具和学习伴侣，图书资源的价值在过去被高度聚焦于实物载体的保存和传递。高校图书馆以图书资源为中心，构建了涵盖教学、科研和文化传播的综合性服务体系，其重要性难以替代。

图书资源的传统功能之一，是将知识通过实体形式固定化，为人类社会的记忆保驾护航。在高校图书馆，学术著作、文学经典和教材等书籍在分类系统下有序排列，为学生和教师的日常教学与科研提供了明确的指引。这些资源以严谨的组织方式得以长期保存，使得高校图书馆成为学术传统的重要延续者。无论是纸质书的物理存在，还是其内容的知识价值，都深深嵌入了高校的教学与科研实践之中。

与保存功能相辅相成的，是图书资源在知识传播中的作用。高校图书馆的借阅服务为读者提供了接触新知的机会。在分类明确的架构下，图书资源被赋予了动态流通的特性，这种形式使得知识不再是被动保存，而是进入了传播的过程。对于科研人员而言，图书资源是发现问题与验证理论的重要依据，而对学生而言，书籍是他们拓宽视野和深化学习的关键路径。

尽管传统图书资源在存储与传播中不可或缺，但其局限性也逐渐显现。书籍的物理载体属性意味着其依赖时间与空间的访问，这种限制常常难以匹配现代教育对即时性和广泛性的需求。在特定学科中，文献资源的不足可能直接影响学术研究的推进。此外，书籍的物理管理方式也对图书馆资源的整体配置形成了一定的负担。面对多学科交叉研究的需要，单一的分类管理常常无法完全满足用户的复合性需求。

随着数字技术的引入，传统图书资源的管理方式得以全面革新。高校图书馆逐步引入电子化管理体系，通过扫描与存储技术实现了图书资源的数字化。

这种变革不仅极大地降低了空间限制，还给了图书资源以新的活力。数字资源的引入使得高校图书馆在面对庞大文献需求时，能够更加高效地为用户提供所需内容。同时，用户检索的便捷性也显著提升，文本关键词的快速搜索功能，使得信息的获取更为高效。

数字化图书资源在内容整合与服务精准化上取得了显著进展。通过跨领域的文献整合，资源的重复率得到了有效降低，而学术主题的广度则得到显著拓展。高校图书馆利用大数据分析技术，对不同学科背景下的用户需求进行深度挖掘。这种技术的介入，使得图书资源的配置更加科学化，不同研究领域的学术人员能够高效获取与其研究方向高度契合的资源。基于这些优势，数字图书资源逐渐形成了与传统书籍资源共存的格局。

技术的发展还推动了图书资源在表现形式上的多样化。通过多媒体手段，传统的文字形式被音频、视频与交互式内容所丰富，形式上的变化极大地提升了读者的学习体验。高校图书馆以多种技术手段强化资源利用，使得图书资源的传播不再局限于单一载体。在此基础上，图书资源的使用深度得以提升，为学术研究注入了更多活力。

除了数字化转型，图书资源的整合性服务功能也在现代高校图书馆中得到体现。跨校区的资源共享模式正在逐步普及，不同高校之间的合作平台为图书资源的互补提供了全新路径。区域性图书馆联盟通过资源目录的统一调度，使得图书资源的使用边界得到突破。在此基础上，用户的选择范围显著扩大，研究者可以更自由地访问其他机构的资源，而这种访问的便捷性也是传统服务模式无法比拟的。

图书资源的现代转型还体现在对用户需求的深度分析与动态响应上。借助人工智能与大数据技术，高校图书馆能够从用户的行为中提取关键信息，从而更精准地配置资源。例如，智能算法能够根据用户的阅读记录与研究方向，为其推荐更加个性化的文献。这种技术驱动下的资源服务模式，不仅提高了图书资源的实际利用率，也进一步推动了高校图书馆服务的智能化升级。

高校图书馆还在图书资源的长期保存与保护技术上进行了探索。面对文献材料的自然老化与数字资源的技术迭代，图书馆通过专业的保护技术延长书籍的使用寿命，并借助云存储与分布式技术，确保电子资源的长期可用性。这些技术手段不仅是为了应对当前的学术需求，更是对文化传承的一种责任担当。

二、期刊资源的多样性及其学术价值

（一）期刊资源的多样性：广度与深度的融合

高校图书馆中收录的期刊种类繁多，涵盖了自然科学、工程技术、社会科学和人文科学等所有主要研究领域。每一学科领域中，期刊资源不仅囊括基础理论研究的最新成果，也涉及应用技术的实践经验。学术领域的全面性，为师生提供了获取学术信息的多元化入口。如医学期刊常涵盖疾病机理、药物开发以及临床治疗等内容；而艺术类期刊则注重对表现形式、文化意义和创作方法的探讨。从原创性研究到综合性综述，从简短的学术快报到长篇的专题论文，期刊的多样性为不同类型的学术需求提供了支持。原创性研究是期刊的核心内容，它通过科学实验和理论探索，展示学术研究的最新成果。综述性文章以宏观视角整合领域内的主要研究进展，为读者提供全面的知识背景。

同时学术快报和方法学专栏，则分别满足了研究者对新兴成果的快速获取需求，以及对技术细节的深度掌握。国际化期刊以英文为主导，覆盖全球范围的学术研究，成为学术交流的重要桥梁。区域性期刊则以母语发表，聚焦本地问题与特色研究。这种多语言、多区域的分布模式，使得期刊资源能够在全球化与本土化之间形成良好的互补关系。高校图书馆通过收录多种语言和地区的期刊资源，确保了研究人员既能获取国际前沿动态，又能兼顾本土化研究的需求。

（二）学术价值的体现：期刊在知识生产中的作用

期刊资源作为知识生产的核心载体，其学术价值集中体现在知识传播与创新的过程之中。期刊论文的发表是科学研究成果公开化的形式，不仅标志着研究工作的阶段性完成，也为后续的知识扩展提供了基础。高校图书馆通过为期刊资源的获取和传播提供渠道，使得学术界能够高效地进行知识共享。与书籍和其他资源不同，期刊内容的严谨性通过同行评议得以保障。研究成果在被期刊接受发表之前，通常需经历一个严格的评审过程，这一过程保证了期刊内容的科学性与原创性。高校图书馆中所收藏的期刊资源，因其权威性成为科研人员和学生优先选择的信息来源。作为研究成果的主要传播媒介，期刊在学术交流中具有独特的影响力。研究者通过期刊发表论文，迅速将自己的研究成果推向学术界，并通过被引频次衡量其影响力。同时期刊的传播功能还包括其在学术教育中的应用。许多高校课程要求学生查阅与课程相关的期刊资源，从中学习研究方法和领域知识。

（三）多样性与价值的结合：期刊资源对学科发展的驱动力

科学研究的发展往往依赖于细分领域的突破，而期刊资源的分类特性正好适应了这一需求。学科分支中的期刊资源通过聚焦特定主题，使研究者能够在高度专业化的内容中找到突破口。在环境科学领域，专注于气候变化的期刊为研究者提供了独特视角和最新数据，这种主题聚焦极大地提升了研究效率。现代科学研究越来越多地呈现出学科交叉的趋势，而期刊资源以其覆盖面的广度，为研究者提供了跨学科对话的可能性。社会科学研究者可以通过阅读技术类期刊，了解科技对社会的影响，从而丰富其研究视角。高校图书馆通过收录多学科期刊资源，为交叉研究提供了丰富的素材。在期刊上发表的前沿研究成为新兴研究领域的催化剂。研究成果通过传播，逐步形成热点话题并引发后续研究。高校图书馆的期刊资源，正是学术创新链条中不可或缺的一环，其多样性为知识创新提供了源源不断的动力。

（四）期刊资源的深度利用：为研究提供持续支持

研究者通过查阅期刊资源，获取最新实验结果、理论模型以及技术方法，从而为自己的研究提供指导。在科研论文的撰写中，期刊资源也是不可或缺的参考依据，其内容的权威性直接影响到研究结果的可信度。高校教师和学生常常利用期刊资源进行研究课题的背景调研，并将相关成果引用到自己的工作中。期刊论文中的数据、方法和观点，为研究团队提供了讨论和交流的基础。此外，学术界普遍采用期刊发表的论文作为评估学术能力的指标。一篇发表在高影响因子期刊上的论文，不仅代表着研究工作的质量，也为研究者的职业发展提供了助力。高校图书馆通过收录权威期刊资源，为学术评价提供了可靠依据。

（五）期刊资源的动态特性：不断演化的学术生态

从期刊主题的不断更新到内容形式的多样化，期刊资源始终以灵活的形式满足科研需求。高校图书馆在期刊资源的获取与配置中，需要时刻关注学术发展的新趋势，以确保资源的时效性与前瞻性。这种动态特性还体现在期刊资源的学术影响力上。高质量的期刊往往通过其发表论文的引用情况，在学术界产生深远的影响。高校图书馆通过对引用数据的分析，可以为师生提供更具针对性的资源推荐。这种基于数据的期刊资源配置，使得学术研究更加高效。

三、数据库资源的分类与应用特点

（一）数据库资源的分类：多层次的细化方式

数据库资源的分类方式丰富多样，每种分类都基于不同的视角，为用户提供了有针对性的检索路径。在高校图书馆实践中，分类主要围绕内容属性、服务功能、数据形式和使用领域展开，这种系统化的分类方式为高效管理和科学利用提供了便利。

从内容属性来看，数据库资源主要分为学术数据库、综合数据库和多媒体数据库。学术数据库以学术研究成果为核心，其内容涵盖期刊论文、学位论文、会议论文、技术报告等。这类数据库资源强调权威性与专业性，是科学研究的基础工具。综合数据库则将多种类型的文献资源整合到同一平台，内容覆盖广泛，适用于跨学科需求。多媒体数据库以音视频资源为特色，为艺术创作、语言学习和教育培训提供了独特支持。

从服务功能的角度，数据库资源被划分为全文数据库、引文数据库、数据分析库和工具库。全文数据库以提供完整的文献内容为目标，其检索和下载功能满足了读者的直接阅读需求。引文数据库则记录文献间的引用关系，为学术追踪与成果评价提供依据。数据分析库聚焦于量化研究中的数据整合与分析，通过可视化和动态分析功能，为用户呈现多维度的数据图景。工具库则侧重于研究工具的支持，如词典、百科全书和文献管理软件。

数据形式也是数据库资源分类的依据。以文本为主的数据库强调文献的可阅读性和检索便利性，数值型数据库则以数字和统计信息为核心，为数据驱动的研究提供支持。近年来，图像和视频数据库的应用越来越普遍，这类数据库通过高分辨率影像或互动式媒体内容，拓宽了研究者的知识视野和信息获取方式。

根据使用领域，数据库资源可以进一步划分为学科数据库和跨学科数据库。学科数据库以特定领域的文献为主，通常服务于专业性强的研究活动。跨学科数据库则强调内容的广泛性和交叉性，其资源适合于多学科视角下的综合研究。

（二）数据库资源的应用特点：灵活性与精准化的结合

1. 灵活性

无论是实时数据的更新，还是多维度检索方式的提供，数据库资源以其动态适应性满足了学术研究的多样化需求。实时更新的数据库为用户提供了最新的学术信息，特别是在快速发展的科学技术领域，这种及时性尤为关键。多维度的检索功能使用户能够从多个入口快速定位目标资源包括关键词、主题、作者等。

2. 精准化

现代数据库资源通常内嵌高级检索工具和分析功能，为用户提供高效的个性化支持。这些功能不仅能提高信息检索的效率，还能根据用户的特定需求提供针对性的资源推荐。高校图书馆通过优化数据库的使用界面和功能配置，进一步提高了资源的利用率。

3. 跨平台访问能力

高校图书馆通过构建统一的数字资源平台，将不同数据库资源整合到一个易用的界面中。用户无需切换多个系统，就能在一个平台上完成不同类型资源的检索与使用。跨平台能力的实现，大大降低了信息获取的复杂度，为师生提供了便捷的学习与研究环境。

4. 协作性

研究团队往往需要共享数据和文献，数据库资源通过提供共享访问和实时协作功能，促进了学术团队的高效合作。尤其是在大型科研项目中，数据库资源以其全面性和便捷性，成为团队数据管理的重要工具。

（三）分类与应用特点的结合：资源整合与服务优化的驱动

不同类别的数据库资源通过灵活的应用方式，满足了多层次用户的多样化需求。同时，分类细化的数据库资源在应用过程中展现了其高度专业化的服务能力，成为提升教学与科研效率的有力工具。在教育和科研中，全文数据库以其直观性和可操作性，为用户提供了极大的便利。这种资源不仅能满足课程教学中的直接阅读需求，还为学术写作提供了全面的文献支持。而引文数据库以其对文献关系的记录能力，为学术研究提供了更深层次的信息服务，帮助研究者从文献网络中发现新的研究路径。

数值数据库在分类的基础上，通过动态分析功能，扩展了数据的实际应用场景。这类资源凭借数据的结构化和易用性，成为量化研究中的重要支持工具。无论是经济数据的时序分析，还是科学实验数据的参数化研究，数值数据库以其高效整合与灵活应用的功能，在学术研究中发挥着重要作用。其应用特点则是通过多学科资源的融合，推动了知识创新的发生。多媒体数据库的应用特点则集中在用户体验的增强上，以交互式的内容形式提升了学习的趣味性和研究的参与感。

（四）数据库资源的动态扩展：分类与应用的共同进化

数据库资源的分类与应用特点并非一成不变，而是在学术需求和技术发展的驱动下不断演进。动态扩展的特点使数据库资源的分类更加细化。随着学术领域的拓展和数据形式的丰富，新兴的数据库类型不断涌现。例如，针对气候变化、基因组学等新兴领域的专业数据库，成为研究者获取前沿数据的重要来源。同时，数据库资源的应用特点也随着用户需求的变化而不断优化。无论是智能检索功能的引入，还是协作式研究工具的推广，都使得数据库资源的使用更加高效和便捷。

四、开放获取资源的普及与局限

开放获取（Open Access，OA）资源是一种基于数字化技术和互联网传播的学术资源共享模式，其核心在于向全球用户提供无成本、无障碍的访问途径。这些资源涵盖期刊文章、学位论文、研究报告、学术书籍等多种类型，通常通过开放存储库、开放期刊等平台发布。开放获取资源的特性在于其开放性和即时性，使得学术成果能够以更快的速度和更大的范围传播。互联网技术的发展与普及，通过去中心化的方式打破了传统出版模式中对资源分发的限制。研究者可以通过开放获取期刊直接发布论文，也可以在机构存储库上传研究成果。

无论是哪种形式，资源都以在线方式提供，免去了传统出版渠道中的时间延迟。

开放获取资源的普及经历了一个不断深化的过程，这与学术界对资源共享需求的提升密切相关。早期阶段，开放获取主要集中在自然科学领域，由一些具有前瞻性视角的学术组织和个人推动。此后，随着开放获取运动的壮大，各类开放获取平台和期刊如雨后春笋般涌现，逐渐扩展到人文社会科学等领域。

高校图书馆作为学术资源的重要管理机构，在开放获取资源的普及中扮演了关键角色。一方面，图书馆通过推广和宣传开放获取理念，提高了师生对该资源形式的认知；另一方面，图书馆也通过建立机构存储库和参与开放获取联盟，为开放获取资源的广泛应用提供了技术支持和制度保障。通过这些举措，开放获取资源逐步融入高校的教学与科研活动中。在许多国家和地区，政府和学术资助机构对开放获取模式给予了积极推动。例如，一些资助机构要求研究者在完成资助项目后，将研究成果发布到开放存储库中。这种政策导向不仅增加了开放获取资源的数量，也进一步扩大了其使用范围。

开放获取资源的高可及性使得用户无论身处何地，都能通过互联网轻松获取资源，而无需支付高昂的订阅费用。对于资源匮乏的地区和机构而言尤为重要，因为它显著降低了学术信息获取的门槛。广泛性则体现为其内容的多样化。除了传统的学术文章，开放获取还包括数据集、代码库、教学材料等多种资源形式。高校图书馆通过合理组织和分类开放获取资源，能够帮助用户高效检索所需信息。即时性也是开放获取资源区别于传统出版资源的特征之一。在传统出版模式下，学术文章的出版往往需要经历数月甚至数年的审核与编辑流程，而开放获取资源通常以预印本形式提前发布，使得学术界能够更快地了解最新的研究动态，并以此推动知识的快速传播。

通过引入开放获取资源，图书馆得以缓解长期以来因订阅费用高昂而带来的预算压力，同时也为用户提供了更多样化的资源选择。传统出版模式中，资源的获取常常受到经济条件的限制，而开放获取模式则从根本上打破了这一局限，使得任何读者都能以零成本访问资源。这种平等性不仅惠及欠发达地区的研究者，也为高校学生提供了更多的学习支持。通过整合开放获取资源，教师能够在课堂教学中引用最新的研究成果，学生也能够在学术写作中充分利用这些资源。图书馆通过与开放获取平台的合作，将资源直接整合到馆藏系统中，为用户提供了一站式服务。

尽管开放获取资源具有诸多优势，但其局限性也不可忽视。在普及过程中，开放获取资源面临着数量与质量并存的矛盾。由于缺乏严格的同行评议机制，部分开放获取期刊的学术质量存在争议。高校图书馆在选择开放获取资源时，需要对其内容的可信度进行严格把关。在开放获取模式下，作者通常需要放弃部分版权，才能实现资源的自由传播。然而，不同国家和地区的版权法律存在差异，使得开放获取资源的使用范围和传播方式受到一定限制。这种局限性在跨国学术合作中表现得尤为明显。互联网的普及为开放获取资源提供了传播平台，但网络基础设施的差异性使得资源的覆盖范围受到限制。在一些技术条件落后的地区，用户对开放获取资源的利用率较低，这削弱了其应有的普及效果。

在开放获取资源的普及过程中，高校图书馆探索了与传统资源的融合路径，这种路径既是一种资源整合策略，也是一种服务创新模式。将开放获取资源与传统馆藏资源有机结合，图书馆能够为用户提供更加全面的服务体验。在技术手段的运用上，高校图书馆引入统一检索平台，将不同来源的资源集成到一个界面中，不仅提高了资源的可用性，也减少了用户的操作复杂性。另外，图书馆还利用大数据分析技术，根据用户行为推荐相关的开放获取资源，从而提高了服务的个性化程度。

第二节 高校图书馆文献资源配置模式

一、集中式配置模式与分散式配置模式的比较

高校图书馆在文献资源配置的实践中，长期以来采用了集中式与分散式两种主要模式。这两种模式代表了不同的资源管理理念和操作策略，各自具有鲜明的特点和适用场景。

集中式配置模式是指高校图书馆通过统一的平台或机构对文献资源进行集中的管理和分配。资源采购、分类和访问权限的设定均由中心化的决策机制完成，该模式强调集权管理的优势。在这一模式下，所有资源的采购与组织工作由一个统一的部门或平台负责，资源的重复采购与分散分布问题得以大幅降低。集中采购通常伴随着规模效应的实现，采购成本因此显著降低，还能够确保资源的标准化和一致性，用户在访问不同类型资源时不会因为分类方式或权限设置的差异而产生困惑。

由于所有的资源数据集中存储和管理，图书馆能够对资源的使用情况进行全面监测和分析，从而调整配置策略以适应实际需求。在资源集中管理的框架下，不同学科、专业和用户群体的需求可以得到更均衡的满足。无论是冷门学科的研究者还是热点领域的学者，都能够通过共享的资源池获取所需的文献资料，从而避免了资源分配上的偏差。

分散式配置模式是一种完全不同的资源管理理念，其主要特点是将资源的采购和管理权下放到不同的院系或部门。每个院系根据自身的教学与科研需求，独立制定资源采购计划和分配策略，强调资源管理的自主性和针对性。在这一

框架下，各院系能够根据自身的学科特点和发展方向，采购最符合实际需求的资源。由于院系对本领域的研究动态和教学重点最为熟悉，该模式能够实现资源与需求的精确匹配。

不同学科领域对文献资源的需求差异明显，理工科更注重期刊与数据库资源，而文科则倾向于图书与原始文献。分散式配置模式为院系提供了按需配置的自由度，使得资源配置更加贴近具体用户的需求。然而，由于各院系独立管理资源，缺乏统一的采购计划，不同院系可能会购买功能重叠的资源。这种重复采购不仅浪费预算，还可能导致资源利用效率的降低。这样的配置模式可能无法充分照顾跨学科研究的需求，不同院系的资源壁垒使得跨学科研究者难以高效地获取所需资料。

集中式与分散式组织模式各具特点，其优劣在资源配置、服务覆盖、管理效率等方面存在显著差异。

在资源整合能力方面，集中式配置模式无疑具有优势。通过资源的统一管理，集中式配置模式能够显著减少重复采购和资源浪费。然而，这种高效整合的背后，也意味着学科的个性化需求可能被忽视。相较之下，分散式配置模式更注重服务的针对性，各院系在资源管理上的自主性使得特定领域的需求能够得到快速响应。

用户体验方面，两种模式的差异主要体现在服务均衡性与个性化之间的权衡。集中式配置模式为所有用户提供了一致的服务体验，这种标准化的服务模式有效避免了资源分配的不公平现象。然而，这种统一性也可能削弱服务的灵活性和个性化特征。分散式配置模式以其定制化服务优势，赢得了院系用户的青睐，但其在跨学科资源共享上的不足，也可能引发用户的不满。

管理效率方面，集中式配置模式通过统一的决策与实施机制，显著降低了资源管理的复杂度。资源数据的集中存储使得图书馆能够更方便地开展数据分析和决策支持工作。相比之下，分散式配置模式在资源管理上可能因为权责分散而效率低下，各院系需要投入更多的精力和人力资源进行独立管理。

尽管集中式与分散式配置模式各具优势，其适用场景却有所不同。在资源预算有限且用户需求多样化的情况下，集中式配置模式的成本控制和资源共享能力更为适用。而在资源需求高度专业化或跨学科需求较少的环境中，分散式配置模式则能更有效地满足特定领域的深度需求。

高校图书馆在实践中往往并非完全采用某一种模式，而是根据具体情况选择折衷方案。例如，一些高校在基础资源的配置上采取集中式模式，而对学科特色资源的配置则采取分散式模式。这种混合模式兼顾了资源共享与个性化需求，是高校图书馆资源配置的常见选择。

二、学科导向型配置的实践与反思

学科导向型配置的核心在于以学科需求为中心开展资源的选择、采购、分类与服务设计。这一模式区别于单一化或综合化配置方式，专注于特定学科领域的需求，对资源进行定制化组织，追求与学科发展的深度契合。随着学科分支的不断深化，各领域对信息资源的需求呈现出高度异质性。理工科更加倚重数据库和技术报告，人文学科则注重历史文献和原始档案。在这样的背景下，图书馆传统的综合性资源配置方式难以全面满足个性化需求。因此，以学科为单位进行资源配置，成为优化图书馆服务的一个重要方向。

图书馆依据学科的研究需求，与院系和研究机构密切合作，收集和分析学科内的重点领域和发展方向的资料，以此确定资源采购的优先级。图书馆通常采用与学科结构一致的分类体系，将资源按照学科主题细化到亚领域层次，使得学科用户在查阅资源时更加高效。

用户服务则通过提供学科专题服务、个性化推荐和跨学科协作支持等形式，直接触及研究者的需求。专题服务包括为某一学科或领域设计专属的资源平台，而个性化推荐功能则基于用户的阅读和研究行为推送相关内容。学科馆员作为桥梁连接图书馆资源与学科需求，深入了解领域动态，协助研究者制定资源使用计划，开展资源利用培训。这种专业化的介入，使得资源的利用率和服务的精细化程度得以显著提升。

针对性体现在资源分配的高匹配度上。由于学科导向型配置基于对学科需求的细致分析，采购与组织的资源高度契合研究方向。在医学学科的资源配置中，可以优先引入医学影像数据库和循证医学报告，而在工程学科，则重点采购标准规范和专利数据库，有效避免了资源浪费。学科馆员不仅是资源管理的执行者，也是用户需求的发现者。通过与院系的密切合作，了解学科发展的前沿动态，并为研究者提供个性化的支持，显著提升了资源的使用体验。此外，在传统综合配置模式下，冷门学科的资源往往被忽视，而学科导向型配置则通过专注于学科需求，确保了所有学科的平等覆盖，使得资源分配更加公平。

尽管学科导向型资源配置展现了较高的适应性与服务能力，但实践中仍存在一些不足之处。由于资源配置以学科为单位，各学科之间的资源整合度较低，用户在跨学科研究中面临信息孤岛的困境。这种局限性在交叉学科研究中尤为明显。比如，一个研究者可能需要同时查阅生物医学和计算机科学的相关资源，而学科导向型资源配置的独立性可能使得这一过程变得烦琐。

在学科独立管理的背景下，不同学科可能重复采购相同或相似的资源，造成资源浪费。这种情况在多校区图书馆或大型综合性高校中尤为常见，资源的重复配置不仅加重了图书馆的预算压力，还降低了整体配置效率。随着学科的演进和新领域的兴起，过去配置的资源可能逐渐失去价值。学科导向型配置需要及时调整策略，以适应学术发展的动态需求。然而，学科领域的快速变化与资源更新的滞后性之间的矛盾，仍是当前实践中难以回避的问题。

在反思中，高校图书馆需要重新审视学科导向型配置的角色定位。作为资源服务的提供者，图书馆需要在满足学科需求的同时，关注学科间的资源共享与协作机制，不仅涉及资源的配置方式，也关系到图书馆服务理念的调整。学科导向型配置需要与集中化资源管理模式结合，以实现资源分散性与整合性的平衡。在基础资源配置中，集中化模式能够提供高效的共享平台，而学科导向型配置则负责满足特定领域的个性化需求。这种混合模式在实践中已经展现了较高的灵活性。

三、预算分配对资源配置的影响

预算分配是高校图书馆资源配置的前置环节，内涵不仅包括经费用途的明确，还涉及资金分配的优先级与管理机制。预算分配的科学性决定了资源采购的精准性，而分配策略则直接影响资源利用的均衡性。高校图书馆的预算来源多元化，包括学校拨款、政府资助、科研项目支持及社会捐赠。不同来源的预算有其专属用途，如学校拨款通常用于基础资源的采购，科研项目资助则侧重于特定学科的资源需求。多样化的资金结构为预算分配带来了灵活性，也增添了复杂性。

预算分配的影响因素包括学科需求、用户数量、文献资源的价格波动及高校的整体发展规划。在学科需求方面，理工科往往需要高成本的数据库支持，而文科更关注历史文献和特色馆藏的保存。用户数量的变化同样影响预算分配，学生和教师的增长往往伴随着对文献资源需求的增加。此外，文献资源的价格波动也是一个重要变量，特别是在国际期刊和专业数据库采购中，价格上涨往往使图书馆的预算压力倍增。

预算的变化直接决定了资源配置的广度与深度，而资源配置的优劣又反作用于预算分配的合理性。在有限预算的条件下，如何平衡基础资源与特色资源的采购比例，成为高校图书馆的一项重要任务。基础资源包括通用性强的学术期刊和数据库，这些资源覆盖广泛，能够满足大多数用户的需求。而特色资源则指向特定学科或领域，具有较高的专业性和学术价值。过度倾向任何一方都会削弱资源配置的整体效能。

文献资源的生命周期不同，有些资源需要定期更新，如科学技术类数据库，而有些资源则具有长期保存价值，如经典文献和历史档案。预算分配需要在资源更新与长期保存之间找到平衡点，以保证文献资源的可持续利用。高校图书馆不仅是文献资源的存储平台，更是知识传播的服务机构。预算分配决定了馆员培训、数字化转型和用户支持等服务项目的推进速度与质量。资金充足的情况下，图书馆能够引入更多技术手段提升服务体验，而预算不足则可能导致服务的滞后与用户满意度的下降。

预算分配直接关系到资源分布的均衡性，而资源分布的不均衡又会引发学术公平性的问题。高校图书馆在资源分配中需要平衡以下几个维度的关系：学科之间、校区之间、用户群体之间。

理工科由于研究的实验性特点，对数据库和高端期刊的依赖度较高，其预算需求通常超过文科。然而，这种学科间的预算差异可能导致资源分配的不公平，特别是在小众学科领域。某些学科由于研究群体较小，其预算分配的优先级可能较低，进而影响资源的可得性。多校区高校在资源配置中需要综合考虑各校区的用户需求与发展重点。然而，由于主校区往往是学术活动的中心，分校区的预算分配可能受到限制。不均衡的分布可能使分校区用户在获取资源时面临更多困难。在高校图书馆中，学生更倾向于通用性资源，而教师则注重高端专业资源。在预算有限的情况下，如何平衡两者的需求是资源配置中的一大难题。

高校图书馆需要根据资源的使用频率与学术价值，优先采购最具影响力的资源。例如，某些高影响因子的期刊虽然价格昂贵，但其学术影响力和使用频率较高，因此在预算分配中应被优先考虑。反之，低使用率的资源即便价格较低，也可能被搁置。通过分析用户行为与资源使用数据，可以精确识别资源需求的热点与盲点，不仅提升了资源的利用率，也避免了不必要的浪费。另外加入区域性或全国性的图书馆联盟，高校图书馆可以以较低的成本获取更多资源，在一定程度上缓解了预算不足的问题，同时提高了资源的可访问性。

作为高校教育与科研的支持机构，图书馆在预算分配中需要兼顾学术服务与文化传播的双重职能。在学术服务方面，预算分配决定了图书馆是否能够满足科研人员的高端需求。在文化传播方面，预算分配影响了特色馆藏的建设与推广。高校图书馆不仅是知识存储的空间，也是文化传承的重要载体。通过将一定比例的预算用于特色资源的收集与保护，图书馆能够发挥其在文化传播中的独特作用。

四、跨机构资源合作模式的探索

高校图书馆在跨机构资源合作中探索了多种模式，以满足不同资源类型和学术需求。这些模式涵盖了资源共享、联合采购、文献传递和联合服务平台构建，各自适应不同的应用场景与合作深度。

资源共享是跨机构合作的基础形式，其核心是通过互通有无，实现资源的全面覆盖与高效利用。各合作机构开放自身的馆藏资源，构建统一的资源目录或检索系统，使用户能够访问其他机构的资源存量。实体资源共享的典型形式为馆际互借。用户在本馆未找到所需资源时，可以通过借阅协议向其他合作馆申请借阅，显著扩展了用户的选择范围。电子资源共享则依托数字技术，实现资源的在线访问。合作机构通过共享电子书、期刊数据库或数字档案，使用户能够随时随地获取所需信息。资源共享的优势在于成本低且实施灵活，但其效果依赖于参与机构的合作深度和技术支撑的完善程度。例如，一些区域性高校联盟通过资源共享实现了跨校区的文献覆盖，这种模式极大地缓解了中小型高校文献不足的问题。

联合采购是解决高成本资源获取问题的有效策略。这一模式通过集中谈判，降低参与机构的采购成本，同时扩大了资源的覆盖范围。参与机构共同评估资源的价值与需求，协商成本分摊比例，与供应商达成合作协议。这种方式广泛应用于数据库、期刊和专业工具的订购中，尤其适合高价值资源的获取。例如，一些国际数据库的订阅费用极高，单个机构难以承担。而联合采购使多所高校图书馆能够共享这一资源，既降低了单馆的预算压力，也提升了资源的利用率。参与机构通过明确资源使用权限和成本分担方案，确保合作的公平性和可持续性。

文献传递是针对非馆藏资源需求的一种灵活合作形式。参与机构通过构建传递网络，为用户提供快速获取其他馆资源的渠道。用户在本馆无法找到所需资源时，可以提交文献传递申请，由系统自动向资源所在馆发送请求。在确定可用性后，资源以电子或实体形式传递给用户。由于其特点是即时性和针对性，特别适合满足小众学科和冷门资源的需求。例如，某些历史文献或小语种资源在单一馆藏中难以获取，但通过文献传递，用户可以快速实现跨馆访问。这种模式不仅扩展了资源的覆盖面，也提高了服务的响应速度。

联合服务平台是跨机构资源合作的高级形态，旨在整合多个机构的资源与服务，提供一站式的检索与访问体验。这种模式通常依托云计算和分布式存储技术，通过构建统一的服务界面，为用户提供多馆资源的集中展示。用户可以通过单一入口检索多个合作机构的文献资源，避免了多平台操作的复杂性。其优势在于资源与服务的高集成度。例如，一些国家级高校图书馆联盟通过建立统一的数字平台，实现了资源的动态更新和实时共享。用户不仅可以浏览并下载数字资源，还可以获取跨馆借阅、文献传递等增值服务。平台的集成化设计使其在资源获取与服务体验方面表现优异。

跨机构资源合作的实施需要经过多层次、多方面的协调，包括政策设计、技术支持和人员协作等核心环节。这些路径的执行效果直接决定了合作的成败。

政策设计是跨机构资源合作的基础。参与机构需要通过协议明确合作的具体规则与责任分配，以避免后续操作中的冲突与矛盾。政策内容通常包括资源共享的范围、访问权限的管理、成本分摊的方式等。特别是在联合采购与资源共享中，明确的政策能够有效规范合作流程，保证各方利益的平衡。为了提升合作的执行力，部分联盟机构还制定了具体的运营细则，例如文献传递的时效性要求、资源损害赔偿机制等。这些细则的存在不仅强化了合作的规范性，也为解决突发问题提供了操作依据。

现代信息技术的发展为资源的统一管理与高效共享提供了可能性。资源共享平台的搭建需要高效的检索与数据管理功能，而文献传递系统则要求稳定的通信与存储能力。联合服务平台的开发是技术支持中的重点工作。平台通常采用分布式架构，以应对大规模数据访问的需求。同时，用户身份认证、数据加密传输等功能的引入，保证了合作系统的安全性与可靠性。在技术标准方面，参与机构需要统一数据格式与接口规范，以实现系统的无缝对接。

参与机构需要设立专门的协调团队，负责资源共享与合作服务的具体操作。这些团队不仅承担资源调配的职能，还在用户需求分析、合作问题解决等方面发挥积极作用。学科馆员在跨机构合作中的作用尤为重要。他们熟悉各自领域的学术需求，能够为合作资源的选择与配置提供专业建议。此外，定期的人员培训和经验交流也有助于提升合作效率，使参与机构能够在动态变化中保持一致性。

第三节 资源配置中的问题与挑战

一、学科间资源分配不均的问题

（一）学科发展阶段与资源需求的错位

高校学科的发展存在阶段性差异，这种差异往往导致资源配置需求的不一致。一些新兴学科由于尚未形成成熟的研究体系，其资源需求较为模糊，导致图书馆在资源分配时无法精准评估其需求。而对于传统学科而言，尽管其文献资源需求已经相对明确，但由于长期积累，资源库中往往已经存在大量相关文献，这种存量资源的存在使得图书馆可能对其新增需求给予较低优先级。这种错位不仅延缓了新兴学科的成长，也在一定程度上削弱了传统学科对新资源的敏感性和吸收能力。部分学科由于研究热点的迅速变化，其资源需求具有显著的动态性。图书馆在资源采购和分配时，难以快速响应这些学科的需求波动。这种滞后性直接影响了相关学科的研究前沿性，特别是在一些依赖于实时数据和最新研究成果的领域，这种滞后对研究成果的及时性造成了难以忽视的阻碍。

（二）学科资源需求评估标准的局限性

当前高校图书馆在资源分配过程中，通常依据学科规模、经费分配、科研成果数量等客观指标来确定各学科的资源比例。然而，这种以量化指标为主的评估方式无法全面反映学科间资源需求的实际差异。例如，人文学科的研究往往需要深度挖掘经典文献，其文献需求具有持久性和高质量的特点，但这种需求在基于数量的评估标准下可能被低估。相比之下，自然科学和工程学科更倾向于对最新期刊、数据库和动态实验数据的获取需求，其数量化特征更容易符合评估指标，从而获得更高的资源分配比例。评估标准的局限性还体现在对于跨学科研究需求的忽视上。跨学科研究的兴起使得传统的学科分类难以覆盖其文献需求，导致其在资源配置中常常面临边缘化的困境。例如，环境科学与社会科学的交叉研究可能需要同时获取两者的文献资源，而当前的分配机制往往难以满足这种综合性需求，结果是跨学科研究人员不得不在有限的资源中艰难调和。

（三）学术话语权的不平衡

在高校内部，某些学科由于具有较高的社会关注度或受到政策扶持，其话语权相对较强，能够在资源分配过程中获得更多的优先权。这种现象在工科、医学、信息科学等领域表现尤为突出。这些领域的研究项目不仅能带来高额的科研经费回报，还直接影响到高校的排名和声誉，因此受到管理层的重点支持。相比之下，基础学科和部分冷门学科则因其研究的长周期性和成果的不确定性，难以在资源竞争中占据有利位置。这种不平衡导致这些学科在研究资源获取上长期处于弱势，进一步影响到其科研人员的积极性和学科发展的活力。以某些冷门语言学科为例，这些领域的研究尽管具有重要的文化和学术价值，但其资源获取的难度使得研究者往往不得不依赖外部资源或个人积累来进行研究，显著增加了其研究成本。

（四）资源冗余与资源匮乏的共存

在资源分配不均的背景下，一些热门学科由于具有更高的资源分配优先级，容易导致资源的过度集中。无论是图书、期刊还是数据库，这些学科在拥有充足甚至过剩的资源时，往往也面临资源利用率偏低的问题。尤其是在同质化资源采购中，大量重复性文献资源的存在并未显著提高这些学科的研究效率，反而加剧了资源的浪费。另一方面，一些冷门或小规模学科却因为分配比例不足而长期面临资源匮乏的困境。这种困境不仅体现在数量上的不足，更表现在资源的不可持续性上。比如，小语种学科对于特定区域语言和文化的文献需求往往具有高度的独特性，但由于这些需求难以与主流学科的采购量相匹配，其文献资源的获取往往受到经费和资源供给方的双重限制。

（五）外部合作与资源分配机制的不协调

高校图书馆在资源配置中逐渐意识到通过外部合作实现资源共享的重要性，但这种合作在实际操作中却面临着诸多问题。一方面，不同高校在合作时往往因学科布局的差异和资源需求的不同而难以形成有效的共享机制。尤其是在资源高度集中的热门领域，合作方可能更倾向于维持现有的资源优势，而非以开放的姿态共享资源。而跨机构的资源合作需要解决复杂的版权和技术问题。这些问题不仅增加了资源共享的成本，也对资源分配的公平性提出了更高的要求。例如，一些高校的图书馆在参与区域性资源共享平台时，发现平台内某些资源对其特定学科并不适用，导致共享资源的利用效率进一步降低。

（六）管理机制的调整与变革压力

传统的资源配置模式往往以历史数据为基础，缺乏对学科发展趋势的前瞻性预测能力，这种模式难以适应高校内部快速变化的学术需求。管理机制的滞后性不仅限制了资源配置的灵活性，也在一定程度上固化了学科间的不平等格局。在实践中，一些高校的图书馆开始尝试引入动态资源分配机制，通过实时监控和数据分析调整资源配置。然而，这种调整往往面临技术与执行层面的双重阻力。例如，某些学科的研究需求难以通过单一的数据指标反映，而现有的管理系统也难以支持对复杂数据的动态处理。

二、资源冗余与低利用率现象

冗余资源在高校图书馆中表现为多种形式，其中最为明显的是同质性资源的重复采购。由于数据库、期刊和电子书等供应商常常采取套餐式销售策略，高校图书馆在采购特定资源时往往需要接受大量附带内容。这些附加资源虽然在数量上丰富了馆藏，但其实际利用率却极为有限。例如，不少高校订阅的大型数据库中包含了大量与其学科定位无关的内容，这些资源不仅占据了经费预算，还增加了图书馆的管理成本。此外，在纸质图书领域，冗余现象也较为突出。一些高校图书馆在采购过程中倾向于根据出版物的权威性、热门性或销售推荐进行批量购买，而忽视了馆藏现状与读者实际需求的匹配性，导致相同书籍在多个分类中重复出现，使有限的馆藏空间被低需求的资源占据。与此同时，馆藏评估和淘汰机制的滞后使得这些冗余资源长期占据馆藏目录，进一步加剧了资源的低效利用。

低利用率资源通常来源于采购决策过程中对用户需求的预估不足。这种现象的出现与图书馆的资源分配模式密切相关。一方面，高校图书馆在制定采购计划时，往往基于学科发展或历史数据进行推测，而这种推测并未充分考虑读者行为的变化。例如，某些领域的研究热点快速更迭，相关资源可能在采购完成后很快失去使用价值；另一方面，传统的采购模式更多关注资源的总量积累，而对资源的质量及其匹配度缺乏有效评估。这种倾向导致许多资源在采购后未能转化为实际利用的成果。另一方面，低利用率也与资源的可访问性息息相关。尽管电子资源的引入极大提高了文献获取的便利性，但复杂的检索系统和资源分散化问题使得部分读者在实际使用中感到无从下手。一些高校图书馆在引入多个数据库后，未能对其内容进行整合，导致用户需要在不同平台之间反复切换，增加了使用成本。此外，某些数据库的版权限制和访问方式不够友好，也进一步削弱了资源的使用频率。

资源冗余与低利用率之间存在着内在的关联性，二者常常以恶性循环的形式共同出现。冗余资源的积累不仅占用了图书馆的预算，也削弱了资源配置的精准性，使得真正需要的高质量资源难以获得足够的投入。与此同时，这些冗余资源的长期占据，使得馆藏整体利用率难以提升，进一步固化了浪费资源的局面。某些高校在建设特色学科资源时，过于强调全面性和数量化，导致馆藏中出现了大量重复性或过时的资源。这种做法不仅影响了馆藏更新的灵活性，也使得读者在检索过程中需要面对大量无关内容，增加了信息筛选的难度。这种体验上的负面影响又反过来抑制了读者对图书馆资源的使用热情，形成了资源积压与利用率下降的双重问题。

资源冗余与低利用率的产生，与高校图书馆现有的管理机制密切相关。在资源采购方面，许多高校图书馆尚未建立系统化的用户需求反馈机制，导致采购决策缺乏准确性和前瞻性。此外，资源淘汰机制的不完善也使得大量低价值资源长期占据馆藏空间，阻碍了新资源的引入。在资源整合方面，一些图书馆缺乏对馆藏资源的全面梳理与优化。尤其是电子资源，由于来源复杂且更新频率较高，图书馆往往难以对其进行系统化管理。管理上的滞后，不仅使得资源冗余问题更加突出，也进一步拉低了馆藏整体的利用率。此外，尽管高校图书馆已经开始关注读者行为数据的收集，但这些数据在实际应用中仍然停留于浅层分析，未能为资源配置提供有效指导。例如，一些馆藏资源的使用频率虽低，但其学术价值可能具有长尾效应，而这些潜在价值往往难以通过现有的评估手段得到体现。

高校图书馆的资源配置在满足学术需求方面，常常因错配问题导致效率低下。尤其是在多学科交叉研究日益增多的背景下，传统的资源分配模式难以满足复杂多样的研究需求。例如，一些图书馆在资源采购时更倾向于支持具有显著成果的学科，而忽视了边缘学科的潜在需求。这种选择性支持虽然在短期内提高了资源的使用率，但从长远来看却削弱了学科间的平衡性和创新能力。对于跨学科研究需求的响应不足，也是造成资源错配的原因之一。跨学科研究通常需要整合多个领域的文献资源，但由于图书馆的采购和分类体系以传统学科为主，相关资源往往分布零散且缺乏系统性。这种分布不均的状况，不仅增加了研究者的检索成本，也在一定程度上制约了跨学科合作的深度和广度。

随着大数据技术的逐步应用，高校图书馆在缓解资源冗余与低利用率方面取得了一定进展。基于数据挖掘的资源利用分析工具，可以帮助图书馆更精准地掌握资源的使用情况，为后续采购决策提供科学依据。此外，一些高校开始尝试通过智能推荐系统优化资源配置，将读者的个性化需求与馆藏资源进行匹配，从而提高资源的利用效率。尽管如此，数据技术的应用在实际操作中仍然面临诸多挑战。数据分析的精度和覆盖范围仍有待提高，一些低频使用但高价值的资源往往难以通过传统的统计手段识别。数据隐私与版权保护问题也对资源整合和分析提出了更高要求，这些问题需要在技术应用过程中得到妥善解决。

三、采购与维护中的成本压力

高校图书馆在资源采购中面临的是资源价格的持续上涨。特别是近年来，随着学术出版市场的逐步垄断，大型出版商在电子资源和数据库领域的定价权日益增强。许多核心学术期刊的订阅费用逐年攀升，而图书馆的经费预算却往往未能同步增长。这种预算与需求之间的反差，使得图书馆在采购决策时必须进行艰难的权衡，优先考虑"不可或缺"的核心资源，而将部分"可有可无"的资源排除在采购范围之外。此外，预算紧缩也使得图书馆在应对价格上涨时显得力不从心。许多高校在资金分配上对图书馆的支持有限，这一现象在部分地方院校尤为突出。这些院校由于整体财政投入不足，导致其图书馆在资源采购中长期处于劣势，难以与资金充裕的重点高校竞争。有限的预算使得这些院校在资源配置上更加依赖传统采购模式，这进一步制约了其文献资源的多样性与全面性。

数据库资源的采购费用在近年来呈现出明显的增长趋势。这一现象与数据库资源的垄断特性密切相关。少数国际出版巨头垄断了绝大部分高影响力数据库的市场，而这些出版商在定价策略上往往采取"捆绑销售"的方式，将多个数据库打包订阅，使图书馆即使仅需要其中的部分内容，也不得不支付高昂的整体费用。在这种情况下，图书馆常常被迫进行价格博弈。然而，由于单个高校的谈判能力有限，许多图书馆只能接受出版商的条件，这在无形中进一步推高了整体采购成本。即便部分地区已经建立了高校图书馆联盟试图通过集体谈判降低采购价格，但由于联盟内不同高校的需求存在差异，成效并不总是理想。

纸质资源的采购成本相对透明，但在实际维护中往往需要投入更多的间接费用，纸质图书的购置需要考虑到存储空间、装订保护以及老化修复等附加开支，这些成本在长期运营中占据了相当比例。此外，某些高频使用的纸质资源在长期使用后容易损坏，需要额外采购或替代，这进一步增加了总成本。相比之下，电子资源的维护成本更多体现在技术支持上。高校图书馆在引入电子资源时，需要配备相应的硬件设备、网络基础设施以及数据库管理系统，这些系统的更新与维护每年都会产生大量费用。同时，电子资源的使用期限通常受到版权协议的限制，一旦合同到期，图书馆可能需要支付额外的续订费用，否则将失去对这些资源的访问权限。

高校图书馆的文献资源维护成本不仅涵盖了物理与技术层面的投入，还包括人员、系统及数据安全等多方面的开支。在人员成本方面，图书馆需要聘请专职的资源管理人员和技术维护人员，以确保资源的正常运行与高效利用。这些专业岗位的薪资开支，以及必要的技能培训费用，都对图书馆的总预算构成了不小的压力。此外，随着信息技术的不断发展，图书馆需要持续投入资金升级管理系统，以应对不断增加的资源数量和复杂性。例如，图书馆管理系统的数据库扩容、用户界面优化以及权限分配等，都需要投入大量技术资源，这些系统更新的周期性成本不可忽视。与此同时，数据安全问题的日益严峻也为资源维护提出了更高的要求，尤其是在个人隐私保护法日益严格的背景下，图书馆需要投入更多资金进行网络安全建设。

高校的多学科背景决定了图书馆资源需求的广泛性，这种多样化的需求对采购成本提出了更高要求。不同学科对文献资源的需求差异显著，特别是在交叉学科和新兴领域的研究逐渐占据主导地位的今天，传统的采购模式往往难以满足这些领域不断增长的需求。例如，医学和工程类学科倾向于获取实时更新的数据库资源，而历史学和文学领域更关注经典文献和稀缺手稿的收藏。不同资源类型的价格差异和维护需求，使得高校图书馆在采购时必须同时面对内容广度和经济压力的挑战。对于文献需求复杂的高校，采购往往要权衡学术价值与成本效益。一些前沿学科对独特数据库或期刊的需求使得相关采购费用高昂，但这些学科的研究人员数量相对较少，资源的实际使用量低，导致采购效益受到质疑。同时某些传统学科因研究基础广泛且人员众多，资源需求集中但重复性高，进一步加剧了采购预算的紧张。

近年来，高校图书馆之间的资源共享与合作逐渐成为缓解成本压力的手段。然而，外部合作模式在实际运行中面临诸多问题，这在某种程度上进一步加重了成本负担。区域性资源共享平台的建立需要高额的初始投资，包括平台开发、硬件支持以及跨校数据整合等。此外，不同高校之间的学科布局和资源需求差异，常常导致共享资源的利用率不高，部分高校为此承担的分摊费用难以得到合理回报。同时，国际合作在资源引入中的复杂性也为成本问题增添了新的难题。高校图书馆为了获取国际学术资源，常常需要参与全球范围的学术出版谈判。这种谈判过程不仅耗费时间与人力资源，还需要支付昂贵的外汇费用。国际数据库的版权和使用限制使得合作中的部分资源无法被高效利用，进一步拉低了合作模式的经济效益。

在成本压力不断上升的背景下，技术的应用被视为提高效率、降低成本的潜在解决方案。然而，技术的引入本身也带来了新的成本压力，特别是在系统开发与技术适配方面。一些高校图书馆为了应对电子资源的管理需求，不得不升级现有系统，这些升级往往涉及软件购买、硬件更替以及用户培训等一系列额外开支。某些高校为了提升资源检索效率，引入了基于人工智能的搜索引擎。这种技术在提高用户体验的同时，也对后台数据处理能力提出了更高要求，进而增加了服务器维护和能耗成本。此外，技术应用中的兼容性问题也可能导致旧系统的淘汰，从而增加不必要的额外投入。

采购与维护中的成本压力不仅体现在投入本身，还反映在资源使用效率与成本效益之间的矛盾上。尽管高校图书馆每年投入大量资金采购新资源，但这些资源的利用率却并未达到预期。一方面，读者在检索资源时往往被数量繁多的无关内容所困扰，导致真正高效使用资源的时间被大量消耗。另一方面，一些高价值资源由于使用权限或访问方式的限制，难以被广泛利用，从而进一步削弱了成本效益。部分高校订阅的数据库资源中包含了大量外语期刊，这些期刊虽然具有重要的学术价值，但由于语言障碍或研究领域不匹配，其实际使用频率远低于预期。这种低利用率现象使得资源采购显得浪费，而读者对这些资源的需求反馈却往往难以直接影响后续的采购决策，形成了资源与需求之间的"信息孤岛"。

在资源采购和维护过程中，版权与合规问题的处理也给高校图书馆带来了额外的成本压力。特别是在电子资源领域，复杂的版权协议往往对使用范围和访问权限提出严格限制。高校图书馆在引入这些资源时，不仅需要支付高昂的订阅费用，还需要为可能的版权纠纷储备额外预算。随着各国对数据隐私和信息安全的监管力度加大，高校图书馆在资源管理中必须承担更多的合规性义务。这些义务包括数据加密、隐私保护以及系统安全监测等，这些措施的实施无疑会增加运营成本。

采购与维护的成本压力还深刻体现在人员和日常运营成本上。高校图书馆作为复杂的资源管理机构，需要配备多领域的专业团队，包括资源采购人员、技术支持人员和学术顾问等。这些岗位不仅需要较高的专业技能，还需要长期的培训和经验积累，其薪资开支对总预算构成了重要压力。此外，图书馆的日常运营成本也在逐年增加。馆内设备的能耗、馆藏环境的维护以及日常事务的处理都需要大量人力物力支持。特别是在全球能源价格上涨的背景下，高校图书馆不得不为电力供应、空调系统以及网络维护支付更高的费用。这些隐性成本的叠加，使得高校图书馆在采购与维护中显得捉襟见肘。

四、资源需求动态变化的应对难题

学术领域的快速发展使得资源需求呈现出前所未有的动态特征。尤其在自然科学、工程技术等领域，新知识的更新速度极快，使得传统的资源采购模式难以满足实时性的需求。例如，生命科学领域中的基因组研究，每年都会涌现大量前沿成果，而这些成果往往通过会议论文、专利或在线资源的形式出现，传统的纸质期刊或固定数据库无法及时涵盖这些信息。这种不稳定性还表现在跨学科研究的兴起上。交叉学科的发展需要整合多个学科领域的知识，但现有的资源配置体系通常以单一学科为基础，难以迅速适应这种跨学科的文献需求。高校图书馆在采购资源时，往往面临选择的困境：一方面需要满足传统学科的基础需求，另一方面又不得不兼顾跨学科领域的新增要求。

高校读者群体的行为模式近年来发生了显著变化，以研究生为代表的核心用户群体，他们获取信息的方式已逐渐从传统的图书查阅转向在线数据库、电子期刊和即时检索工具。这种数字化行为使得高校图书馆不得不加大电子资源的采购力度，但随之而来的版权成本和技术维护问题却给管理带来了额外的负担。同时普通本科生的文献需求更多地集中在教学辅导材料和基础性学术资源上。这一群体的需求虽然较为稳定，但其广泛性和量化特征对馆藏容量提出了极大挑战。尤其是在期末考试、毕业论文季等特定时间段，需求的集中爆发会导致某些资源的严重短缺，而这些资源在非高峰期却又可能长期闲置。

每个学术年度内，科研关注的重点往往会因为政策引导、社会需求或国际趋势的变化而出现显著转移。例如，近年来，人工智能、大数据以及气候变化等领域的研究突然升温，这些领域的资源需求也随之呈爆发式增长，而传统的资源配置计划很难及时响应。这种热点驱动型需求不仅表现为数量上的增长，还具有显著的时效性特点。许多研究课题的成功依赖于对最新文献的快速掌握，而图书馆现有的资源更新机制往往滞后于实际需求。

传统的集中式采购模式通常以年度预算为基础，采购计划需提前制定，缺乏灵活调整的空间。而动态需求往往难以提前预测，使得图书馆在实际操作中无法快速调整资源分配。例如，某些高校虽然引入了按需采购（PDA）和基于使用的订阅模式，但这些新模式在实施过程中仍然受到预算、技术和版权等多方面的限制。此外，尽管区域性图书馆联盟和国家级文献服务平台在一定程度上缓解了资源不足的问题，但其响应速度往往难以满足动态需求的即时性。例如，在某些特定领域，图书馆联盟内的资源借调流程可能耗时数周，而研究人员的文献需求通常要求在数日内得到满足，这种时间上的差距直接影响了资源利用的效率。

信息技术的进步虽然在一定程度上提高了资源配置的灵活性，但其复杂性和技术壁垒也限制了图书馆应对动态需求的能力。尤其在大数据和人工智能的应用方面，许多高校图书馆缺乏足够的技术储备来全面实施这些工具。例如，基于用户行为分析的个性化推荐系统虽然能够更好地预测读者需求，但其开发和维护需要大量资金和技术支持，对经费和人力资源有限的图书馆而言是一项不小的挑战。电子资源的格式更新、访问方式的改变以及平台升级等因素可能导致一些资源在短时间内变得不可用。一些数据库供应商在升级后停止支持旧版本的访问协议，这不仅使得原有资源难以正常使用，还需要图书馆投入额外成本进行技术适配。这种额外的技术压力，使得图书馆在面对动态需求时更加被动。

高校图书馆文献资源的生命周期正在缩短，这一趋势使得应对资源需求的动态变化更加复杂。学术资源在发布后的引用热度通常集中于数年内，而后逐渐进入低谷期。这种特性对资源采购的时效性提出了极高要求。高校图书馆必须在资源生命周期的高效利用阶段尽可能多地获取相关内容，但实际操作中，采购预算的分配周期和决策过程往往与资源的生命周期错位。对于某些研究领域，如新兴技术或应用科学，资源的生命周期尤为短暂。如计算机科学领域的许多文献在发表后两三年内迅速过时，研究人员更倾向于获取会议论文或技术报告中的最新成果。然而，这些类型的资源往往不在图书馆传统采购的优先范围内，导致读者的需求无法得到及时满足。生命周期短暂的资源难以在馆藏中长期保留，如何处理这些资源成为馆藏管理的难题，进一步加剧了应对动态变化的压力。

区域经济水平、学科建设重点、科研投入规模等因素直接影响了高校的文献资源需求。经济发达地区的高校在获取国际前沿资源时需求旺盛，而经济相对落后地区的高校则更倾向于满足基础性学术资源需求。这种不平衡的需求使得资源的动态配置在全局层面难以实现。由于语言、文化和学科背景的不同，高校研究人员对于国际资源的需求往往具有独特性。然而，国际学术资源在引入时受到版权协议、访问限制以及定价策略的制约，导致高校图书馆难以根据动态变化快速调整采购计划。

高校图书馆在应对动态需求变化时，管理机制的滞后性是一个普遍存在的问题。传统的资源管理模式更多地依赖于静态的计划与决策，这种模式难以适应动态变化的需求。例如，年度采购计划的制定通常需要耗费数月时间，而实际需求在这一周期内可能已经发生显著变化。高校图书馆在资源管理中涉及多个部门和岗位的协调，包括资源采购、技术支持、读者服务等。这种层级结构在一定程度上导致了信息的延迟和资源分配的低效。当某一特定学科的文献需求突增时，采购部门可能需要经过多重审批才能完成资源引入，而这一过程中需求的紧迫性往往已被忽视。

尽管数字化转型在提升资源配置灵活性方面发挥着重要作用，但其局限性也在动态需求应对中逐渐显现。高校图书馆在数字化过程中面临着技术适配、系统更新和用户教育等多方面的挑战。尤其是对于小规模高校或经费有限的院校，数字化基础设施的欠缺使得其动态调整能力受到限制。而访问限制是另一个突出问题。许多电子资源仅在合同规定的期限内开放访问，合同到期后需要支付高额费用进行续订。不仅对资源的长期可用性构成威胁，也增加了高校图书馆的成本压力。某些数字资源的检索和使用复杂性较高，导致部分用户在实际使用中难以获得所需信息，这进一步降低了资源动态配置的效率。

第四节 数字资源的引入与管理

一、数字资源采购流程的标准化

数字资源采购的首要环节在于准确识别需求，而这一环节往往涉及多方利益与多层次分析。高校内部的学科布局、研究方向和读者构成直接决定了资源需求的多样性。为确保需求识别过程的规范化，许多高校图书馆已建立需求调研制度，通过定期的学术座谈会、在线调查问卷以及历史数据分析等方式收集用户需求。然而，在实际操作中，需求的动态变化和潜在差异性仍然对这一环节提出了严峻考验。不同学科对于数字资源的需求重点各有不同。工程学科通常倾向于最新的实验数据和实时更新的技术报告，而人文学科则更加依赖历史数据库与经典文献。因此，需求识别的过程不仅需要深入了解学术领域的发展趋势，还应将用户群体的层次性、使用偏好以及可能的潜在需求纳入考量。为了保障这一过程的标准化，部分高校图书馆逐渐尝试采用多指标分析模型，将用户行为数据、学术成果引用频率以及资源使用记录结合起来，以形成更为科学的需求画像。

在数字资源采购中，供应商的选择直接决定了资源的质量与服务的稳定性。由于市场上数字资源的供应商数量庞大且资质参差不齐，高校图书馆在遴选过程中需要设立明确的准入标准与评估指标。通常，这些标准包括资源内容的学术权威性、访问技术的先进性、价格的竞争力以及售后服务的保障性等。部分高校图书馆在供应商遴选中引入了评分体系，以实现遴选过程的制度化。例如，通过评分模型对供应商进行定量评价，包括文献覆盖率、资源更新频率、平台易用性等关键维度。在此基础上，进一步结合图书馆的学科布局与预算限制，最终确定优先合作的供应商名录。这一过程的标准化有助于提高采购决策的科学性，同时避免因主观偏好或信息不对称导致的不公正现象。然而，市场评估中的不确定性依然是采购流程中的一大难点。部分国际供应商因版权政策复杂或定价策略不透明，常常对合作高校施加不对等的条款。

合同管理是连接图书馆与供应商的桥梁，也是保障图书馆权益的核心手段。合同管理的标准化主要体现在条款设计的规范性、签署流程的透明性以及后期执行的可追溯性。对于高校图书馆而言，合同中的关键条款通常包括资源访问权限、用户隐私保护、技术支持范围、更新机制以及退出条款等。在条款设计方面，许多高校图书馆逐渐形成了模板化的合同框架，以确保不同资源采购合同的一致性不仅涵盖了基本的法律义务，还针对数字资源的特殊性加入了技术细节。对于数据库资源的合同中，通常会详细规定访问限制、数据导出权限以及平台兼容性等技术要求。此外，为应对可能的合同争议，一些图书馆在条款中明确了仲裁机制与违约赔偿方案，以降低合作风险。许多高校图书馆采用电子合同管理系统，将合同的审批、存档与查询统一纳入数字化平台，提高了合同签署的效率，还减少了因人员变动或信息遗失导致的管理漏洞。

数字资源的技术评估贯穿于采购流程的各个阶段，其主要目的是确保资源的兼容性、稳定性以及用户体验的优化。平台测试是技术评估中的核心环节，通常需要针对资源的访问速度、检索准确性以及用户界面的友好性进行详细测试。为了保障技术评估的系统性，一些高校图书馆逐步制定了技术指标框架。将资源平台的技术性能分为硬件需求、软件兼容性和网络支持三大类别，并在每一类别下细化具体的评估标准。这种框架的建立不仅便于操作，还能够为资源采购后的技术维护提供依据。

用户反馈是数字资源采购流程中不可或缺的一部分，主要作用在于评估已采购资源的使用效果，并为后续采购提供参考。然而，传统的用户反馈机制通常存在分散化与非系统性的问题，难以形成标准化的管理流程。近年来，部分高校图书馆开始尝试建立集中化的用户反馈平台，通过收集和分析用户意见提升采购的科学性。用户反馈的收集方式多种多样，包括在线问卷、读者访谈以及使用日志分析等。通过统计用户的资源检索频率与下载记录，图书馆能够识别高频使用资源与低效利用资源之间的差异，从而优化预算分配。在反馈处理过程中，部分高校图书馆还引入了人工智能技术，以实现用户需求的自动分析与趋势预测。此外，需求响应的流程化设计进一步提升了用户反馈的利用效率。部分高校图书馆在收到用户反馈后，会定期召开资源评估会议，将用户需求转化为具体的采购建议，并结合市场评估与预算审核形成最终决策。

高校图书馆在资源采购中，通常面对有限的预算与多样化需求之间的矛盾，如何实现预算分配与采购目标的精准对接成为标准化流程中的关键一环。预算管理的目标不仅在于优化资金使用效率，更在于提升采购决策的透明度与合理性。在预算分配过程中，高校图书馆逐渐采用数据驱动的分析模式，以提升资源采购的精准度。通过综合分析资源的历史使用数据、用户反馈以及学科分布情况，将预算划分为核心资源、补充资源和潜在资源三大类别。这种分类分配的方式既能够保障核心资源的优先采购，又为新增需求的动态调整预留了足够的灵活性。此外，为了避免预算使用中的主观性和随意性，图书馆通常制定了严格的预算审批流程。这些流程不仅包括资源需求的前期调研与可行性分析，还涵盖采购计划的多轮审核与最终确认。一些高校图书馆要求采购计划经过采购部门、学术委员会和财务部门的联合评审，确保预算分配的公平性与科学性。这种多层次的审批机制为数字资源采购的标准化提供了重要保障。

数字资源采购流程的标准化需要充分考虑资源生命周期的动态特性，许多高校图书馆的数字资源采购不仅局限于一次性引入，更涉及长期的续订与更新。这一过程中，资源生命周期的管理成为影响采购效率与资源利用效益的重要因素。为了协调资源生命周期与持续采购的关系，高校图书馆逐步建立了资源更新机制。通常，这种机制包括资源使用监测、更新优先级评估以及续订合同谈判等环节。在资源使用监测中，图书馆通过分析访问量、下载量以及学术引用频率等数据，动态评估资源的使用效益，从而确定是否优先更新或淘汰。此外，在更新优先级的评估中，学科代表的参与能够提供更为专业的建议，确保更新决策符合学术发展的实际需求。

高校图书馆积累的大量资源使用数据蕴含着丰富的信息，如何将这些数据转化为采购决策的有力依据，成为流程标准化的关键技术手段之一。数据分析的主要目标是揭示资源使用的规律与趋势，从而指导采购规划与预算分配。在采购前期，数据分析能够帮助图书馆准确预测用户需求。通过对过去资源使用行为的模式挖掘，图书馆可以识别高频使用资源与潜在需求增长点。此外，结合自然语言处理和文本挖掘技术，图书馆还可以分析用户的检索记录与反馈意见，从中提炼出更为精准的需求特征。在采购后期，数据分析则着重于资源使用效果的评估。通过对访问频率、下载量与用户满意度的综合分析，图书馆能够识别资源使用的瓶颈与优化空间。部分高校图书馆甚至开发了基于机器学习的资源评估模型，运用对多维数据的动态分析，预测资源的未来需求趋势，为长期采购计划提供科学支持。

质量监督是数字资源采购标准化中的关键环节，主要为了确保采购过程的公开性与结果的可追溯性。在实际操作中，采购的质量监督通常贯穿于整个流程，包括需求调研的科学性、供应商选择的公正性以及合同执行的有效性等。同时在质量监督中逐渐引入了第三方评估机制。在供应商选择环节，通过独立的评估机构对候选供应商的资质、产品质量与服务能力进行审查，确保遴选过程的透明性。此外，在合同执行阶段，第三方监督机构还会对供应商的履约情况进行定期检查，确保资源的交付符合合同约定。一些高校图书馆建立了资源采购信息公开平台，将采购计划、预算分配、供应商评分结果以及合同细节等信息向校内外开放。不仅提高了采购决策的公信力，还为学术界与公众提供了监督的渠道。

二、电子资源版权问题与应对策略

由于数字资源的出版与分发往往涉及多个国家和地区，电子资源版权管理体系不可避免地受到各国法律制度的影响。《伯尔尼公约》确立了国际版权保护的基本框架，但各国在具体实施中对版权保护期限、使用范围以及例外条款的解释存在显著差异，给高校图书馆的资源引入带来了极大的不确定性。尤其是在国际出版商主导的数据库资源中，部分高价值资源因版权归属复杂或适用法律的模糊性，导致访问权限受限。某些跨国出版集团在向发展中国家高校销售电子资源时，通常会增加附加条款以限制使用方式，而这些条款在某些国家可能不符合本地版权法的规定。这种法律上的冲突不仅增加了图书馆的管理成本，还严重影响了资源的公平使用。

电子资源的版权问题不仅局限于法律层面，还涉及技术保护措施（TPM）所带来的使用限制。这些措施通常以数字版权管理（DRM）的形式嵌入资源平台中，用于控制访问权限、限制复制和打印等操作。然而，这种技术手段在保障版权方利益的同时，也对高校图书馆的资源使用造成了额外障碍。具体的说，某些数据库资源的 DRM机制要求用户每次访问均需验证身份，并限制单次下载或打印的页数。这种限制对学术研究的流畅性产生了直接影响，尤其是在需要大量查阅和引用文献的情况下。一些图书馆用户因超出访问限制而被平台暂时封禁，导致研究进度被迫中断。另外，技术保护措施的存在还对资源共享模式形成了较大的约束，某些资源即便在法律上允许在校内共享，但技术限制的存在使得共享操作难以实现。

在采购电子资源时，版权费用的高昂一直是预算管理中的负担。国际出版商的定价策略通常以市场需求为导向，而非资源的实际使用价值。此外，版权费用的构成往往缺乏透明性，图书馆在合同谈判中难以获取资源定价的具体依据。部分出版商甚至在合同中加入"最惠国条款"，限制高校图书馆在区域合作中共享资源的可能性。

数字资源共享是高校图书馆优化资源配置的方式，但在版权问题的限制下，操作的复杂性显著增加。共享过程中的法律障碍主要体现在以下两方面：一是共享范围的限定，版权方通常通过合同明确禁止跨机构共享资源；二是共享内容的限制，即使是合法共享的资源，其内容范围往往被严格界定，超出部分可能面临侵权风险。技术层面的障碍则主要表现为平台间兼容性不足。不同出版商的资源平台往往采用独立的管理系统，缺乏统一的接口标准。

面对电子资源版权问题的复杂性，高校图书馆需要在制度设计与技术创新中寻求平衡，以实现资源利用的最大化。制度设计的核心在于构建合法合规的资源管理体系，这一体系需要充分考虑版权法规的适应性与资源使用的灵活性。高校图书馆可以建立区域性或国家级的版权协调机制，与国际出版商进行集体谈判，从而降低资源获取的整体成本。技术创新则为应对版权问题提供了工具。部分高校图书馆在共享资源时引入了区块链技术，用于记录资源访问的全过程，从而保障共享操作的透明性与合法性。此外，人工智能技术的应用使得版权风险的预警与监控更加高效。

在管理电子资源时，还需注重用户教育与版权意识的培养。许多研究人员与学生对电子资源的版权规则缺乏足够了解，这种意识的不足可能导致不当使用甚至侵权行为。部分用户在未经授权的情况下将校内资源外传或用于商业用途，不仅违反了合同规定，还可能引发法律纠纷。为了提升用户的版权意识，高校图书馆可以开展多种形式的教育活动。通过在线课程、讲座和资源指南等方式，向用户普及版权法规与资源使用规则。此外，图书馆还可以在资源平台中嵌入版权提示功能，提醒用户注意相关限制。

近年来，少数国际出版商通过并购和扩展控制了学术资源市场的主要份额，这种集中化趋势使得高校图书馆在版权谈判中处于显著劣势。例如，一些出版商不仅要求高校支付高额的订阅费用，还通过合同条款限制资源的具体使用方式。不对等的市场关系显然削弱了图书馆的议价能力，也为版权问题的解决增加了额外难度。高校图书馆在采购数据库资源时，往往需要同时订阅与本校学科布局无关的附加内容。这种强制性捆绑不仅提高了总费用，还可能导致低效资源占据有限预算。与此同时，某些出版商的独家版权协议使得同类资源在市场上缺乏竞争者，进一步巩固了其定价权。

随着数字技术的快速发展，电子资源的技术保护措施（TPM）也在不断升级，其复杂性为高校图书馆的管理带来了新的挑战。这些措施主要用于防止资源的未经授权访问和复制，但在实际应用中，它们也显著影响了用户的使用体验。技术保护措施的多样化也增加了图书馆的维护成本。不同资源平台通常采用独立的 DRM方案，这些方案之间缺乏统一的接口标准，使得资源的整合与管理变得极为困难。某些情况下，用户需要下载专用的软件或插件才能访问特定资源，这种操作复杂性不仅降低了资源的使用率，还可能引发用户的不满。此外，DRM方案的技术升级频率较高，图书馆需要投入大量人力和资金以确保系统兼容性，这种额外的成本在预算有限的情况下更显沉重。

高校图书馆在电子资源采购中，许多出版商在合同中加入了隐性限制条款，例如对资源访问范围的限定或对用户行为的额外约束。这些条款在签署时可能并未被明确关注，但在实际使用中却可能对图书馆和用户造成不利影响。一些数据库资源的合同中规定，仅允许注册用户访问特定文献，而不允许跨机构的联合使用。这种条款限制了资源在学术合作中的共享潜力，也可能在某些情况下引发用户的侵权行为。另外，合同中对资源下载量或引用量的上限规定也容易被忽视，但一旦用户的使用行为超出限制，图书馆可能需要承担高额罚款或面临合同终止的风险。

为应对这些潜在风险，图书馆需要在合同谈判中格外注重细节审查。可以设置合同条款审查委员会或聘请法律顾问，对合同内容进行多轮评估。同时，在合同中加入透明度要求，确保出版商对定价机制、资源使用限制和续订条件进行明确说明。

数据技术的应用为电子资源版权问题的解决提供了全新思路。区块链技术因其去中心化和不可篡改的特性，被认为是优化版权管理的重要工具。图书馆通过区块链可以记录资源的访问与使用全过程，从而提高版权管理的透明度和可追溯性。此外，人工智能技术的广泛应用使得版权风险的预警与监控更加高效。自然语言处理和深度学习算法，让图书馆能够自动分析合同条款中的风险点，并针对可能的侵权行为提供实时提醒。不仅降低了版权纠纷的发生概率，还显著提升了图书馆在复杂版权环境中的应对能力。

三、数字资源的访问与利用效率优化

（一）用户行为优化策略

1.用户行为分类与需求精准化

用户行为呈现多样性，根据研究目标和信息获取习惯的不同，用户可以分为深度研究型、快速浏览型和主题探索型三类。深度研究型用户更关注高价值的数据库资源，常需借助高级检索功能获取相关性极高的文献，而快速浏览型用户倾向于利用简单关键词查找基础文献。为了满足各类型用户的需求，资源平台需进行行为分类分析，为不同用户群体提供个性化的指导方案。比如为深度研究型用户提供高级检索语法模板，而快速浏览型用户则可通过一目了然的推荐文献获取帮助。这种需求精准化策略能够最大限度提升访问效率。

2.行为分析工具的部署与数据利用

在优化用户行为的过程中，记录用户的检索路径、停留时间和下载行为，可以绘制用户行为的全景图。分析这些数据后，平台可主动调整检索引擎的排序规则，将与用户需求匹配度最高的文献置于显著位置。借助人工智能技术分析这些行为数据，还可自动生成个性化的资源推荐列表，减少用户的重复搜索时间，使资源利用更加高效。

3.教育培训与操作技能提升

举办分层次的教育活动，例如面向本科生的基础检索技巧课程和针对研究

人员的数据库深度使用工作坊，可以有效提升用户的使用技能。此外，设计直观易懂的在线教程和操作指引，使用户可以随时学习操作流程。为了进一步激发用户兴趣，图书馆还可以结合用户的真实需求制作微课程或案例教学视频，帮助用户在实际问题中掌握检索技能。

（二）技术系统优化方式

1.响应速度与系统稳定性优化

数字资源平台的响应速度和稳定性直接影响用户的访问效率。在高并发访问场景下，平台常面临响应延迟或崩溃的风险。为解决此问题，可部署负载均衡技术，通过智能分配访问流量，减轻服务器压力。同时，引入分布式存储技术，将数据分布至多节点服务器，避免单点故障导致的系统不可用现象。快速响应不仅提升了用户体验，也增强了资源平台的稳定性。

2.检索功能的智能化升级

技术的进步使得检索功能更加智能化。采用语义分析和自然语言处理技术，检索引擎能够准确理解用户的查询意图，避免因关键词不精确导致的结果偏差。当用户输入"环境污染相关文献"，系统可以识别其核心主题并结合上下文自动扩展至"空气污染"、"水污染"等关联领域。此外，动态筛选器的设计让用户可以根据时间、作者和主题等多维度缩小范围，更快速地定位目标文献。

3.跨设备兼容性与适配优化

资源平台的多设备适配能力在提高资源利用效率中扮演了重要角色。确保平台在桌面端、移动端和平板设备上的功能一致，可以让用户随时随地高效访问。此外，设计响应式界面，自动适配不同屏幕尺寸与分辨率，避免用户因设备限制而操作困难。增加数据同步功能，使用户在不同设备间切换时保持访问进度不丢失。

（三）资源整合优化方式

1.统一入口与多资源联动

资源整合的第一步是建立统一入口，将分散的资源整合至一个平台，形成一站式访问模式。用户通过单一检索框即可跨越多个数据库查找相关文献，避免了逐一切换平台的烦琐操作。在技术实现上，整合平台需对不同数据库的元数据进行标准化处理，确保检索结果的展示一致性和精准性。资源整合后的统一访问模式能够显著减少用户在平台间切换的时间成本。

2.开放链接与深度整合

开放链接技术允许用户直接从检索结果跳转至目标文献，省去了多次验证身份或重复检索的麻烦。例如，在结果页面提供完整文献的访问按钮，点击后即可直接打开相关资源。此外，深度整合不仅局限于资源共享，还包括跨平台数据的交互式操作，例如用户可以在平台 A上直接批量下载平台 B的资源，形成真正意义上的无缝连接。

3. 专题化资源整理与展示

整合后的资源可按学科主题进行重新组织，以专题形式展示给用户。例如，针对某学科的热门研究方向，将相关的文献、数据库和多媒体资源整合为专题栏目，供用户系统查阅。这种专题化整理能有效提升资源的相关性和利用率，特别是在某些跨学科领域中，其优势更加明显。

（四）数据驱动优化手段

1. 动态资源使用监控

资源使用数据的实时监控能够揭示资源的实际利用情况，并提供优化决策的依据。通过部署监控系统，可以记录资源的访问量、检索频次和下载数据。对于使用频率持续低迷的资源，系统可发出警报，提示管理者重新评估其采购必要性。而高频使用资源的监控数据则可为资源续订和推广提供可靠支持。

2. 个性化推荐系统的构建

智能推荐系统基于用户的历史行为生成专属的推荐内容。系统通过分析用户的检索习惯、阅读偏好和学术领域，自动为其推送潜在感兴趣的文献和数据库。推荐系统的应用不仅减少了用户的检索负担，也能引导用户发掘新领域的资源。

3. 数据报告的多样化呈现

资源利用数据的分析结果需以直观的方式呈现给决策者。设计图表化、互动式的数据仪表盘，可以帮助管理者快速理解资源的使用动态。例如，通过热力图展示用户访问的高峰时段和热点资源，便于调整平台服务策略。文字摘要与数字统计相结合的方式也能提高报告的可读性与参考价值。

（五）管理机制与服务策略优化

1. 权限管理的灵活化

资源访问权限的设计需兼顾公平性与灵活性。动态授权机制可根据用户身份、使用场景实时调整权限设置。例如，为外聘教师提供限时访问的权限，或为高年级学生开放部分高级资源。灵活的权限管理能够满足多样化需求，避免过度限制导致资源闲置。

2. 服务响应的快速化

优质服务是资源利用效率的重要保障。提供全天候在线支持，结合智能客服与人工客服的双线服务模式，确保用户问题能在最短时间内得到解决。针对简单的操作指导，智能客服可快速提供标准化答案；而涉及复杂问题的需求则转交人工客服，以保证服务质量。

3.激励机制与资源推广

资源推广活动能够有效激发用户兴趣。设计学术资源使用竞赛活动，通过奖励的方式鼓励用户多使用学术资源。例如，奖励用户提交优秀资源评价或资源使用心得的分享。通过推广活动的实施，不仅能增加资源的曝光率，还能引导用户更积极地参与资源使用。

四、数字资源的长期保存与更新机制

数字资源的长期保存以稳定且高效的存储基础设施为前提。资源的物理存储需要高可靠性的硬件设备支持，如云存储中心、磁盘阵列以及分布式存储网络的部署。存储设备的生命周期有限，定期更换硬件以适应新技术的要求是资源长期保存的重要部分。

在数据存储设计中，分层存储架构具有优势。高频使用的数据可置于快速响应的固态硬盘或热存储区域，而低频资源则存储在冷备份系统中，降低运营成本同时提高访问效率。此外，冗余备份策略是保障数据安全性的核心手段。对关键资源实行多地备份，不同存储节点独立运作，以减少单点故障对整体资源的影响。不断演变的文件格式和软件环境可能导致旧资源在未来系统中无法打开。为避免此类风险，资源的格式标准化与长期可读性测试需纳入日常维护范畴。数字资源的存储不仅需要考虑当前环境，还应预留与未来技术对接的灵活性。

在资源保存过程中，完整性保障不仅要求资源数据的存储无缺损，还需持续验证资源是否被篡改。采用加密校验技术，每次资源访问均可核对其数据完整性，及时发现潜在的损坏或异常。版本管理体系可以帮助图书馆记录资源的变更历史，特别是在学术文献动态更新的场景中显得尤为重要。每次资源更新后，系统需生成一个独立版本，并保留历史版本以供查阅。对过期或低价值版本的清理也需科学规划。设定严格的资源评估指标，根据使用频率、学术价值及更新状况决定保留或淘汰的范围。同时，在淘汰操作前，需确保已有版本的完整归档，避免因过早删除造成的资源断档。

随着技术的发展，存储硬件和管理系统不可避免地会经历更替。每次迁移不仅涉及数据的转移，还需保障迁移过程中数据的完整性与安全性。为确保迁移操作的可靠性，需建立详细的迁移计划，包括迁移前的完整性校验、迁移后的验证测试以及多重备份。资源管理系统的更新需与存储设备和检索平台同步协调，避免因系统间的不兼容导致资源无法访问。在系统升级过程中，图书馆

需开展充分的兼容性测试，特别是针对核心资源的访问功能，必须确保在新系统环境下依然稳定。

周期性更新可确保资源内容与技术环境的同步，同时避免资源老化带来的使用困境。在更新周期的设定上，需综合考虑资源类型、访问频率和学术需求的变化。对于高影响力数据库，需保持较短的更新周期，而对于冷门资源，可适当延长更新间隔。在学术研究热点快速变迁的背景下，更新机制需灵活响应新领域的需求，及时引入高价值资源。此外，更新后的资源需与现有资源无缝整合。系统应确保新资源在上线后能够通过现有检索逻辑和分类体系高效呈现，避免因整合不足导致的检索障碍。更新后的资源需进行用户适配性测试。结合用户反馈，评估资源更新后的使用效果，并根据使用情况调整更新策略。

在资源长期保存与更新中，数据安全与版权保护密不可分。资源存储和访问中可能面临的威胁包括网络攻击、恶意篡改以及未经授权的资源泄露。这些问题不仅会导致资源的实际损失，还可能引发法律纠纷。为加强数据安全，图书馆需部署多层防护体系。从网络层到应用层，各环节均需实施严格的访问控制与安全监测。采用加密技术保护资源传输数据的安全性，避免敏感信息被第三方截取。安全策略的制定需与资源类型相匹配，如对学术数据需重点关注完整性验证，而对用户信息需加强隐私保护。每次资源更新或迁移前，需重新审查版权协议是否符合现行法规，同时确保用户访问权限的合法性。特别是在国际合作项目中，不同国家的版权法规可能存在显著差异，需针对性制定资源管理策略，避免违规操作。

数字资源的长期保存依赖持续的技术监测与系统性评估。资源存储与管理的状态需保持动态监控，以及时发现潜在风险。对存储状态的实时检测，可以识别硬件性能下降或存储容量不足的问题，从而提前进行硬件更替或扩容。定期组织对资源使用情况与技术环境的全面审查，发现资源老化或系统运行效率降低的问题。评估过程中需平衡存储成本与资源价值，例如高成本资源是否真正符合学术需求，低成本资源是否存在优化空间。

目前，分布式存储已经成为数字资源长期保存的主要模式，其优势在于能够分散数据风险并提升系统扩展能力。在部署分布式存储时，需要着重优化节点间的数据同步效率。各节点需设置独立的验证机制，确保数据在写入和读取过程中保持完整性，同时避免节点间出现版本冲突。分布式存储中的自动负载分配功能还需进一步强化，能够根据数据访问的实时频率动态调整存储资源分配，以适应不同时段的使用需求。

资源长期保存过程中，数据安全不可忽视，容灾机制的设计需要同时覆盖硬件和软件层面。硬件层面应确保存储设备具有多重冗余备份能力，例如在磁盘阵列中引入纠错码技术，能够在磁盘损坏时自动恢复数据。软件层面则需设置容灾恢复策略，包括自动检测和修复系统漏洞以及快速重建受损数据库的能力。高效的容灾机制不仅减少数据丢失风险，还显著提升了资源保存的安全性。

同时长期存储对能耗的要求越来越高。为降低运营成本和环境负担，绿色存储技术应成为高校图书馆资源保存组成部分。如冷存储技术适用于低频访问的数据，能够在闲置期间关闭硬件资源，减少能耗；智能能量管理系统则可根据资源使用频率智能调节设备运行状态，从而实现能源利用的最大化。在长期保存过程中，不同版本资源并存是常见现象。对于同一资源的多个版本，需建立动态管理策略。例如，高频访问的最新版本需提供即时访问，而历史版本则可转入低成本的存储方案。在特定需求下，用户仍然能够调用历史版本，同时避免其占用过多存储资源。版本的优先级管理是实现这一目标的核心。

资源版本管理中，每次更新后的修订记录需完整保存，以确保数据的可追溯性。修订记录不仅需包括内容的变化，还应标明更新的时间节点、操作人员以及调整原因。通过自动生成的修订日志，资源的变更历史能够清晰呈现，方便管理者或用户在需要时核查。版本管理需结合资源的生命周期规律，对不同阶段的版本采取适应性措施。对于尚处于活跃期的资源，需保持高更新频率，并根据用户需求不断优化版本内容。而对于生命周期即将结束的版本，则需评估其保留的必要性。

在每次数据迁移前，需对迁移过程中可能出现的风险进行详细评估。这包括数据丢失风险、存储介质不兼容风险以及系统性能下降的风险。风险评估需结合存储硬件性能、网络传输能力以及迁移工具的适用性，制定出相应的应对策略。例如，迁移前完成数据完整性测试，并生成存储快照备份，以便在迁移中断时能够快速恢复。为避免因大规模迁移导致系统崩溃，可采用渐进式迁移模式。按照资源的重要性和使用频率，将数据分批迁移至新系统。高频使用资源可优先迁移，并在迁移完成后即时上线，以满足用户需求。低频资源的迁移则可安排在非高峰时段，确保迁移操作对正常服务的影响降至最低。

迁移完成后要进行系统化验证，确保所有资源在新系统中能够正常访问。验证流程包括资源的完整性检查、元数据的一致性比对以及访问权限的匹配性核对。对于迁移过程中出现的不一致现象，需建立快速处理机制，避免问题在使用阶段对用户产生影响。

新增资源上线时需确保与现有资源体系的高效整合。整合流程包括资源元数据的标准化处理、检索逻辑的适配调整以及分类结构的优化设计。整合完成后需安排用户测试，评估新增资源的可用性与用户满意度。测试反馈可用于进一步优化整合效果，使资源更新真正服务于用户需求。更新后的资源需进行有效推广，以确保用户充分了解并使用新增内容。推广策略包括线上平台的公告推送、线下资源介绍会以及学科馆员的主动推荐。资源推广不仅提升了资源的使用效率，还能为后续更新策略提供参考。

  长期保存与更新的过程中，资源访问权限需保持动态管理。权限设计需兼顾公平性与灵活性，例如为不同用户群体设置多层次的访问等级。在资源更新后，需对权限设置进行同步调整，确保用户始终能够按照授权范围正常使用。存储系统需全天候运行安全监测工具，以防止潜在的恶意攻击。安全监测内容包括用户访问行为异常分析、系统漏洞检测以及非法访问尝试拦截。对于安全事件的预警需设立专门响应机制，确保问题在初期即得到控制。

第二章
个性化读者服务的内涵与发展

第一节 个性化服务的基本概念

一、个性化服务的定义与核心内涵

（一）个性化服务的定义

个性化服务是指依据用户的独特需求、偏好和行为特征，动态调整资源配置与服务方式，从而实现信息服务精准化的过程。这一定义强调了服务对象的差异性与服务内容的灵活性。高校图书馆作为学术资源的管理与供给机构，其实施不仅意味着服务模式的创新，更是一种面向用户深层需求的资源分配策略。

个性化服务的定义不同于传统的批量服务或普适性服务，而是针对单个用户的特定需求定制解决方案。其内容覆盖信息检索、资源推送、学习支持和科研辅助等多个方面，强调对用户需求的精细化解读和动态响应，让用户不再是被动接受服务的对象，而是服务过程的主动参与者，用户需求成为服务逻辑的核心驱动力。

这一服务概念不仅局限于技术层面的实现，还包含了服务理念的转变。个性化服务的本质在于从单一模式向多样化模式的跃升，这一过程离不开用户数据的深度分析和技术系统的智能化支撑。基于用户历史行为和实时交互数据，图书馆可形成动态用户画像，并据此提供针对性的服务建议。这种理念的背后隐含着对服务对象的高度尊重，以及对学术需求的深刻洞察。

个性化服务的实践要求高校图书馆在服务目标、服务手段和服务效果之间实现有机平衡。目标层面需围绕用户体验与学术效率展开；手段层面则需整合多维度技术，包括数据挖掘、语义分析和人工智能算法；效果层面需以用户满意度与学术产出为主要衡量指标。这一定义框架为个性化服务的实际运作奠定了理论基础，并为高校图书馆的服务创新提供了方向指引。

（二）个性化服务的核心内涵

1.资源精准匹配

这一匹配过程需要以用户行为数据为基础，通过分析用户的学术背景、研究方向和信息需求，动态调整资源的呈现形式与服务策略。资源精准匹配不仅体现在检索结果的相关性上，更体现在资源推荐的预测能力上。借助技术手段，图书馆可以预判用户潜在需求，提前布局相应资源，从而缩短用户信息获取路径，提高学术效率。

2. 服务内容动态调整

传统服务模式以静态资源为基础，无法满足用户需求的实时变化，而个性化服务强调根据用户的使用行为和反馈意见即时调整服务内容与形式。图书馆需构建灵活的服务架构，使服务内容能够在短时间内完成更新并推送给用户。动态调整机制的核心在于提升服务的适应性和延展性，使其能够覆盖从日常学习到科研创新的多层次需求。

3. 用户参与服务流程

个性化服务的设计理念中，用户不再是被动的服务对象，而是服务流程的重要参与者。用户的行为反馈、资源偏好和需求表达在服务设计中具有不可替代的地位。通过邀请用户参与服务评估和反馈收集，图书馆可以更精准地识别服务短板，并据此优化服务方案。这种高度互动的服务模式不仅提升了用户体验，还增强了用户对图书馆服务的归属感和信任度。

4. 服务效率与用户体验的平衡

服务效率的提升需要依赖于资源的优化分配和流程的简化，而用户体验的改善则需注重服务内容的个性化与情感化设计。为实现这一目标，图书馆需在服务细节上投入更多关注，例如优化检索结果的展示顺序、增加用户界面的交互性设计等。平衡效率与体验是个性化服务能否有效落地的关键因素。

5. 技术与人文的融合

个性化服务的核心内涵还体现在技术与人文的深度融合上。一方面，技术为服务的个性化提供了实现路径，如大数据分析、机器学习和人工智能；另一方面，人文关怀则为服务注入了温度和价值观。高校图书馆在设计个性化服务时，需兼顾技术的功能性和用户的情感需求，确保服务不仅高效精准，还能传递人文关怀，体现学术服务的社会责任感。

6. 数据安全与隐私保护

在个性化服务中，用户数据的收集和分析是实现精准服务的前提。然而，数据的使用不可避免地涉及隐私保护与伦理问题。个性化服务的核心内涵之一在于对用户数据隐私的高度重视，图书馆需建立完善的数据保护机制，包括数据匿名化处理、访问权限控制和数据使用透明化等措施。只有在数据安全得到保障的情况下，用户才能真正信任并接受个性化服务。

7.服务效果的持续优化

个性化服务并非一成不变，其效果需随着用户需求和技术发展的变化而持续优化。持续优化的关键在于构建服务评估体系，通过量化指标和定性反馈衡量服务效果，并根据评估结果进行调整。高校图书馆需建立定期的用户反馈机制和数据监测系统，确保服务始终保持高效性和相关性。这种持续优化不仅能提升服务质量，还能使图书馆在激烈的学术竞争中保持创新活力。

二、个性化服务与传统服务的区别

（一）服务方式的转变：从资源供给到需求满足

传统服务以"资源供给"为核心，其模式主要集中于向用户提供特定类型的文献、数据库或信息资源。这种方式注重资源本身的丰富性和规范性，服务形式大多固定且单一，强调资源的可得性，而较少考虑用户在服务过程中的实际需求。资源的呈现方式趋向于模板化，无论用户的具体背景或偏好如何，服务内容几乎保持一致。

个性化服务则彻底颠覆了这一单向供给模式。它以"满足用户需求"为核心，优先考虑用户在特定情境下的信息需求及其动态变化。服务方式从过去的"资源推送"转向"问题解决"，不仅关注文献的数量和种类，更注重资源与需求的匹配程度。例如，在个性化服务体系中，用户需要的不再是大量参考文献的简单罗列，而是能够快速定位核心内容的支持服务。服务的价值体现在帮助用户高效解决学术问题和信息困境。

传统服务的单向性导致服务难以覆盖用户多样化需求，个性化服务则基于用户数据和行为轨迹进行服务调整，使得服务过程更贴合用户预期。这种转变不仅提升了服务效率，也改善了用户体验，逐渐将高校图书馆从资源管理型机构升级为需求导向型服务平台。

（二）信息流动的差异：从静态到动态交互

传统服务中的信息流动主要呈现为静态特征，即信息从图书馆到用户的单向传递。用户需要主动参与检索和选择，而图书馆则负责提供资源清单和馆藏信息。这种静态的信息流动模式强调用户的自主性，却忽略了其在信息筛选和使用过程中的难点。服务的重点在于确保信息的准确性和完整性，而非在交互过程中提供辅助支持。

个性化服务则以动态交互为核心特征。信息在用户和图书馆之间以多维度、实时的方式流动。用户的行为、偏好和即时反馈能够迅速传递至图书馆，图书馆基于这些数据调整服务内容和方式，从而实现精准的双向互动。动态信息流动增强了服务的响应速度，使用户在检索和使用资源时感受到服务的即时性和针对性。

动态交互的另一个显著特点是服务过程中的自适应性。图书馆服务系统能够根据用户需求的变化自动调整信息传递路径。如基于用户最近的检索记录，系统会主动推荐相关主题的资源，并通过推送通知提醒用户查看最新内容。动态流动的信息不仅提升了服务的智能化水平，也促进了用户与图书馆之间更紧密的联系。

（三）服务对象的精细化：从群体需求到个体特性

传统服务通常以服务群体为对象，其目标是满足不同读者群体的共同需求。服务内容的设计围绕群体特征展开，例如针对本科生设计课程辅助资源，针对研究生和教师提供学术研究支持。尽管这一模式能够覆盖大部分读者需求，但由于缺乏对个体特性的深入考量，服务效果往往不够精准。

个性化服务则将服务对象从群体延伸至个体，以用户的个人需求和行为特征为基础构建服务内容。服务设计不再关注群体的普遍需求，而是深入挖掘个体在特定场景中的具体需求。每位用户的学术背景、研究方向、信息获取习惯都成为服务的参考维度，使得服务过程更加具有针对性。

在个性化服务中，用户画像技术被广泛应用，用以描绘用户的行为模式和兴趣倾向。基于用户画像，图书馆能够更好地理解用户的真实需求，并为其提供专属服务。例如，在科研支持方面，服务对象的精细化使得文献推荐更加契合研究主题，资源获取路径更加便捷。服务的个性化不仅提高了资源利用率，也显著提升了用户满意度。

（四）服务内容的定制化：从标准模板到深度资源

传统服务在内容设计上更倾向于提供标准化的资源包，这些资源包通常按照学科分类进行组织，以便用户快速检索。然而，这种模板化的服务方式难以满足复杂的学术需求，特别是跨学科领域或深度研究场景中的信息需求。标准化内容虽然便于管理和推广，但其适用性和灵活性有限。

个性化服务在内容设计上更注重深度资源的定制化配置。资源不再是单一呈现，而是根据用户需求重新整合和筛选，以提高其学术价值和适用性。定制化服务的一个显著特点是其情境适应性，即服务内容能够针对不同场景灵活调整。例如，在文献管理系统中，个性化服务能够根据用户的特定课题或项目需求，自动生成文献综述和研究趋势分析。

定制化的内容不仅提升了资源的利用效率，还使用户能够更高效地实现其学术目标。为了实现服务内容的定制化，图书馆需要构建多维度的资源管理体系，包括元数据的动态更新、跨学科资源的深度整合以及实时的资源推送策略。定制化服务代表了一种更高层次的服务能力，其核心在于资源价值的深度挖掘和匹配。

（五）技术应用的驱动力：从传统工具到智能系统

传统服务的技术支撑主要依赖于基础工具，例如图书管理系统和文献检索平台。这些工具功能简单，服务模式固定，难以适应多样化和复杂化的用户需求。技术在传统服务中的角色更多是实现资源管理的效率化，而非提升服务质量和用户体验。

个性化服务的驱动力则来自人工智能、大数据分析和机器学习等先进技术的全面应用。这些技术使得服务模式从被动的资源呈现转变为主动的需求预测和个性化推荐。人工智能技术能够分析用户的行为数据，挖掘其潜在需求，并在适当时机推送符合需求的资源。大数据技术则通过对海量数据的处理和分析，为服务决策提供支持。

技术驱动的另一个重要方面是自动化与智能化的结合。个性化服务在自动化操作的基础上融入了智能分析能力，使服务过程更加高效且充满智慧。例如，智能检索系统能够通过语义分析理解用户的复杂查询需求，从而提供更精准的结果。技术应用不仅提升了服务的效率和质量，也为图书馆服务体系的持续优化提供了无限可能。

三、个性化服务的理论基础

（一）信息需求理论：用户需求的来源与表现形式

信息需求理论认为，用户获取信息的行为是由内在需求驱动的，而这些需求的具体表现形式因个体的背景、目标和情境而异。个性化服务正是基于这一理论，通过对用户信息需求的深刻理解，构建更精准的服务体系。信息需求的来源多样且复杂，包括学术任务驱动、个人兴趣激发和外界环境影响。对于高校读者而言，需求的主要来源是学术研究和课程学习。研究生和教师的需求往往集中于深度学术资源，如最新的学术论文、实验数据和领域综述，而本科生的需求则更多地体现在课程相关的基础资料和参考书目上。不同来源的需求不仅决定了资源的类型，也影响了服务的方式和频率。

需求的表现形式也因读者的个性化特征而异。有些需求以明确的检索行为体现，如关键词搜索或资源筛选；而另一些需求则是隐性的，如对相关领域新兴主题的兴趣。这些隐性需求通常难以直接表达，需要通过行为数据的挖掘和分析加以识别。高校图书馆在设计个性化服务时，需综合显性与隐性需求，为用户提供全面支持。用户的需求并非没有变化，而是随着时间和任务的进展不断变化。个性化服务需具备高度的适应性，能够在需求变化的不同阶段提供对应的资源支持。例如，在科研项目的初期阶段，用户可能需要广泛的文献综述，而在后期则更关注具体实验数据和分析方法。这种需求的阶段性特点要求图书馆在服务设计中注重灵活性和针对性。

（二）人机交互理论：提升交互体验与服务效率

人机交互理论强调用户在与系统交互过程中的体验和效率，是个性化服务设计的重要指导原则。在图书馆服务中，用户界面和系统逻辑直接影响服务的实际效果。友好性和高效性是评价人机交互效果的两个核心维度，个性化服务需在二者之间达到平衡。用户界面设计需符合读者的认知习惯，以减少学习成本。如信息检索系统中的搜索框应显眼且易用，分类导航需层级分明，帮助用户快速定位目标资源。与此同时，系统需提供多种交互方式，满足不同用户的使用习惯，如语音输入、触屏操作等。

交互效率则关注用户完成任务的时间和准确性。系统需支持多维度搜索和快速排序，使用户在短时间内获取最相关的信息。人机交互理论还强调交互中的反馈机制，系统应在用户操作后即时响应，并提供清晰的反馈信息。在个性化服务中，人机交互理论还涵盖了情感因素。系统设计需体现人性化关怀，例如提供个性化的欢迎语或操作提示。服务不仅是技术层面的功能实现，更是用户与图书馆之间的一种沟通方式。借助人机交互理论，个性化服务得以在技术和人文之间找到平衡点，为用户创造更愉悦的体验。

（三）数据挖掘理论：捕获行为模式与优化资源推荐

数据挖掘理论为个性化服务提供了技术支撑，赋予服务以智能化和预测性。通过分析用户的行为模式，图书馆能够识别潜在需求并优化资源配置。这一过程涉及数据的收集、处理和应用，数据挖掘技术在每一环节中均发挥了不可或缺的作用。行为模式的捕获是数据挖掘的起点。用户的检索记录、点击路径和下载行为构成了其行为特征的基础数据。通过聚类分析和关联规则挖掘，可以发现用户行为中的共性与特性。如不同学科领域的用户在检索方式上可能展现出显著差异，理工科用户更倾向于使用关键词检索，而人文学科用户则偏好分类导航。

资源推荐是数据挖掘理论的典型应用场景。基于协同过滤和内容分析的推荐算法，系统能够为用户推送个性化资源。如协同过滤算法利用相似用户的行为数据生成推荐列表，而内容分析算法则根据资源的文本特征匹配用户偏好。两种算法的结合使推荐结果更具针对性和多样性。数据挖掘理论还强调模型的迭代优化。用户行为具有动态性，推荐模型需根据实时数据不断调整，以保持推荐结果的时效性和准确性。个性化服务中的数据挖掘不仅是一种技术手段，更是一种动态的服务策略，通过不断学习和进化，为用户提供持续优化的服务体验。

（四）信息行为模型：预测需求与匹配资源

信息行为模型通过对用户信息行为的系统化分析，为个性化服务的设计提供了理论支持。这一模型关注用户在信息需求驱动下的行为模式，从需求形成到信息使用的全过程，为资源的精准匹配提供了指导。需求预测是信息行为模型的核心内容。通过分析用户的检索路径和操作记录，系统能够推测出用户的潜在需求。例如，连续多次检索某一领域的关键词可能表明用户正在进行深度研究，而浏览多学科资源则可能反映其处于探索阶段。信息行为模型使得服务设计能够从被动响应转变为主动预测，提升服务的前瞻性。

资源匹配是信息行为模型的另一个重要应用。该模型通过分析用户需求与资源特性的相似度，确定最优匹配策略。在文献推荐中，系统需综合考虑文献的学术价值、使用频率和用户偏好，以实现资源的最优分配。资源匹配的目标不仅是满足用户当前需求，还需兼顾其长远需求，为其后续使用提供支持。信息行为模型还强调行为数据的反馈作用。用户在使用资源后的评价和再行为数据是服务改进的重要依据。系统通过对这些数据的深度分析，能够识别服务中的不足，并进行针对性优化。这种反馈循环使得个性化服务能够不断提升质量，始终保持高水平的用户体验。

（五）学术生态系统理论：服务的整体性与协同性

学术生态系统理论将个性化服务置于高校学术环境的整体框架中，探讨其在学术生态系统中的角色与影响。个性化服务不仅是图书馆内部的管理工具，更是整个学术生态系统中的重要组成部分，与科研、教学和社会服务等领域密切关联。服务的整体性体现在其对学术活动的全程支持。从研究设计到成果发布，个性化服务贯穿学术活动的每一个阶段。系统需在不同阶段提供针对性服务，例如在研究阶段提供数据支持，在成果发布阶段提供版权管理和学术传播服务。学术生态系统理论强调，个性化服务需在学术活动的全生命周期内发挥作用，以实现对学术生产力的全面促进。

服务的协同性则关注不同角色之间的互动关系。学术生态系统中的各方，包括学生、教师、研究机构和社会组织，均可通过个性化服务实现资源共享与协作。服务的设计需考虑生态系统的协同性需求，确保资源的高效流动与合理配置。学术生态系统理论还关注服务对环境的适应性。高校的学术环境不断变化，个性化服务需具备快速响应外界变化的能力。例如，在新兴学科出现时，服务体系能够快速调整，以支持相关研究活动。学术生态系统理论为个性化服务的设计提供了宏观视角，使其在满足个体需求的同时服务于学术生态的整体发展。

第二节 高校图书馆读者需求分析

一、读者群体的多样化需求

（一）不同学术阶段需求的差异

本科生作为高校中最基础的学术群体，倾向于注重学习辅导资源的获取。他们的需求主要集中在与课程相关的教材、辅导书以及基础知识的拓展性文献。教学大纲的明确性使得本科生在信息选择上更具有方向性，然而，由于他们的信息检索能力尚未成熟，通常需要更加直接、简单的服务方式支持。图书馆可以为这一群体设计易于理解的资源指南，同时提供知识拓展的推荐内容，以满足课程需求之外的探索兴趣。

研究生则表现出更为复杂的学术需求。他们不再仅仅满足于基础知识的获取，而是更加注重深度研究型文献的查阅。这一阶段的学术活动涉及大量的文献综述和数据分析，对图书馆资源的准确性、权威性和更新性提出了更高要求。研究生的需求通常贯穿整个研究过程，从课题设计到成果撰写，各阶段均需精准支持。文献检索系统需具备强大的主题检索功能，能够提供最新的学术成果和丰富的数据资源，以推动其研究进程。

高校教师和科研人员的需求则更加专业化和前沿化。由于他们在学术界的研究定位已经形成，需求表现为对某一特定领域的持续深耕。这一群体往往需要获取大量的最新研究成果、实验数据和学术评论，以支撑其学术论文的撰写和科研项目的推进。图书馆服务需针对这一需求提供定制化支持，如通过高影响力数据库的开放权限，以及对前沿资源的快速更新机制，以确保教师的研究路径始终与领域发展同步。

（二）不同学科领域的需求特性

理工学科的读者对实验数据、技术报告以及高频更新的数据库表现出强烈需求。这一领域的研究强调实践性和时效性，因此对资源的实时获取尤为看重。工程技术类学科更注重行业标准和技术手册的利用，而基础科学研究则偏向于实验结果的开放数据平台。图书馆需要为理工学科的读者提供强大的数据支持功能，如开放访问实验室报告和数据可视化工具，以满足他们在研究中的具体应用需求。

人文学科的用户则更强调文献的历史性和完整性。他们的研究往往围绕经典文献展开，涉及大量的原著、手稿以及历史档案。与理工学科注重时效性不同，人文学科用户更加关注资源的深度和可追溯性。图书馆需为其提供数字化的原文档案和多语言的文献翻译服务，帮助研究者打破语言与地理的限制。

社会科学领域的需求介于理工学科和人文学科之间，其特点是既需要及时的数据分析，又需要政策报告和跨学科资源的支持。社会科学的研究高度依赖于统计数据和调查报告，图书馆需具备强大的数据整合能力，为用户提供详尽且可信的分析资源。同时，社会科学研究涉及的领域广泛，从经济学到政治学均有不同的需求，图书馆的资源服务需兼具广度与深度。

（三）个体兴趣与职业目标的差异

兴趣导向的需求通常体现在学术研究以外的领域。如部分学生可能关注于艺术、历史或科技的前沿动态，这些需求并不局限于其专业背景，而更多地与个人兴趣相关。对于这一类型的读者，图书馆需提供开放式的资源浏览平台，并通过专题展示的方式吸引其兴趣。

职业目标导向的需求则更具有实用性。随着就业竞争的加剧，学生在求职过程中对职业技能资源的需求显著增加。高校图书馆需整合职场发展相关资源，如简历模板、求职指南和行业研究报告，为学生提供一站式职业发展支持。同时，为有创业意向的读者提供相关政策解读和市场调研工具，将进一步丰富职业资源服务体系。

高校教师在职业目标上的需求集中于学术晋升和科研项目的成功申请。这一群体需要获取与国际接轨的学术资源，以提升自身的学术影响力和竞争力。图书馆需提供定制化的支持方案，如专属的文献推送服务和针对性的数据分析平台，以帮助教师实现职业目标。

（四）需求的时间维度

紧迫性的需求通常集中于特定时间节点，如课程期末的考试准备或科研项目的关键阶段。这种需求对服务效率提出了极高的要求，图书馆需具备快速响应能力，为用户提供即时的资源支持。通过优化检索系统的速度和精准度，读者可在最短时间内获取所需资源，从而缓解时间压力。

持久性的需求则贯穿于整个学术活动的长期过程，例如课题研究阶段或学术积累阶段。持久性需求对资源的稳定性和可得性提出了更高要求。图书馆需确保资源存储的可靠性，同时建立持续更新机制，以满足用户对最新内容的长期需求。

（五）社会热点对需求的影响

社会事件和政策变化往往会引发特定领域文献需求的激增。这种现象在疫情、经济变动或国际关系变化等重大事件中尤为明显。热点驱动型需求通常具有突发性和集中性的特点，图书馆需迅速调整资源配置以应对。热点事件对资源需求的影响不仅局限于相关领域，还可能通过连锁反应扩展至多个学科。例如，全球气候变化问题引发了环境科学、经济学和政策研究等多领域的文献需求。这种需求的交叉性对图书馆的资源整合能力提出了更高要求。

二、不同学科背景对资源的需求差异

（一）理工学科：实验数据与技术支持的双重依赖

理工科研究者在使用信息资源时，对数据的精准性和实用性表现出明显的高度重视。实验数据不仅是科研的起点，更是成果验证与推广的核心。各类基础科学研究对实验报告的全面性要求极高，其中包括实验条件的详细记录、数据的再现性以及对比分析的可能性。这种严谨的需求决定了理工学科信息资源的核心是数据平台的建设。能源、机械等学科更倾向于使用技术报告和行业标准作为信息来源。这些领域的研究者需要实时了解行业内的新成果和新动态，因此资源的更新速度必须满足前沿研究的节奏。

文献数据库不仅要提供开放检索入口，还需要通过多维度索引设计支持快速定位功能，以满足研究者在时间敏感环境中的实际需求。对于工程领域而言，知识的应用性和工具的精确性成为关注重点。信息系统的开发不仅要服务于知识的获取，还需配备数据分析与建模工具，使研究者能够直接将文献资源转化为学术成果的一部分。理工学科用户的需求逻辑强调研究方法与实际应用的结合，这种特性对服务精准化提出了更高的要求。

（二）医学学科：临床导向与研究支持的结合

医学学科的特点在于同时注重理论研究的深度和临床实践的应用性。这一领域对信息资源的需求贯穿了基础医学、临床医学以及公共健康等多个分支，每一分支均对资源的质量与针对性提出了极高要求。临床实践对资源需求的直接性尤为显著。指南文献、病例分析以及药物信息成为医学用户关注的焦点。这些资源需要具备强烈的时效性和权威性，能够为临床决策提供科学依据。在服务这一需求时，资源的合法性审查和认证过程显得尤为重要，同时还需确保其内容符合不同医疗场景下的具体应用标准。

理论研究的资源需求集中在基础医学和转化医学的领域。基因组学、神经科学等方向的研究需要深入的数据挖掘支持，高影响因子期刊、开放数据集等成为核心资源。在服务此类需求时，文献获取的便利性和完整性是研究者的首要关注点，这对文献管理系统的设计提出了极高的要求。公共健康领域的资源需求更关注政策性和数据统计特征。全球健康研究中，大范围数据的完整性成为研究成功的关键，相关资源的整理和可视化呈现对用户意义重大。医学学科的资源使用体现出理论与应用并重的特性，其需求的多样性对资源分类和检索功能提出了复杂化要求。

（三）人文学科：文献深度与历史性的特殊需求

经典文献的使用贯穿了整个研究过程。人文学科的研究者需要获取古籍、原典以及批注版文献。这些文献不仅是研究对象本身，还经常成为理论推演与学术争鸣的载体。其版本的准确性、数字化呈现的清晰度，以及附加信息的丰富性直接决定了资源的利用价值。历史性文献和档案材料则是历史学、文学研究等领域的重要资源。这些材料往往以手稿、书信、报刊的形式存在，需要高质量的数字化处理和全文检索功能。

人文学科的研究者需要对资源进行深度解读，因此对检索系统的灵活性提出了额外要求，特别是在跨语言文献的整合和翻译功能方面。在艺术领域的跨学科研究中，多媒体资源的需求也越来越多。语言学者可能需要语音记录分析系统，艺术史研究者则倾向于高清图片、音视频等资源。资源服务的精准性需要围绕着人文学科用户的研究路径进行细致设计，以满足他们对文献价值的深层次挖掘需求。

（四）社会科学：数据与政策的双重作用

社会科学的研究需求覆盖了经济学、社会学、政治学等多个方向，其研究问题往往涉及社会热点和公共政策，表现出显著的动态性与跨领域性。统计数据是社会科学研究的基础。在经济学研究中，宏观经济指标和微观经济行为数据同等重要。社会学研究者则更关注人口普查数据、社会调查记录和舆情数据。这些资源的特点是数据量大、格式多样，图书馆需要提供统一的数据分析工具，以方便用户进行数据的二次处理和建模。

政策文件的需求贯穿了社会科学研究的各个阶段。政治学者需要分析立法过程中的文件，法律学者需要深入理解司法判例的背景，而公共管理研究者则更关注政策的效果评估。对这类资源的服务不仅需要高效的检索功能，还需要以专题方式提供研究线索和语境支持，以帮助用户快速形成政策分析框架。社会科学的另一个特点是跨学科研究的需求频繁。例如，社会问题的研究可能涉及经济、心理、文化等多个层面。对这些用户，信息服务需要更多关注资源之间的关联性，为他们提供跨学科的解决方案和思路支持。

（五）艺术学科：视觉化与体验感的融合

艺术学科的研究需求以感官性和体验性为突出特征。资源使用的重点体现在视觉化、互动性以及文化背景的多元性。服务艺术学科用户需要突破传统的文献管理模式，更加注重资源形式的多样化和服务方式的灵活性。视觉资源是艺术研究的基础。高清艺术品图片、建筑模型的三维视图、音乐作品的乐谱与录音等资源需要高保真的技术支持。对于这些用户，资源的呈现不仅是信息的传递，更是创作灵感的来源。创作实践的需求还延伸至艺术素材库和专业工具的支持。设计学科的用户希望获取能够直接应用于创作的素材，建筑学科的用户则需要虚拟现实支持以模拟建筑设计的空间感。资源服务需要结合最新的技术手段，提供跨领域的支持，帮助艺术学科用户在研究中发现和表明新意。

三、读者信息获取行为的变化趋势

（一）信息获取方式的数字化转型

随着网络技术和数字资源的普及，传统的纸质资源使用频率逐渐降低，取而代之的是电子书、电子期刊以及在线数据库的广泛应用。数字化资源的便捷性成为吸引用户的重要因素，读者可以随时随地检索并获取所需信息，不再受限于馆藏地理位置或借阅时间。在线数据库的出现改变了读者的信息检索路径。传统馆藏需要读者通过书目索引进行线下筛选，而在线数据库提供了强大的全文检索功能，使得读者能够直接定位到具体的章节、段落甚至词语。学术搜索引擎的广泛应用进一步优化了这种获取路径，它们结合关键词匹配与语义分析，使得读者即使在表达不够准确的情况下，也能快速找到相关资源。

信息获取方式的数字化也带来了行为习惯的转变。如电子阅读器和移动设备的普及使得碎片化阅读成为主流。读者倾向于利用零散时间进行快速浏览，而非集中时间进行深度阅读。这种变化对图书馆资源格式和界面设计提出了新的要求，资源需适应移动设备的屏幕显示，检索功能需快速响应，内容需以简洁直观的形式呈现。

（二）信息需求表达的多样化

信息需求表达方式的多样化是另一个值得关注的趋势。传统的需求表达通常局限于关键词检索，而现代读者逐渐习惯以更复杂、更语义化的方式与信息系统互动。这一趋势的出现得益于自然语言处理技术的快速发展，使得检索系统能够理解复杂句子、语义关系以及用户的潜在意图。学术研究中的需求表达正在从单一主题向多维度主题转变。如，跨学科研究需求增多，使得读者在表达需求时需要整合多个领域的知识点。检索系统不仅要理解这些需求的复杂性，还需提供跨学科资源的整合推荐，以满足读者的综合信息需求。个性化的需求表达形式也开始受到关注。一些研究者希望以自身的学术背景为基础，获得针对性的资源建议。这种需求不仅要求系统对用户的行为记录进行分析，还需结合用户的学术领域、研究兴趣以及过去的使用习惯，构建动态需求模型。

（三）知识获取渠道的多元化

现代读者的信息获取渠道不再局限于传统图书馆或学术数据库，社交媒体、开放获取平台以及在线学术社群成为新的知识来源。这些渠道的崛起使得信息的流通更加快速，也使得读者在信息选择上有了更多的主动权。社交媒体在信息传播中的作用日益突出。许多学者利用社交媒体发布研究成果、讨论学术观点或分享有价值的资源。读者通过关注相关领域的专家或机构，可以实时获取最新的研究动态。

开放获取平台为读者提供了丰富的资源选择。许多国际期刊和研究机构已开始开放部分资源，使得研究成果的传播更加广泛。读者可以通过这些平台获取免费的高质量资源，而不受限于传统馆藏的订阅范围。这种变化对图书馆资源管理策略提出了新要求，需充分整合开放资源与付费资源，提升整体服务能力。在线学术社群的兴起为读者提供了一个互动性强、资源共享便捷的平台。在这些社群中，研究者可以发布问题、寻求建议或分享经验。

（四）碎片化阅读与深度阅读的平衡

信息获取行为的变化还体现在阅读习惯的转变上。现代读者在面对大量信息时，更倾向于碎片化阅读，即在短时间内快速浏览大量内容。碎片化阅读的兴起对图书馆资源设计产生了深远影响。读者更希望看到简洁的摘要、清晰的关键词以及直观的图表，而不是冗长的文字内容。同时，资源的呈现形式也需更符合移动端的使用习惯，短视频、图解等多媒体形式正在成为信息传递的重要手段。尽管碎片化阅读占据主流，但深度阅读的需求依然存在，尤其是在高水平学术研究中。深度阅读强调对文献的全面理解和批判性思考，这种需求要求资源内容具有较高的权威性和完整性。图书馆需要在服务中平衡两种阅读方式，通过引导读者在不同场景下合理选择阅读策略，为其提供更丰富的学术支持。

（五）即时性与延展性的双向需求

现代读者的信息获取行为还表现出即时性与延展性的双向需求特征。在即时性方面，读者更希望快速找到所需信息，避免不必要的等待。快速响应和高效检索成为图书馆服务的核心目标之一。即时性需求的背后反映了研究环境的高压力和快节奏特性。科研项目的紧迫性要求研究者能够在短时间内完成文献检索和数据分析。为此，图书馆需要优化系统性能，缩短检索路径，并为高频使用的资源提供优先展示。延展性需求则体现在读者对信息背景的深入探索上。学术研究不仅需要直接的答案，还需要更广泛的上下文支持，如相关研究的发展历程、领域内的重要人物和机构等。

（六）交互行为的智能化转变

智能交互系统的应用使得这种变化成为可能。例如，基于语音输入的检索方式可以减少用户在输入过程中的负担，同时也使得交互更加自然。此外，基于机器学习的推荐系统能够根据用户的历史行为和偏好，主动提供资源建议。交互行为的变化还体现在对反馈机制的需求上。读者希望在操作系统时获得实时的响应和指导，如当检索结果为空时，系统能够提示调整策略或推荐相似主题的资源。反馈机制的完善使得用户能够更快速地适应系统逻辑，从而提升整体服务体验。

四、读者需求分析的定量方法与定性方法

（一）定量方法：数据驱动的需求解析

定量方法以数据为基础，通过统计学、数据分析和信息挖掘技术，将读者的行为特征转化为清晰的数字图表，为需求分析提供量化支持。高校图书馆的数据来源丰富，涵盖了访问日志、资源利用率和借阅记录等，能够准确反映读者的使用习惯与需求模式。

1. 访问日志的统计与解析

访问日志是最直接的需求数据来源，其记录了读者使用图书馆系统的所有行为，包括登录频率、检索次数、页面停留时长等。这些数据不仅揭示了读者对资源的兴趣热点，还反映了信息获取过程中的潜在障碍。例如，检索后点击率的分布可以显示资源推荐的有效性，而多次重复检索相同关键词可能指向用户未能找到符合需求的文献。对访问日志的统计分析需要结合时间维度，识别高峰期需求，并优化系统响应策略。

2. 资源利用率的动态监测

资源利用率是衡量图书馆资源配置合理性的核心指标之一。通过统计不同资源的下载量、浏览量和借阅量，可以判断其对读者需求的满足程度。高频使用资源需确保访问稳定性，而低频使用资源则需审视其适用性与推广方式。利用率监测还可以帮助识别读者的潜在需求，例如某一时期特定学科资源的使用激增可能与学术热点或课程安排相关。

3. 借阅记录的深入挖掘

借阅记录反映了线下资源的实际使用情况。借阅频次的统计能够揭示不同馆藏的受欢迎程度，同时为资源调整提供决策依据。跨学科借阅行为的增加则表明读者对多领域信息整合的需求在上升。通过借阅记录中的细节数据，还可以追踪读者的长期使用习惯，帮助图书馆设计针对性更强的服务方案。

4. 用户行为模式的聚类分析

聚类分析是定量方法的重要工具，通过对用户行为数据的模式识别，揭示不同用户群体的需求特征。基于行为特征的相似性，用户可以被划分为多个群

体，例如高频使用者、专业研究者和偶尔访问者。每个群体的需求差异显著，图书馆需针对性设计服务。例如，高频使用者可能需要更快速的检索功能，而专业研究者可能更关注文献的学术深度。

（二）定性方法：行为与需求的情境解读

定性方法侧重于从行为与情境的角度，挖掘用户需求的深层次逻辑。这一方法通过问卷、访谈、观察等方式，直接捕获读者的主观体验和潜在期望，为需求分析提供行为依据。

1. 问卷调查的设计与实施

问卷调查作为定性研究的手段，其设计需精准围绕图书馆服务的核心议题展开。问题的设置应涵盖资源可得性、系统易用性和服务满意度等关键方面，同时注重问题表述的清晰性与逻辑性。开放性问题能够激发读者表达需求的深度与多样性，而封闭性问题则便于统计与对比分析。调查对象的选择需具备代表性，包括不同学术阶段、学科领域和使用频率的用户，以确保分析结果的全面性。

2. 访谈的深度交流与洞察

访谈通过面对面的交流方式获取用户对资源和服务的真实感受，是定性方法中不可或缺的一环。访谈的设计需注重结构化与灵活性相结合，既明确核心主题，又允许受访者自由表达个性化观点。访谈内容的记录与整理需突出关键词和逻辑关系，分析过程注重挖掘受访者陈述中的隐含需求。通过访谈还可以探讨用户未能通过行为数据表达的特殊需求，例如对跨学科资源整合的建议或对系统操作界面的改进意见。

3. 观察行为的细节与偏好

行为观察通过记录用户在使用资源和服务时的具体表现，揭示其偏好与行为模式。观察场景包括图书馆检索系统的操作、借阅区的使用以及活动空间的分布等。观察中发现的行为特征，往往能够补充定量分析的不足。例如，用户在检索界面上的停留时长和操作顺序，能够直接反映检索逻辑的易用性与信息呈现的有效性。观察结果需结合其他分析方法进行验证，以确保结论的客观性与准确性。

4. 焦点小组的交互与启发

焦点小组是一种小范围的深度讨论形式，其目标在于通过用户间的互动，生成新的观点与见解。小组成员的选择应尽可能多样化，涵盖不同需求背景的用户。讨论过程中，主持人需通过提问引导成员表达自身的服务体验，同时促进成员间的观点碰撞与交流。焦点小组的成果通常包含多角度的需求洞察，有助于发现需求分析中的盲点与细节。

（三）定量与定性方法的结合：全面需求画像的构建

定量方法和定性方法各有优势，二者的结合能够弥补单一方法的局限性，为需求分析提供更全面的视角。将定量数据的宏观趋势与定性研究的深度解读结合，图书馆能够构建出完整的用户需求画像。

1.多维度数据的交叉分析

交叉分析通过整合定量数据与定性信息，为需求的全面理解提供支持。比如，将访问日志的高频关键词与访谈中用户的具体表述结合，可以更准确地识别资源推荐的方向。定性信息为定量数据的异常点提供了解释依据，而定量数据则为定性结论提供了统计学支撑。

2.用户分类与个性化服务的匹配

用户分类是定量与定性相结合的重要应用场景之一。通过定量数据的聚类分析，用户被划分为多个群体；通过定性研究的深入理解，每个群体的特征被进一步具体化。这种方法能够为个性化服务的设计提供科学依据。如聚类分析可能发现某群体对开放获取资源的高需求，而访谈则揭示其需求背后的行为逻辑。

3.服务效果的反馈与改进

定量与定性方法的结合不仅适用于需求分析，也为服务效果的评估与优化提供了基础。定量数据能够监测服务的使用频率与满意度变化，定性研究则能够捕捉用户对服务的细节感受。通过持续反馈与调整，图书馆的服务设计将更加符合用户的实际需求。

4.数据伦理与隐私保护的考量

在需求分析的过程中，数据伦理与隐私保护是不可忽视的重要问题。定量数据的收集与处理需遵循合法合规的原则，避免对用户隐私的侵害。定性研究中的访谈与问卷设计需明确告知受访者信息的使用范围，并确保研究结果的匿名化呈现。高校图书馆需建立完善的伦理审查机制，为需求分析的顺利实施提供保障。

第三节 个性化服务的演变与趋势

一、个性化服务在历史发展中的演变

（一）起步阶段：以资源获取为中心的服务模式

在个性化服务的早期发展阶段，高校图书馆的服务重点集中于资源获取。

这一时期的服务形式以人工管理为主，图书馆员在文献检索、资源分类和借阅流程中扮演了重要角色。服务的核心是协助用户从有限的馆藏资源中找到所需信息。这种服务模式的特点是以资源为中心，而用户需求的多样性和个体特性并未成为主要关注点。手工化管理下的个性化体现更多依赖于图书馆员的经验与判断。面对熟悉的用户群体，图书馆员能够根据过往的服务经验，为其推荐适合的资源。这种经验式的个性化虽具一定成效，但受限于资源规模和人员能力，难以满足用户日益复杂的学术需求。同时，用户的主动性在这一阶段较为有限，个性化服务更多是一种被动响应。资源获取为中心的服务模式奠定了个性化服务的基础逻辑，即通过分析用户需求来优化资源配置。然而，这一时期的信息传递方式较为单一，缺乏系统性和针对性，难以应对学术活动的多元化发展。

（二）技术初步介入：自动化服务的出现

随着信息技术的引入，高校图书馆的服务模式迎来了重要转变。自动化服务系统的出现标志着个性化服务从人工管理向技术驱动的过渡。基于数据库的资源检索系统和馆藏管理软件显著提升了信息检索的效率，同时为用户需求的多样化表达创造了条件。数据库检索系统的普及改变了传统的资源获取逻辑。用户可以通过关键词检索直接定位资源，而不再完全依赖图书馆员的指导。这种转变使用户在信息获取中逐渐占据主动地位，也为个性化服务注入了新的活力。自动化服务系统能够记录用户的检索行为，为个性化推荐的实现提供数据基础。

与此同时，馆藏管理的数字化提升了资源分类的精确性与可操作性。传统的手工分类方式被基于分类号的电子管理系统取代，用户的检索范围从单一的馆藏扩展到跨馆协作的资源共享平台。这一时期，个性化服务的主要特征在于技术的初步介入，服务逻辑开始从资源导向转向需求导向。尽管自动化技术的应用提升了服务效率，但个性化服务的深度仍然有限。资源推荐基于显性需求，而用户的隐性需求和行为模式未能得到有效捕捉。此外，技术的广泛应用也对用户的技能提出了更高要求，部分用户因技术门槛而难以充分利用服务。

（三）数字化扩展阶段：多元需求的覆盖与响应

信息技术的进一步发展推动了图书馆服务从单一数字化功能向多元化服务的扩展。资源的数字化转型和服务平台的在线化，使得个性化服务在时间和空间上突破了传统的限制。用户不再需要亲临图书馆，即可在任意地点和时间获取所需信息，服务的便捷性大幅提升。资源数字化的过程是这一阶段的核心。纸质文献被系统化地转化为电子资源，期刊、图书、会议记录等资源类型均实现了在线访问。用户在检索资源时，可以根据个性化需求选择全文阅读、章节浏览或摘要快速查看。这种服务方式的灵活性满足了不同学术场景下的多样化需求。

在线服务平台的建设进一步推动了个性化服务的深化。用户可以通过统一的入口访问不同类型的资源，包括电子书、数据库、开放获取资源等。同时，服务平台还融入了用户管理功能，例如个人书架、收藏夹和使用记录等，帮助用户构建个性化的资源管理体系。这一阶段，服务系统的智能化程度逐步提高。以行为数据为基础的资源推荐功能开始显现，用户的检索习惯、阅读偏好和使用频率成为服务优化的重要依据。个性化服务从显性需求的满足向隐性需求的挖掘迈出了关键一步。

（四）智能化阶段：以用户为核心的服务创新

随着大数据、人工智能和机器学习等技术的广泛应用，个性化服务进入智能化阶段。这一阶段的标志性特征是服务从资源驱动向用户驱动的全面转变，用户需求成为服务逻辑的核心依据，个性化的实现不再局限于显性需求，而是深入挖掘用户行为背后的潜在需求。智能推荐系统是智能化服务的重要体现之一。基于协同过滤和语义分析技术，系统能够根据用户的历史行为和相似用户的偏好，生成个性化的资源推荐列表。这种推荐方式的核心在于对用户行为数据的深度学习，使得推荐结果更加贴合用户的实际需求。

语音识别和自然语言处理技术的引入进一步降低了服务的操作门槛。用户可以通过语音输入表达复杂需求，而系统能够对输入内容进行语义解析并生成相应的资源推荐。交互方式的多样化不仅提升了用户体验，也为个性化服务的深度延展提供了技术支持。智能化阶段的个性化服务还体现出显著的情境适应性。服务系统能够结合用户的学术背景、研究方向和当前任务，动态调整资源推荐和服务内容。这种情境感知能力显著提升了服务的相关性，使用户在信息获取中感受到更强的针对性与价值感。

二、信息技术对服务模式的推动

信息技术的引入并非简单的工具使用，而是对高校图书馆服务模式的重塑。数据库管理系统的出现，让资源的整理与调用呈现出前所未有的效率。它不仅提高了检索的精准度，还通过动态数据更新实现了即时性，这种变化使得图书馆的服务逐渐脱离传统单一的文本目录形式，转而形成多元化的信息网络。每一位读者的查询行为都成为系统调整的依据，而系统优化的背后，则是技术对服务模式的渗透。更为关键的是，云计算为图书馆资源的整合与服务创新提供了新的可能。云技术不仅使得数据共享成为现实，也让各高校图书馆之间的合作有了可靠的技术支撑。在此基础上，基于云平台构建的个性化服务系统，通过大规模数据处理能力和可扩展的资源池，赋予读者无缝衔接的资源访问体验。同时，技术进步也让传统服务形式焕发新生，物理馆藏与虚拟资源之间的界限逐渐模糊，技术的力量正默默改变图书馆服务的面貌。

在资源共享与精准服务的双重需求下，数字化平台成为图书馆的核心支柱。基于信息技术的数字化平台，不仅承载了海量学术资源，还通过语义分析技术捕捉读者行为特征。数字化平台的开发者并非单纯满足信息存储需求，而是通过构建智能化的服务模式，将学术研究的碎片化需求转化为可操作的服务指令。这种能力，使得数字化平台不仅是信息的集散地，更成为服务模式的再造中心。此外，开放数据接口的设置，让数字化平台可以广泛嵌入到各类信息环境中，无论是与高校教学管理系统的对接，还是与科研数据平台的融合，都让图书馆服务的触角延展到更多的学术场景中。

人工智能技术为个性化服务注入了全新活力，其作用不仅仅停留在服务效率的提高，更在于服务模式的深层变革。通过自然语言处理技术，图书馆可以更深入地理解读者的查询意图，这种能力突破了关键词匹配的局限，为服务的精准化奠定了坚实基础。与此同时，知识图谱技术的应用，让图书馆能够在服务过程中建立读者与资源之间的多维关联，更值得注意的是，人工智能系统还能够基于深度学习模型，从大量读者行为数据中提取共性规律并实现动态优化。这一过程并不依赖人工干预，而是依靠系统自我学习实现，技术与服务的深度融合正在悄然改写图书馆个性化服务的逻辑。人工智能的介入，甚至使一些以往无法想象的场景成为现实，如学术研究的主题推荐、个性化资源推送等。

信息技术的发展让数据成为新的核心资源，而数据分析技术则成为驱动图书馆服务创新的重要工具。高校图书馆通过收集读者行为数据，能够更清晰地把握资源的使用规律，并据此调整资源配置策略。数据分析不仅能为决策提供科学依据，还通过多维度挖掘发现潜在需求。这一过程不仅优化了资源利用效率，也强化了服务的针对性。特别是预测模型的引入，为个性化服务注入了前瞻性思维。例如，通过构建读者兴趣变化的动态模型，图书馆能够提前感知某些领域资源需求的变化趋势，从而实现服务的前置化与资源的精准投放。数据分析技术的不断发展正在逐步颠覆传统服务理念。

移动互联网技术的普及，让图书馆个性化服务走向了更广阔的场景。基于移动端的应用开发，使读者能够随时随地接入图书馆资源。借助实时推送技术，读者不再是被动等待服务的接收者，而是与图书馆保持动态交互的一员。服务形式的转变，背后是信息技术在交互层面的深刻介入。尤其是以 NFC、二维码为代表的移动支付与识别技术，进一步降低了服务的使用门槛。在图书馆服务中，读者只需通过手机便可完成借还书流程，而后台系统则会根据这些使用数据实时调整馆藏资源分布，无疑提升了服务的响应速度，也强化了资源利用效率。

信息技术带来的不仅是手段的更新，更是服务理念的转型。从以资源为中心到以用户为中心，信息技术让高校图书馆逐渐认识到，读者需求并非仅限于获取信息本身，而是在更高层次上寻求学术支持与精神激励。这种转变，让个性化服务从形式化的追求转向内容的深层优化。如大数据技术的引入并不仅仅为了统计，而是为服务模式设计提供新的灵感。系统可以通过算法的迭代优化，不断完善个性化推荐的精准性与有效性。而背后驱动这一切的，是图书馆对于服务理念的重新定义：技术并非服务的最终目标，而是实现更高服务价值的桥梁。

尽管技术在服务模式的推动中扮演了重要角色，但其作用并非孤立存在，而是与人文关怀紧密结合。技术手段的加入，让图书馆得以在服务模式中体现更多的个性化与关怀性。例如，通过情感计算技术，图书馆可以捕捉读者在交互过程中的情绪波动，从而提供更加贴合心理需求的服务体验。这种技术与人文的交融，不仅让服务更有温度，也赋予了高校图书馆在数字时代新的意义。服务模式的变化不再是技术单向驱动，而是技术与理念交互形成的动态过程，这种动态的复杂性，使得图书馆的个性化服务能够与时俱进，始终保持活力。

三、个性化服务的跨界融合与创新

高校图书馆的服务与学科发展之间始终保持着紧密的互动关系，而跨学科协同则为个性化服务模式注入了新的活力。在这一过程中，图书馆的资源配置和服务方式被重新定义，不再局限于单一学科需求，而是关注多学科交叉领域的深度支持。例如，医学与人工智能的结合催生了智能诊断相关的文献需求，图书馆需要借助多学科的力量，在资源筛选、推荐和服务设计上实现更高水平的融合。跨学科协同并非单一维度的合作，而是多维互动的结果。在实践中，这种协同体现在服务平台的设计逻辑中，每一项功能的背后都有多学科视角的输入。通过打破学科壁垒，高校图书馆不仅实现了服务的延展，还强化了资源整合的效率，让读者能够轻松触及学术前沿的全貌。

高校图书馆作为文化传承的重要场所，其个性化服务不仅需要技术的推动，更离不开文化内核的支撑。信息技术的快速发展并未削弱文化在图书馆服务中的重要性，反而通过与文化的交汇赋予服务更多的温度。在这一过程中，虚拟现实技术的引入，为文化资源的展示提供了全新路径，使读者得以沉浸式地体验古籍数字化成果或历史档案的细节。文化与技术的交汇并非简单的叠加，而是有机的渗透。以用户体验为中心的服务模式设计，让技术成为文化表达的有效工具，而文化的深度又反过来引导技术的选择和使用。在这样的互动中，高校图书馆的服务不再仅仅是资源的提供者，而是成为连接读者与文化深度的桥梁。

高校图书馆的个性化服务在跨界融合中，也逐渐走向社会化。在资源利用效率与服务覆盖范围的双重压力下，高校图书馆开始探索与社会资源的双向互动模式。从企业数据库的引入到地方文化资源的共享，这一模式的实现为个性化服务开辟了全新视野。在互动过程中，社会资源的多样性为图书馆服务提供了丰富的素材，而高校图书馆的学术严谨性则为社会资源注入了科学精神。这种双向互动不仅扩展了服务的外延，还提升了服务的内涵，使高校图书馆的个性化服务在社会维度上获得更高的认可度。

在探索个性化服务跨界融合的实践中，高校图书馆需要在商业化与公益性之间寻求平衡。这一平衡的核心在于如何有效利用商业化资源，同时保持图书馆公益服务的本质。在实践中，高校图书馆通过引入企业合作伙伴，实现了资源获取的多样化，而在服务模式上，则强调公益性的核心导向，不以盈利为目的。这一模式的平衡并非易事，而是对资源配置策略与服务理念的双重考验。在合作过程中，高校图书馆始终以学术需求为核心，确保资源的获取与配置符合读者的本质需求，而非简单迎合市场趋势。正是这种理念的坚持，使得高校图书馆能够在跨界合作中保持独立性与学术性。

技术在个性化服务的跨界创新中扮演着不可或缺的角色，但它也带来了复杂的伦理问题。数据隐私的保护与个性化服务的效率提升之间往往存在矛盾，这种矛盾在技术高度集成的服务模式中尤为突出。高校图书馆在跨界融合的实践中，需要在技术伦理与服务效果之间找到微妙的平衡点。在这一过程中，透明的数据管理政策和严谨的技术审查机制是不可或缺的。一方面，高校图书馆需要确保读者数据的匿名化处理，避免因个性化服务而产生隐私泄露风险；另一方面，在数据利用中，也需避免对读者行为的过度干预，以保护学术自由。这种对伦理问题的关注，使得个性化服务在技术创新的背景下更具责任感。

开放教育资源作为一种新兴的资源模式，为高校图书馆的个性化服务提供了重要支撑。跨界融合的实践中，图书馆将开放教育资源与学术资源整合，使读者能够在个性化服务中获得更加广泛的信息支持。开放教育资源不仅扩展了服务的覆盖范围，还通过资源共享推动了高校间的学术交流。开放教育资源的引入，不仅改变了高校图书馆资源配置的方式，也对服务模式提出了新的要求。在实践中，图书馆需要根据读者需求，对开放教育资源进行筛选与优化，确保其在学术性与实用性之间达到平衡。这种资源与服务的深度融合，为个性化服务的跨界创新开辟了新的方向。

在跨界融合的过程中，服务模式的设计逻辑尤为重要。它不仅是技术与资源的结合，更是理念与实践的统一。高校图书馆在服务模式设计中，强调用户中心的原则，同时注重技术逻辑与人性化需求的结合。每一项服务的背后，都需要经过深度的需求分析与精细的流程设计，以确保其在实际应用中能够真正满足读者需求。服务模式的设计逻辑不仅体现了图书馆对资源的掌控能力，更反映了其对读者需求的深刻理解。在实践中，这种设计逻辑不仅需要技术的支持，还需要对服务效果的动态监测与调整。这种动态的设计思维，使得跨界融合的服务模式在实施中更加灵活，也更具针对性。

跨界融合的实践，使高校图书馆在学术生态中的角色发生了深刻变化。图书馆不再仅仅是资源的提供者，而是学术生态的重要构建者与协调者。在这一过程中，个性化服务成为连接学术需求与资源供给的重要纽带，而跨界合作则为这一纽带注入了更多的可能性。这种角色的再定位，并不是高校图书馆单方面的努力，而是学术环境与社会需求共同作用的结果。在这一变化中，个性化服务的跨界融合成为推动高校图书馆转型的重要力量，它不仅改变了服务的方式，也塑造了服务的内涵，使其在学术生态中更加不可或缺。

四、社会化媒体对个性化服务的影响

社会化媒体以其灵活的互动形式和即时的信息传播特性，推动了高校图书馆在信息交互中的多元化发展。传统图书馆服务中的单向信息传递被更为复杂的交互模式所取代，这种变化使图书馆不再仅仅是学术资源的提供者，而成为信息交流与知识分享的互动平台。社交媒体工具的引入让读者的声音变得更加鲜明，每一次点赞、评论与转发都成为图书馆捕捉需求的重要线索。这种多元交互不仅丰富了信息传递的内容，还让服务设计更贴近读者的个性化需求。通过社交媒体获取的用户数据，图书馆得以描绘出更加细致的读者需求画像。在信息时代，单一维度的资源推荐已无法满足多样化的学术需求，而社会化媒体则以其庞大的数据基础为服务模式的个性化拓展提供了可能。

社会化媒体的核心在于其联结性，基于这种联结性形成的社群效应对高校图书馆的服务理念与形式提出了新的挑战。在社交媒体平台中，学术兴趣相近的读者常常自发组成虚拟社群，这些社群的存在打破了传统图书馆空间的物理界限。服务不再局限于场馆内的面对面交流，而是延伸至虚拟空间，形成了线上与线下互动的服务新格局。这些虚拟社群的活跃，为图书馆提供了更为丰富的读者需求信息，服务模式也随之变得更加精准。在实践中，图书馆往往利用社会化媒体的影响力，参与到这些学术社群的互动之中，通过对热门话题的追踪、相关资源的推荐以及在线讨论的参与，图书馆与读者之间的关系变得更加紧密，服务也因此更具有针对性。

智能推荐机制为高校图书馆个性化服务的实现提供了技术支撑。这种推荐机制以用户行为数据为基础，通过复杂的算法对数据进行分析并生成精准的内容推荐。在图书馆服务领域，这种技术应用带来了显著的服务质量提升。每一条资源链接背后，都融入了对读者阅读偏好和行为特征的细致分析。推荐机制的价值不仅在于技术层面的创新，更体现在内容与算法的交融中。在高校图书

馆的个性化服务中，推荐的学术资源往往需要兼顾学术性与实用性，这一目标的实现离不开对推荐内容的深入筛选与优化。社会化媒体的推荐机制通过算法优化与内容策划的有机结合，使得资源的推荐更加贴合读者需求。

社会化媒体的兴起赋予高校图书馆更大的创新空间，在服务形式上的多样化探索是其显著表现之一。从互动直播到短视频教学，再到沉浸式虚拟讲座，社会化媒体为服务内容的展现形式提供了更加丰富的选择。每一种新形式的出现，都使得高校图书馆能够以更加贴近时代潮流的方式吸引读者的关注。这些服务形式的创新不仅增强了读者的参与感，还在一定程度上改变了传统的学习与研究方式。读者不再被动接收图书馆提供的资源，而是通过社会化媒体的互动功能主动参与到服务设计中。在服务体验的优化中，社会化媒体的视觉化与互动性显然成为不可忽视的要素。

在传统模式下，信息的获取往往需要经过烦琐的检索与筛选，而在社交媒体平台的支持下，信息的传播与资源的获取变得更加快速和高效。读者只需关注图书馆的社交账号，即可实时获取最新的学术资源动态。这一变化并不仅仅是传播速度的提升，更是信息获取方式的重构。社交媒体平台以其开放性与互动性，为高校图书馆建立了一种全新的信息流通机制。这一机制让学术资源的分发不再受限于传统的传播路径，使得资源的利用效率在更大范围内得以提升。

读者在社交平台上的每一次互动都构成了数据采集的基础，而这些数据则成为图书馆服务优化的重要参考。通过对用户行为数据的分析，图书馆不仅可以了解读者的需求，还能及时调整资源配置与服务策略。这一服务反馈机制的强化，不仅让服务变得更加灵活，还提升了服务的响应速度。在社交媒体的环境中，读者的需求往往呈现出动态变化的特点，而传统的服务模式难以满足这种快速变化的需求。社会化媒体的引入，使得服务的调整与优化能够更加及时与精准。

尽管社会化媒体在高校图书馆个性化服务中的应用带来了诸多便利，但其学术资源的可信度问题也不可忽视。在社交平台上，信息的传播速度远超传统媒体，这种速度优势在某些情况下可能导致不准确或未经验证的信息被广泛传播。这一问题对高校图书馆的学术严谨性提出了挑战。在实践中，图书馆需要通过多层次的资源筛选与验证机制，确保推荐资源的真实性与学术性。同时，在社交媒体的互动中，图书馆也需要强化读者的学术素养，避免因信息不对称而导致的误解与偏差。这种严谨态度不仅是对读者的负责，也是对学术环境的尊重。

社会化媒体在学术资源传播之外，还为高校图书馆的文化传播提供了广阔空间。通过社交平台，图书馆不仅能够展示其馆藏特色，还可以将学术资源与地方文化相结合，打造具有区域特色的个性化服务模式。这种文化传播与个性化服务的结合，不仅增强了读者的归属感，还为高校图书馆的社会影响力提升提供了助力。在这一过程中，社会化媒体的视觉化传播特点发挥了重要作用。通过图片、视频与音频的多样化呈现形式，图书馆得以以更具感染力的方式传递文化信息。这种传播方式不仅丰富了个性化服务的内容，还使服务的形式更加贴近读者的兴趣与需求。

社会化媒体为高校图书馆的品牌建设与形象塑造提供了全新的舞台。在社交平台的互动中，图书馆不仅是资源提供者，也是知识分享与文化传播的使者。这种角色的多重性，使得图书馆在读者心目中的地位更加立体化。社交互动中的形象塑造并非简单的宣传行为，而是图书馆与读者关系的深化过程。在这一过程中，个性化服务作为连接图书馆与读者的重要桥梁，使得服务模式的创新与图书馆形象的塑造相辅相成，形成了服务与文化影响力的双重提升。

第四节 个性化服务体系构建的必要性

一、学术竞争背景下服务升级的迫切性

在当前高等教育与科研环境中，学术竞争的加剧已经成为无法忽视的现实。高校作为知识创造和传递的重要载体，面临着全球化背景下学术资源争夺与人才吸引的双重压力。高校图书馆作为学术研究的重要支撑体系，其服务模式亟须升级，以满足学术竞争背景下愈加复杂的研究需求。

在以学术成果为核心评价指标的背景下，各高校对文献资源的需求呈现出多样化与深度化的趋势。无论是图书、期刊，还是数据库资源，其获取的难度和成本均显著增加，而资源间的重叠和不均也让高校图书馆的传统配置模式难以为继。这一背景下，服务模式的升级成为必然。图书馆不仅需要打破以往单一采购模式的限制，还需对资源进行更加精细化的筛选与整合。服务升级不仅关系到资源的配置效率，还直接影响到高校学术竞争力的提升。在这种双重作用下，服务升级的紧迫性变得尤为突出。

随着学术竞争的加剧，高校对个性化服务的需求愈发显著。在学术研究中，传统的资源获取方式已无法满足研究者对高效性和针对性的期待。个性化服务作为一种新型服务模式，不仅关注资源的供给，还关注如何以最适合的方式将资源传递给特定的用户群体。这一模式的核心在于以读者需求为导向，从而实现资源配置与服务形式的双向优化。个性化服务体系不仅能够满足学术研究的即时需求，还能通过动态调整与优化，确保服务内容与形式始终保持高效匹配。这一特性使其在学术竞争日益激烈的环境中，逐渐成为高校图书馆的核心竞争力之一。

在学术竞争的背景下，高校图书馆的资源获取成本持续攀升，而读者对服务价值的期待却在同步增长。这种双重压力使得高校图书馆在资源配置与服务模式的选择上，需要更为审慎与灵活。个性化服务作为一种以读者需求为核心的服务模式，恰好在这一背景下展现出独特的价值。通过对读者行为数据的分析，个性化服务体系能够有效减少资源冗余与浪费现象，同时提高资源的利用效率。这种模式在提升服务价值的同时，也间接降低了资源获取的实际成本，从而为高校在学术竞争中的资源利用策略提供了更加可持续的解决方案。

学术竞争的激烈化还表现在科研环境的快速变化中。从学科交叉到研究范式的更新，再到技术手段的迭代，每一种变化都对高校图书馆的服务模式提出了新的挑战。传统的静态资源配置与服务模式，难以应对动态变化的科研需求，而个性化服务体系以其灵活性与适应性，为服务升级提供了重要支撑。在动态变化的科研环境中，服务升级不仅仅是技术层面的调整，更涉及服务理念与实践的深度转型。个性化服务体系通过对科研需求的精准洞察与响应，确保服务内容能够与科研动态保持一致。这种动态适应能力，使得服务升级的紧迫性得以更加鲜明地展现。

在学术竞争的背景下，学术成果的传播效率直接影响到高校的学术影响力。高校图书馆作为学术成果传播的重要渠道，其服务模式的创新与升级对学术传播效率的提升具有重要意义。个性化服务体系通过对传播路径的优化与定制，为高校在学术竞争中的成果展示提供了重要支持。这一联动效应的实现离不开对服务模式的深度改造。从资源推荐的智能化到传播渠道的多样化，个性化服务体系为学术成果的传播与利用注入了全新动力。这种联动效应不仅提升了高校的学术声誉，还为其在学术竞争中占据有利地位提供了重要保障。

学术竞争的加剧不仅表现在成果的争夺上，还体现在人才的吸引与培养中。作为高校学术生态的重要组成部分，图书馆服务模式的优劣直接影响到学术人才对高校环境的评价。个性化服务体系以其高效性与针对性，为高校吸引与留住顶尖人才提供了支持。这一作用并非直接显现，而是在服务体验的积累中逐渐凸显。对于学术研究者而言，资源的获取效率与服务的个性化程度，往往决定了其科研工作的顺利程度。而高校图书馆在这一过程中扮演的角色，不仅是资源提供者，更是研究支持的关键伙伴。

在学术竞争背景下，高校图书馆的服务模式创新不仅是主动适应的结果，也是在外部环境压力下被迫选择的路径。无论是国际数据库资源价格的持续上涨，还是国内高校间的资源竞争，都使得服务模式的创新显得尤为紧迫。个性化服务体系的引入与完善，正是在这种压力下逐渐形成的。这种倒逼作用不仅使服务模式更加贴近学术需求，还使得高校图书馆在资源配置与服务形式上更具创新精神。通过对外部环境的动态观察与内部资源的合理整合，服务模式的创新为高校在学术竞争中的持续发展提供了重要动力。

学术竞争的核心在于构建更加完善与高效的学术生态，而高校图书馆作为这一生态的重要组成部分，其服务模式的升级与创新对学术生态的优化具有深远影响。个性化服务体系以其资源配置的精准性与服务内容的多样性，为学术生态的构建提供了重要支撑。在实践中，个性化服务体系不仅关注学术资源的获取与利用，还关注学术交流与合作的组织与促进。通过对学术需求的深度分析与服务内容的精细调整，个性化服务体系在学术生态中逐渐扮演更加重要的角色。这一价值的体现，不仅让高校在学术竞争中保持优势，还为学术生态的可持续发展提供了保障。

在学术竞争日益加剧的背景下，学术资源的整合能力已成为衡量高校图书馆服务水平的重要指标。个性化服务体系通过对学术资源的精细化管理与整合，为高校在学术资源利用中的效率提升提供了重要支持。这一模式的战略意义在于，其不仅解决了资源获取与配置中的实际问题，还为高校图书馆的长远发展奠定了基础。服务升级在资源整合中的作用，主要体现在资源分配的科学性与服务内容的动态调整能力上。个性化服务体系以其精准的数据分析与智能化的服务设计，确保资源的整合过程能够满足多样化的学术需求。

二、读者自主性增强与服务需求提升

读者的自主性首先体现在信息检索能力的全面觉醒。数字化平台的普及，让读者不再依赖传统的馆员服务，而是以个人需求为出发点，直接与资源库进行交互。这一能力的增强，不仅提升了资源获取的效率，也使得信息检索过程更加贴合个性化需求。自主信息检索能力的扩展，为图书馆提出了新的服务要求。单纯的信息提供已无法满足需求，服务的重点转向检索工具的优化与界面设计的智能化。读者的检索行为成为服务设计的核心依据，而服务体系的建设则需以这种动态需求为导向，不断调整与完善。

自主性增强后，读者的学术需求呈现出明显的多样化趋势。从基础文献获取到专题深度研究，再到学术成果的传播，读者的需求链条愈发复杂。这种复杂性为高校图书馆的服务体系带来了极大的挑战，传统的统一服务模式已无法适应多样化需求。这一趋势对图书馆提出了服务精细化的要求。个性化推荐与学科专属服务逐渐成为服务体系的重要组成部分。而在这些服务背后，图书馆需要整合资源、分析数据，并以精准的服务设计回应学术需求的多样性。读者的学术行为驱动着服务模式的革新，服务体系的灵活性与适应性成为关键。

自主学习的兴起，是读者自主性增强的又一显著体现。无论是课程作业的拓展研究，还是职业发展的专业提升，自主学习需求都呈现出逐年增长的态势。高校图书馆作为学习资源的核心枢纽，其服务模式必然受到自主学习潮流的深远影响。自主学习驱动下的资源整合需求，为图书馆的服务设计提供了新的方向。资源的获取不再仅限于学术数据库，开放教育资源与多媒体学习平台也逐渐成为读者的重要选择。图书馆需要在资源配置过程中充分考虑这些新需求，确保资源整合的广度与深度能够满足自主学习的需求。

随着信息社会化获取方式的普及，读者自主性进一步增强。在开放互联网环境中，读者可以通过多种途径获取学术资源。这种信息社会化获取模式的普及，为图书馆的服务带来了挑战，同时也带来了前所未有的机遇。在这一背景下，图书馆需要平衡信息社会化获取与个人化服务的关系。服务体系既要尊重读者的自主选择，又需在信息筛选与精准推送上提供更多价值。社会化获取与个性化服务的结合，使得服务内容更加贴合读者需求，图书馆的服务模式因而获得更大的拓展空间。

读者自主性增强的同时，其行为数据也成为服务优化的重要依据。图书馆在数据驱动下，对读者需求进行细致分析，精准刻画不同群体的行为模式与偏好。这种数据分析的深入，使得服务设计能够从单一化走向多元化。服务设计的深度优化，不仅体现在资源推荐的精准性上，还体现在服务流程的简化与智能化中。读者的自主行为促使图书馆在服务设计中融入更多互动元素，从而实现服务与需求的深度匹配。这种基于数据的服务优化，使得高校图书馆能够更加高效地响应自主性读者的复杂需求。

随着读者自主性的提升，信息素养教育的重要性愈发凸显。高校图书馆不再仅仅教授基础的检索技能，而是更加注重批判性思维与信息甄别能力的培养。教育模式的转变，是对自主性读者需求的直接回应。信息素养教育的反向推动作用，使得高校图书馆在教育功能上有了更深层次的拓展。从专题讲座到互动式培训，教育活动的形式更加多样，内容更加深入。而在教育内容的设计中，读者自主性与参与度成为衡量教育效果的重要指标。

读者自主性增强的最终表现，是其对个性化服务体系的高度依赖。高校图书馆需要从资源配置、服务流程与反馈机制等多个维度，设计出符合自主性读者需求的个性化服务体系。这一体系的实施路径，直接关系到图书馆服务的整体效能。在实践中，个性化服务体系的实施需要以读者行为数据为基础，结合先进的信息技术与服务理念。从推荐算法的优化到服务界面的个性化设置，每一项细节的设计都需以读者自主性为核心考量。这种路径的探索，不仅让服务内容更加贴近需求，也让服务过程更加贴合读者的使用习惯。

自主性增强的读者在服务过程中，逐渐与图书馆形成了一种更加平等的互动关系。这种互动关系的重构，是高校图书馆服务理念转变的重要标志。读者不再是被动的接受者，而是服务设计与优化的重要参与者。互动关系的重构，对图书馆提出了更高的服务要求。从用户反馈的收集与分析，到互动机制的设计与实施，图书馆需要在服务过程中融入更多开放性与协作性元素。这种互动不仅让服务内容更加丰富，也让服务效果更加显著。

三、信息过载环境中精准服务的价值

在信息爆炸的时代，高校图书馆的角色已从单纯的知识管理者转变为信息过载环境中的导航者。当学术研究者面对无尽的数据洪流时，精准服务成为不可或缺的应对策略。这种服务模式以技术为支撑，以个性化需求为导向，致力于从庞杂的信息中筛选出最具价值的内容。高校图书馆精准服务的核心，不仅在于满足研究者的学术需求，更在于帮助他们以高效的方式应对信息过载的挑战。

信息过载现象不仅对个人的信息处理能力构成巨大压力，也对学术研究的效率与质量提出了严峻挑战。在学术领域，研究者需要快速获取最新的研究成果，同时甄别出对自身研究真正有价值的资源。然而，面对无序增长的信息量，这一过程变得愈发困难。信息过载对学术研究的影响，主要体现在认知负担的增加和决策效率的下降上。研究者在处理大量信息时，往往会因过度筛选而忽略核心资源。这种情况对研究进程的延误与研究质量的下降形成了双重威胁，而精准服务的提出，正是为了帮助研究者减轻这一压力。

精准服务的价值在于它能够在复杂的信息网络中快速定位研究者所需的核心资源。其实现方式包括对数据的深度挖掘、对读者需求的智能分析，以及对资源的高效整合。这种服务模式不仅解决了信息过载的问题，还优化了研究者的信息获取路径，使其能够将更多精力投入知识创造中。在实践中，精准服务往往结合先进的算法与数据分析技术，以确保信息筛选的精度与速度。个性化推荐系统通过对用户行为数据的分析，为研究者提供有针对性的资源推送。这一过程不只是简单的匹配，而是对读者需求的深度理解与预测，使得资源筛选更具实用价值。

精准服务的实施离不开数据分析技术的支撑。高校图书馆在为读者提供精准服务时，必须对用户行为数据进行多维度挖掘与分析。从检索习惯到阅读偏好，再到资源利用效率，数据分析为服务模式的优化提供了科学依据。此外，数据分析技术还为精准服务注入了动态调整的能力。当读者的需求发生变化时，系统能够根据实时数据调整服务内容，从而确保服务始终贴合需求。基于数据的动态调整机制，使得精准服务具有了更强的适应性与灵活性。

精准服务不仅是对现有需求的回应，更是对潜在需求的引导。在信息过载环境中，研究者的关注点往往会因信息流的干扰而发生偏移，而精准服务则能够帮助他们在信息筛选过程中保持专注。这一引导作用的实现，需要图书馆对读者行为有深刻的洞察。通过分析读者的检索记录与资源利用情况，精准服务

体系能够推测出其潜在的研究兴趣，并在服务内容设计中进行有效体现。这种服务模式不仅提升了信息获取的效率，也为读者的研究决策提供了重要支持。

面对信息过载的压力，高校图书馆精准服务的实施，离不开多元化资源整合的支持。在学术资源的获取与配置中，图书馆需要整合来自不同领域的多种信息，以满足读者的综合性需求。资源的多样化，不仅拓展了服务的广度，也提升了其深度。多元化资源整合的核心在于如何实现不同资源的有机结合。从开放教育资源到学术数据库，再到区域性共享平台，每一种资源类型都在精准服务中扮演着独特角色。图书馆在服务设计中需要充分考虑这些资源的特点，以确保其在整合过程中能够相互补充。

信息过载不仅影响信息获取的效率，也对学术交流的质量产生了负面影响。在庞杂的信息环境中，研究者往往难以有效获取同行研究的最新动态，从而对学术交流产生阻碍。而精准服务的引入，则为学术交流的优化提供了重要支持。在实践中，精准服务通过信息筛选与资源推荐，将研究者与相关领域的同行联结起来。不仅有助于促进知识的共享与传播，还为跨学科合作创造了更多可能性。高校图书馆作为学术交流的重要枢纽，其精准服务的桥梁作用在这一背景下尤为突出。

学术资源的利用效率，一直是高校图书馆服务设计中的核心关注点。在信息过载的环境中，资源的冗余与低利用率现象日益凸显，而精准服务的价值就在于优化资源利用路径，使其效能得到最大化发挥。这种优化主要体现在资源推送的精准性与使用体验的提升上。精准服务通过对资源使用数据的深入分析，为每一位读者量身定制资源推荐方案。

精准服务的核心技术属性，并未削弱其在人文关怀上的体现。高校图书馆在精准服务的设计中，不仅关注数据与技术的优化，也注重读者使用过程中的体验与感受。这种技术与人文的融合，使得精准服务在学术环境中展现出更高的适应性与包容性。这一融合在服务界面的设计与交互功能的优化中得以体现。从语义检索到个性化推荐，每一项技术的应用都融入了对读者需求的细致考量。

信息过载环境中的精准服务，不仅是对学术资源利用效率的优化，也是对学术生态的深层次改造。高校图书馆在服务模式的升级中，以精准服务为抓手，逐步构建起更加高效、智能的学术支持体系。精准服务在学术生态优化中的战略意义，体现在其对知识流通与共享的促进作用上。从资源配置的合理性到学术交流的高效性，再到研究决策的科学性，精准服务以其独特的价值，逐步成为学术生态的重要组成部分。高校图书馆在这一背景下，不仅强化了自身的服务能力，也为学术研究的可持续发展提供了有力支撑。

四、个性化服务对高校图书馆竞争力的提升

个性化服务以用户需求为导向，直接推动了资源配置模式的精准化。高校图书馆长期面临资源获取成本高昂与利用率偏低的问题，而个性化服务的核心在于通过技术手段分析读者的真实需求，从而优化资源采购与分配。精准资源配置的一个重要表现是动态调整能力的增强。在以往的服务模式中，资源采购往往依据过去的使用记录，难以有效应对快速变化的学术需求。而在个性化服务模式下，读者的实时反馈成为调整资源分配的关键依据。此外，个性化服务通过大数据分析技术，能够对资源冗余和稀缺现象进行有效控制。这一特性使得高校图书馆能够以有限的预算覆盖更多的学术领域，从而在资源供给的广度与深度上占据明显优势。精准化的资源配置，不仅优化了馆藏结构，还为高校图书馆在学术资源争夺中的竞争力提供了有力保障。

个性化服务最大的优势在于显著提升了用户体验，这种提升是竞争力的重要体现。在传统服务模式中，用户常常面临信息过载与检索复杂的双重困境，而个性化服务通过智能推荐和资源定制，极大地简化了信息获取的过程，使用户体验更加便捷和高效。用户体验的优化不仅体现在检索效率的提升上，还体现在服务形式的多样化中。图书馆通过个性化服务体系，为不同需求的用户提供量身定制的解决方案，无论是学术资源的获取还是多媒体学习的支持，都能够让用户感受到服务的贴心与高效。同时，用户体验的优化对用户忠诚度的提升也具有重要作用。在学术竞争日益激烈的背景下，高校图书馆能否吸引并留住核心用户，直接影响其服务的整体效能。

在高校图书馆的服务职能中，支持学术研究始终占据核心地位。个性化服务的引入，使学术支持的精准性大幅提升。通过对用户研究需求的深入分析，图书馆能够为研究者提供更具针对性的资源推荐和学术咨询，这种支持的精准性显著增强了图书馆在学术研究中的核心地位。个性化服务对学术支持的提升，表现在对跨学科研究的有力支持上。现代学术研究的复杂性，要求图书馆在资源配置上能够兼顾多学科的需求，而个性化服务的技术能力使这一要求得以实现。高校图书馆不仅能够为研究者提供单一学科的深度资源，还能为跨学科课题提供全方位支持，这种综合性服务极大地增强了其在学术研究中的价值。此外，学术支持的精准性还体现在研究工具的创新性服务上。个性化服务体系通过与学术工具平台的深度融合，为研究者提供了数据分析、知识图谱构建等高级功能。

个性化服务在高校图书馆的人才吸引与培养方面也发挥了作用。对于学术人才而言，图书馆服务的质量直接影响其对高校整体学术环境的评价。而个性化服务以其资源配置的精准性与服务内容的多样性，为高校在人才竞争中提供

了强有力的支持。这种支持体现在多个方面。个性化服务的全面性，使得研究者能够在一个高度整合的资源环境中完成学术工作，而不必依赖多个分散的外部资源平台。这种高效的资源支持，显著提升了高校图书馆的吸引力。另外，个性化服务还为学术培训与信息素养教育提供了更加灵活的方式，使高校图书馆能够在人才培养中扮演更为主动的角色。同时，个性化服务对高校学生群体的影响也不可忽视。学生作为图书馆用户的主要构成，直接决定了图书馆服务的广度与深度。

高校图书馆在引入个性化服务的过程中，通过对新技术的探索与应用，展现出强大的创新能力。科技应用的创新主要体现在智能化服务的实现上。从人工智能推荐系统到虚拟现实资源展示，再到基于区块链技术的资源管理，个性化服务使得高校图书馆在服务形式上焕发出全新的生命力。技术驱动的服务模式，为图书馆在竞争中带来了显著的技术优势。此外，科技应用的创新还体现在数据分析与资源整合能力的提升上。个性化服务通过对用户行为数据的深度挖掘，为服务设计提供了科学依据。基于数据的服务优化，不仅提升了资源利用的效率，也为图书馆在学术竞争中赢得了更多的资源优势。

高校图书馆的竞争力不仅来自服务内容与形式，还来自其服务形象的塑造。个性化服务的引入，使图书馆在用户心目中的形象从传统的资源管理者转变为智慧服务的提供者。形象的转变，不仅提升了用户的服务体验，也增强了图书馆的品牌价值。服务形象的塑造体现在多个层面。从服务界面的设计到服务流程的优化，再到服务文化的传播，个性化服务为高校图书馆在形象建设中提供了强有力的支持。个性化服务在高校图书馆竞争力提升中的作用，最终体现在其综合能力的全面增强上。从资源配置的精准性到用户体验的优化，从学术支持的深度到技术应用的创新，个性化服务为高校图书馆提供了全方位的竞争力支持。这种综合能力的提升，使得高校图书馆能够在学术竞争的浪潮中立于不败之地。

第三章
文献资源配置与个性化服务的互动关系

第一节 文献资源配置对个性化服务的支持

一、文献资源种类与个性化服务的匹配性

文献资源是高校图书馆服务体系的核心基础，而个性化服务的精髓在于将资源的多样性与读者的需求深度匹配。不同种类的文献资源因其特点和功能差异，在服务设计中承担着独特角色。资源的合理配置与服务的深度融合，直接决定了高校图书馆在学术支持和用户体验中的表现。

图书资源是高校图书馆最具历史积淀的资源类型，其作用远不止传统意义上的文献载体。图书资源涵盖了纸质图书与电子书，二者在使用场景、内容呈现和技术适配等方面各有优势。纸质图书以其触感和物理存在感赋予阅读更多沉浸体验，而电子书则凭借检索便捷和更新及时成为数字时代的重要选择。在个性化服务体系中，图书资源的深层次应用体现在多个方面。纸质图书通过特色书架、主题展览、推荐书单等方式，为读者提供了更多元的选择。同时，结合在线服务的实体图书预约功能，不仅提升了资源利用率，也让读者的使用体验更加连贯。在电子书服务中，基于学科主题的动态更新机制，则能够确保资源内容始终契合最新研究方向。此外，图书资源的组织方式在个性化服务中也发生了深刻变革。传统的分类目录已被语义分析和知识关联技术所取代，用户能够基于特定关键词快速定位相关领域的核心文献。通过增强现实（AR）技术和互动展示，图书资源被赋予了更直观的呈现形式，

学术期刊作为学术交流的重要载体，其价值体现在内容的高时效性和学术性。在个性化服务中，期刊资源不仅是基础信息的提供者，更是学术深度探索的重要工具。面对读者复杂的检索需求，如何整合和优化期刊资源，成为个性化服务体系的重要议题。

期刊资源的服务设计需强调智能化与精细化。如在期刊推荐服务中，基于用户行为分析和引用网络的推荐算法，可以将相关领域的高影响力文献精准推送至读者手中。这种主动推荐功能在科研人员的日常研究中发挥了重要作用，帮助他们快速掌握领域动态。此外，专题导航功能通过期刊主题词的深度解析，为跨学科研究提供了便捷的路径。在服务形式的创新上，期刊资源的可视化分

析逐渐受到重视。基于数据图表生成工具，用户能够直观查看某一主题在不同期刊中的分布趋势。结合实时更新的热点主题追踪服务，期刊资源的利用效率得到了显著提升。

数据库资源因其综合性和权威性，已成为高校图书馆个性化服务的核心支柱。从综合性数据库到学科专题数据库，再到以数据分析为核心的数值型数据库，数据库资源的种类直接决定了服务的丰富程度。如何在多样化的数据库资源中平衡广度与深度，是个性化服务设计的重点之一。在综合性数据库服务中，强调检索功能的智能化与便捷性。用户往往需要快速从大量文献中筛选出与研究相关的内容，这对检索系统的精度和效率提出了更高要求。自然语言处理技术的引入，使用户可以通过语义查询获取更精准的检索结果。而在学科专题数据库的应用中，个性化服务则更多关注资源的深度挖掘。结合学术研究的实际需求，服务设计需引导用户发现数据库中隐藏的核心资源，从而为科研活动提供实质支持。随着数据驱动研究的兴起，用户对数据资源的需求已超越传统文献的范畴。个性化服务通过提供数据可视化、统计分析以及数据导出的便捷工具，为用户的研究过程提供了更大的灵活性。

开放获取资源因其共享性和便捷性，成为个性化服务的组成部分。这类资源包括开放期刊、开源书籍、教育资源库以及多媒体教学内容，其使用场景广泛，覆盖了教学与研究的多重需求。在个性化服务体系中，开放获取资源的精准推荐是提升用户体验的关键。针对开放获取资源，服务设计需解决资源筛选与组织的问题。在实践中，图书馆结合主题导航功能和多维检索技术，为用户提供基于兴趣模型的开放资源推荐。与此同时，用户评价与反馈机制的引入，为资源库的动态优化提供了重要依据。个性化服务还通过整合不同开放资源平台，打造出一体化的资源访问入口，大幅提升了用户的使用便捷性。开放获取资源的个性化服务不仅服务于传统学术需求，还为终身学习和职业发展提供了支持。结合用户兴趣的推荐策略，让资源的应用范围进一步扩展，这不仅丰富了资源利用的内涵，也提升了图书馆的服务水平。

文献资源的种类繁多，而用户的研究需求往往跨越单一资源类别。这种背景下，多维文献资源的协同服务成为个性化服务发展的重要方向。通过将图书、期刊、数据库以及开放资源有机整合，图书馆能够为用户提供更加全面的支持。在协同服务的实践中，数据分析与知识图谱技术的结合，为多维资源的智能匹配提供了有力支持。用户可以从一个主题出发，通过系统的自动关联功能，探索不同文献资源之间的联系。个性化服务体系还设计了多资源同步检索功能，使用户能够在一个操作界面中完成多种文献类型的查询与整合。多维文献资源协同服务的价值还体现在研究路径的优化上。系统通过对用户行为数据的深度分析，生成具有个性化特征的资源推荐方案。

二、数据库资源对学术研究支持的个性化表现

数据库种类的丰富性并不仅仅局限于其学术领域的覆盖，还体现在文献形式、数据结构以及检索功能上的差异化特性。正是由于这些多样化的特征，数据库资源能够满足从基础学习到高阶研究的各种学术需求。学科专题数据库，如医学数据库、法学数据库，以其深度内容为研究者提供了领域内权威信息；综合性数据库则覆盖多领域，适合开展跨学科研究的用户群体；而数据分析型数据库，以实验数据、统计报告和数据建模工具为核心，特别适合需要精准数据支持的学科。多样性资源的服务价值不仅在于内容的丰富性，还在于其服务模式的灵活性。服务设计者需要针对不同类型的用户需求，为读者提供最贴合实际使用场景的资源推荐方案。用户行为数据在此过程中发挥了重要作用。

在实际服务中，图书馆可以利用技术手段将不同类型的数据库整合在一个访问平台中。如在跨学科研究中，用户通常需要同时调用多个数据库的资源，而资源整合功能则帮助其实现了无缝切换。这样的资源分发与整合方式，不仅提升了服务的便捷性，还为学术创新提供了更多灵感来源。

智能检索技术使数据库资源的利用效率显著提升，并成为个性化服务的核心支柱之一。传统的检索技术通常依赖于关键词匹配或布尔逻辑，虽然操作简单，但往往难以满足复杂查询需求。随着智能化技术的不断进步，语义分析、自然语言处理以及深度学习模型在数据库系统中的应用，使检索技术从简单的"关键词匹配"升级为更加智能化的"语义理解"。智能检索技术的核心在于能够识别用户输入背后的深层意图。传统检索方式可能会提供数以万计的相关文献，而智能检索则能够通过语义分析，将用户的查询意图分解为多个维度：环境污染、农业影响、统计模型等。然后，系统会依据这些维度，在数据库中构建文献间的关联路径，为用户提供高质量、精准的结果。

知识图谱技术是智能检索的一大亮点。它能够将数据库中分散的文献组织成网络结构，使文献之间的关联性更加直观。在学术研究中，知识图谱帮助研究者迅速了解某一主题的研究现状，同时也为其发现研究空白提供了支持。此外，智能检索还具备动态学习能力，能够根据用户的历史行为优化自身，从而在未来的检索中更加贴合用户需求。

现代推荐系统已经超越了简单的内容匹配逻辑，而是借助机器学习和深度学习技术，从多维数据中提取用户行为模式，以提供更精准的资源推荐。推荐系统不仅为用户减少了文献筛选的时间成本，还以其独特的智能性提升了用户的满意度。推荐服务的精细化需要从用户行为数据的分析入手。系统通过记录用户的检索习惯、下载频率以及阅读偏好，为每位用户建立个性化行为模型。例如，一位研究者可能在过去的两个月内多次搜索"人工智能"相关的学术资

源，系统可以依据此行为模型，在其未来登录数据库时主动推荐"机器学习"领域的最新期刊文章或会议论文。此外，推荐服务还可以结合用户的实时行为更新推荐策略，确保推荐内容的即时性与相关性。

另一个重要的推荐服务维度是多模态数据融合。学术研究者在数据库中检索的内容可能不仅限于文本，还包括图片、视频、音频等多种形式的学术资源。现代推荐系统通过整合多模态数据，为用户提供更加全面的内容推荐。

传统的学科专题数据库虽然在特定领域提供了深度信息，但在跨领域研究中，其局限性逐渐显现。数据库资源在个性化服务体系中表现出的最大优势之一，便是对跨学科研究的支持能力。主题导航系统是服务设计中用于实现跨学科资源整合的重要工具。该系统通过对文献内容的关键词和主题词进行深度分析，为用户建立起跨领域的主题关联。例如，研究"气候变化"影响的研究者可以通过主题导航系统同时调用环境科学、经济学和社会学相关领域的数据库资源。此外，数据整合工具以其多维统计与分析功能，将跨学科研究的复杂性转化为直观的结果呈现，进一步提升了研究效率。

数据库资源在跨学科研究中的另一个关键功能是提供数据交叉验证的支持。学术研究通常需要多个领域的数据支撑，而跨学科数据库资源的联动功能使得数据验证变得更加快捷可靠。例如，经济学研究者在分析某地区的环境污染对经济发展的影响时，既需要环境数据库中的污染指数数据，也需要经济数据库中的 GDP数据。这种交叉验证能力，使得跨学科研究的严谨性得到了进一步保障。

数据分析型数据库为科研提供了前所未有的工具支持，其个性化表现主要体现在数据的精细处理与建模能力上。与传统数据库不同，数据分析型数据库不仅仅是信息存储的载体，更是科研工具的高度集成体。它以大规模数据集和实时分析工具为核心，为科学研究提供了从数据获取到数据建模的全流程支持。这种深度融合的一个显著表现是研究者可以在单一平台上完成数据的采集、清洗、建模和可视化。数据清洗功能通过智能算法帮助研究者筛除错误值或冗余信息，确保数据的准确性和一致性。数据建模工具则为用户提供了多种算法选项，从线性回归到复杂的深度学习网络，无论是简单分析还是高级建模都能够轻松实现。

此外，数据分析型数据库的实时交互功能使得科研工作更加高效。在传统研究模式中，研究者往往需要将数据从多个系统中导出进行离线分析，而现代数据库则通过嵌入式分析工具实现了数据处理的在线化与即时性。这种交互功能不仅提高了研究效率，也为用户节省了大量的时间成本。

三、专题化资源配置对读者研究效率的提升

专题化资源配置的科学性源于其精细化的资源分类与组织方式。高校图书馆在服务设计中，将资源按照研究主题、学科分类或研究热点进行分组，从而形成具有鲜明特征的专题资源库。资源整合的系统化，是专题化资源配置的表现之一。在整合的过程中，图书馆充分利用大数据分析与语义挖掘技术，对不同来源的文献进行深入解析与重新归类。

如一位研究"气候变化对生态系统影响"的学者，能够通过专题化资源库迅速获取涵盖气候模型、生态数据和相关政策研究的多维度资源。将分散的文献资源串联成完整的学术链条，研究者因而能够在更短时间内掌握全面的研究内容。不同层次的资源设计使得初学者与高级研究人员均能从中受益。对于入门阶段的研究者，资源库提供基础概念与权威综述；而对于高级研究人员，则配置了最新的研究成果与实验数据，充分体现了专题化资源配置的适应性与包容性。

专题化资源配置的关键在于能够实现研究需求与资源内容的精准对接。每个专题资源库的构建，均以用户行为分析与学术热点追踪为依据，从而确保配置的资源高度契合研究者的需求。精准匹配性，减少了研究者筛选无关文献的时间成本，让学术研究的方向更加明确。在资源匹配的过程中，基于用户兴趣模型与使用偏好的智能推荐服务，为研究者提供高度相关的专题资源。用户行为数据的深度分析，为研究者提供了一种引导式的探索模式。专题资源库不仅满足明确的检索需求，也通过主题延伸与内容关联功能，激发用户对相关研究领域的兴趣。

在现代学术研究中，单一学科的视角已难以满足复杂课题的需求，而跨学科研究对资源的整合能力提出了更高要求。专题化资源库通过多学科资源的高效整合，为研究者提供了跨越学科界限的全新视野。专题资源库在跨学科研究中的表现，体现在资源链接的逻辑性上。通过对文献主题的分析与归类，图书馆能为研究者建立起不同学科之间的资源连接。专题化资源配置在此过程中，不仅增强了研究的广度，也提高了分析的深度。跨学科资源支持的另一个特点是信息的可视化呈现。专题资源库通过知识图谱与数据分析工具，为用户展示学科间的联系与互动。如研究者在探索某一领域时，知识图谱能够直观显示相关主题的关联路径与重要文献。

传统资源配置模式中，研究者需要耗费大量时间在资源筛选与整合上，而专题化资源库通过主题导航与内容分类，大幅缩短了文献获取的时间。同时，专题资源库的检索方式更加智能化，用户能够在短时间内完成多维度的文献筛选。专题化资源配置对研究效率的促进，还体现在用户操作的便利性上。专题

资源库通过一站式服务平台的设计，将资源检索、下载、引用与存储功能集成在同一界面中。此外，还为研究过程的管理与跟踪提供了支持。用户能够通过资源库的动态更新功能，随时获取最新的研究进展，并将相关内容直接添加到个人收藏夹中。专题化资源库的任务管理功能，则帮助用户对研究进度进行科学规划，使整个研究过程更加高效。

在专题资源库的支持下，研究者能够快速识别领域内的研究空白，并以此为切入点开展独立研究。专题资源库的主题导航中，某些高频关键词的缺失往往暗示了该领域尚未充分探索的方向。研究者能够借助专题资源库提供的线索，发掘创新的研究主题。专题资源库还通过资源的高质量筛选与动态更新，确保研究者能够基于最前沿的成果展开研究。专题资源库的引用分析功能，帮助研究者识别领域内的核心文献与关键学者，从而为学术创新提供了重要依据。

专题化资源配置与个性化服务的结合，是提升研究效率的关键所在。个性化服务通过用户需求分析与行为追踪，为专题资源库的设计与优化提供了数据支持。不同学科的用户对资源类型与组织方式的偏好差异，直接影响了专题资源库的配置策略。在专题资源库的服务设计中，个性化服务表现为用户界面的自定义功能与推荐服务的高度适配。研究者能够根据自身需求调整资源分类与显示顺序，同时利用个性化推荐功能获取最新的资源更新与主题延伸建议。个性化服务与专题化资源配置的深度融合，为用户创造了一个智能、高效、全面的学术支持环境。

第二节 个性化服务对文献资源配置的反馈与优化

一、读者反馈在资源采购中的作用

（一）推动采购决策的精准化

读者反馈的首要价值在于帮助图书馆准确识别需求，特别是在学术资源使用需求多样化与动态化的背景下，需求识别已成为资源采购的关键环节。通过对用户的检索行为、下载记录和在线互动，图书馆能够全面了解其对特定资源的兴趣与使用偏好。如某些资源因其专业性强而受到特定用户群体的高度关注，而另一些资源的需求则可能集中在某一特定学术主题上。反馈数据的精细化分析，使得采购部门能够将有限的预算投入高需求领域，从而有效提升资源利用效率。尤其是面对快速变化的学术热点，传统的采购方式往往难以及时响应，而读者反馈所呈现的即时性信息，则为采购决策提供了可靠支持。

读者反馈能够通过多维度数据分析，为采购优先级的确定提供科学依据。

高频反馈的资源，往往意味着读者对其需求的强烈程度较高，而此类资源在采购计划中应被优先考虑。此外，对反馈内容的情感分析，采购方还能够识别出资源需求的潜在紧迫性，某些文献类别可能在短期内需求量较低，但通过长期观察其逐渐增长的反馈趋势，采购部门能够预测其未来的重要性，并提前纳入采购计划。

以往的采购决策可能更多依赖于采购人员的经验与判断，但读者反馈的量化特性使得采购决策过程具备了更加明确的依据。在资源更新的场景中，某一资源是否需要补充、升级或更换，可以通过其反馈数据中的使用频率、满意度评分等指标进行科学分析。某些专业性较强的资源可能难以直接通过流量指标判断其价值，此时读者反馈中的定性信息便显得尤为重要。

在学术研究环境中，资源需求的变化往往非常迅速，而传统采购流程可能难以及时响应这种动态变化。读者反馈的即时性特点，使得采购决策能够快速识别需求并调整采购策略。如用户对某一学术领域资源的大量关注，可以通过反馈系统及时传递到采购部门，推动其快速做出引入决策。在资源采购的过程中，采购部门可以通过反馈机制与读者建立高效的沟通渠道，使得需求与供给之间的匹配更加快速与精准。

（二）优化资源利用率与配置效率

资源的有效利用需要以读者行为为导向。用户在资源使用中的借阅、下载和访问行为反映了资源的实际需求程度，而这些行为数据为资源分配的优化提供了基础。读者的访问频率、文献被引用的次数以及搜索的关键词热度，都是判断资源需求的指标。对于需求旺盛的资源，增加馆藏数量或开放更便捷的访问权限，能够有效提高使用效率；而对长期未被使用的资源，则可以重新评估其价值，并根据实际需求进行调整或淘汰。

资源冗余与利用率偏低是传统资源配置中常见的问题。这一问题不仅导致了资源的浪费，也占用了宝贵的预算与馆藏空间。分析反馈数据与使用记录，图书馆能识别出资源冗余的具体原因，如资源重复采购、学术领域需求变化等。针对这些问题进行精准干预，有助于减少不必要的资源积累。在优化过程中，通过对相似资源的对比分析，图书馆能够筛选出内容重叠率较高的文献，确定保留与淘汰的优先级。对于低频使用但具有长期学术价值的资源，可以采用数字化存储等方式进行保存，以节省实体空间和管理成本。

资源配置效率的提升离不开精准性的增强。传统资源分配方式往往以学科领域为基本单元，忽略了个体需求的多样性与动态变化。而在现代个性化服务的支持下，资源分配的精准性得到了显著提高。对于某些领域的研究者可能需要高度专业化的资源，而这些需求在整体分配中容易被忽视。主题化配置与定制化服务，图书馆可以针对特定的研究方向集中资源，满足小众需求的同时，也提升了资源配置的整体效率。

单一资源的独立管理容易导致分散化与低效，而资源的整合与协同配置则能够发挥出叠加效应。在实践中，图书馆通过跨学科资源的协同整合，不仅提升了资源的广度与深度，也增强了资源之间的关联性。通过区域性资源共享与校际合作，图书馆能够突破单一馆藏的局限，为用户提供更加多样化的资源选择。这种整合模式不仅优化了资源的配置效率，还有效提升了资源的整体使用水平。

（三）平衡学科资源需求

每个学科领域的研究特点决定了其资源需求的类型和强度。自然科学学科通常依赖高频更新的数据库与实验数据，而人文学科更倾向于长期积累的经典文献与开放获取资源。为了实现学科需求的平衡，图书馆需要对不同领域的需求特性进行精准识别与分析。在这一过程中需要注意的是读者反馈，统计不同学科领域的资源使用情况，包括借阅频率、数据库访问量以及文献请求记录，图书馆可以直观地了解各学科的需求强度。

对于新兴或跨学科研究方向，反馈数据还能揭示潜在的资源需求，使图书馆在分配资源时具备更强的前瞻性。根据这些分析结果，资源采购的优先级与预算分配得以更科学地确定，避免了资源投放过于集中或分散的局面。

学科资源需求的平衡并非一次性任务，而是一个需要持续优化的动态过程。不同学科的发展速度与方向并不一致，某些领域可能因技术突破而出现需求的剧增，而另一些领域则可能因研究重心转移而逐步降低对特定资源的依赖。因此，资源分配机制必须具备动态调整能力，能够实时响应学科需求的变化。图书馆通过收集与分析资源使用数据，定期评估学科资源的利用情况，并根据需求变化重新调整资源分配计划。

学科资源需求的平衡并不完全依赖资源的直接采购与分配，学科间的资源共享与协作也是实现平衡的路径。优化资源共享机制，图书馆能打破学科之间的资源壁垒，使有限的资源发挥出更大的价值。资源共享的关键在于建立跨学科的资源访问平台与合作网络。图书馆可以通过主题资源库、联合数据库和共享平台，为多个学科提供共同的资源基础。

（四）动态更新与资源淘汰的依据

学术领域的研究重点和热点议题不断演变，这种变化直接影响了读者对文献资源的需求。高校图书馆作为支持学术研究的核心机构，需要对用户需求的变化保持高度敏感，以确保馆藏资源能够与当前的学术环境相匹配。某些研究主题可能在短时间内因技术突破或社会热点而引发大量关注，而传统研究领域则可能长期维持稳定需求。

文献资源并非具备永久性价值，其学术效用通常随时间推移而减弱。资源生命周期的不同阶段表现为价值的变化曲线，而这些变化直接影响资源淘汰的决策。对文献生命周期的准确评估，是资源淘汰的关键依据。资源的生命周期由多个因素决定，包括其内容的时效性、学术领域的特点以及技术环境的变化。技术类资源通常受创新周期影响，较快进入价值衰退阶段，而经典文学作品则因其恒久性价值而保持长期需求。淘汰决策需要结合使用频率、引文量和更新成本等多维指标，对资源的实际价值进行综合评估。基于这些指标的数据分析，可以有效识别出资源的过时性与冗余性，为淘汰决策提供科学支持。

资源淘汰还需要兼顾馆藏空间与预算的限制。对于实体馆藏，空间的有限性要求定期清理低效资源，以为新资源留出足够的空间；而对于数字资源，虽然存储成本相对较低，但资源维护与更新的费用依然需要纳入考量。动态更新与资源淘汰的实施需要以数据分析为核心，以确保流程的科学性与高效性。数据驱动的管理方式通过整合使用记录、用户反馈和学术趋势分析，为资源调整提供了可靠的基础。

动态更新的核心在于对高需求资源的及时引入与现有资源的适时优化。图书馆通过对用户行为数据的实时监测，能够快速捕捉高频使用资源的更新需求。这一过程需要结合学术出版的动态变化，与期刊更新、数据库扩展以及新兴资源的引入相结合，使馆藏资源始终保持前沿性。

资源淘汰则更多依赖于历史数据的积累与趋势分析。低使用率资源的筛选是淘汰流程的关键环节。通过比较不同资源的使用频率和学术影响力，图书馆可以对低效资源进行分级处理：部分资源可能仅需优化其访问方式或整合至新平台，而另一些则因完全丧失学术价值而被彻底移除。数据驱动的流程还增强了资源管理的透明度与可追溯性。所有的更新与淘汰决策均基于明确的数据依据，

技术进步则改变了资源的使用方式与价值评估标准。语义检索技术的普及，使得某些传统资源难以适应新的检索需求；而数据型资源的兴起，又为资源更新提供了新的方向。当某些学科领域由于教育改革或社会需求变化而快速发展时，其资源需求必然发生显著增长。动态更新机制需要充分考虑这一点，优先满足这些领域的资源需求；而对需求逐渐减弱的学科，则需要根据情况优化其资源配置策略。

二、个性化服务需求引导资源优化配置

个性化服务的本质在于深度理解用户需求，这一需求的捕捉过程成为资源配置优化的首要依据。用户在资源使用中的行为、兴趣以及偏好数据，为图书馆提供了明确的方向指引。这些数据不仅揭示了当前资源的使用现状，还提供

了未来资源需求的潜在趋势。

需求捕捉的精准性体现在数据分析的维度与深度上。用户的检索记录和阅读习惯往往能够反映出其特定学术方向的资源需求，而资源推荐与偏好反馈机制，则进一步细化了用户的实际需求特征。通过对这些信息的整合，图书馆能够识别哪些资源需要优先更新或增加，哪些则可适当调整配置。需求捕捉的动态特性确保了资源优化配置始终与学术环境保持同步，并在实践中不断优化调整。同时，需求捕捉的价值还在于为多层次服务提供依据。不同用户群体对资源的需求存在显著差异，从本科生的基础学习需求到研究人员的高端学术需求，资源配置的重心必须因需而异。个性化服务通过精准捕捉各类用户的需求特性，确保资源优化配置能够覆盖更广泛的用户范围，并为多样化的学术活动提供支持。

资源配置的优化不仅涉及数量与类型的调整，还涵盖资源结构的科学设计与重新组织。个性化服务需求在资源结构优化中的作用，体现在对资源布局的合理化建议与对结构功能性的重新定义上。

资源布局的合理化，是实现资源优化的基础目标之一。个性化服务需求能够为不同学科、主题或功能的资源提供科学的分布建议。某些高频需求的资源，如核心期刊或热门数据库，需要在配置中占据更多比重；而低频需求但学术价值较高的资源，则可以采用共享模式或灵活访问策略，从而优化预算使用效率与资源覆盖广度。此外，个性化需求的分析还推动了资源结构功能性的提升。传统的资源结构设计往往以类别或来源为依据，而忽视了用户实际使用中的功能需求。个性化服务通过解析用户的研究行为，将资源重新归类为功能模块，例如专题研究、数据分析、教学辅助等。

个性化服务需求对资源配置的引导作用，在动态调整机制中得到了全面体现。资源需求的动态性是高校图书馆服务的突出特点，而个性化服务为动态调整机制的设计与实施提供了关键支持。动态调整机制的核心在于资源分配的灵活性与智能化。个性化服务需求为资源配置设定了动态的更新优先级。某些资源在特定时期的使用率激增，如因学术热点或课程需求的推动，而其他资源则可能因需求下降而逐步边缘化。此外，个性化服务的反馈机制进一步增强了动态调整的精确性。用户在资源使用中的评价与建议，为资源配置的优化提供了直接依据。反馈机制与动态调整的结合，使得图书馆能够在资源管理中实现闭环优化，从而持续提升资源的服务效能。

个性化服务需求的另一重要作用，是推动资源配置向前瞻性方向发展。在传统配置模式中，资源的获取与分配更多基于历史数据与经验判断，而缺乏对未来需求的精准预判。而个性化服务通过对用户行为与学术趋势的深入分析，使资源配置能够更加主动地应对潜在需求。

前瞻性配置的实现，依赖于对学术热点与研究趋势的敏锐洞察。个性化服务需求在这一过程中发挥了数据驱动的引领作用。通过监测用户对特定主题的关注度以及学术领域内的引用频率变化，图书馆能够识别即将成为研究热点的方向，并提前进行资源储备与布局。前瞻性配置不仅确保了图书馆对学术需求的敏捷响应，也为用户提供了更加超前的研究支持。同时，个性化服务需求还推动了资源配置方式的创新。一些非传统资源类型，如开放数据集、动态分析工具与跨学科资源平台，因用户需求的变化而逐步被纳入配置体系。

个性化服务需求不仅引导资源配置的优化，同时也在优化过程中形成了与资源管理的双向互动关系。这种互动关系体现在资源配置对服务设计的反哺作用上。优化后的资源配置能够为个性化服务提供更广泛的支持，使服务的内容更加丰富、形式更加灵活。资源优化的过程，为个性化服务的创新提供了新的可能性。例如，功能性资源模块的构建为用户界面设计与服务内容整合提供了基础。用户在资源使用中的行为数据，又反过来为资源配置的进一步优化提供了依据。

三、数据分析在资源调整中的应用

任何数据分析的有效性都离不开高质量数据的支持。资源调整中所需的数据涵盖用户行为记录、资源使用频率、访问路径、反馈内容等多种维度，而对这些数据的科学采集和预处理，是数据分析顺利进行的前提。图书馆通过集成化的管理系统，将用户在资源使用过程中的每一个交互行为转化为可分析的数字信息，为资源调配提供了最直观的参考。

原始数据往往存在冗余或噪声，直接使用可能导致分析结果的偏差。数据清洗过程需要结合图书馆的具体场景，剔除无效记录并补充缺失信息。标准化处理则确保了数据在不同维度上的一致性，使后续分析更加高效与准确。对预处理后的数据进行整理与分类，让资源调整的基础数据图景逐步形成。此外，数据采集还需要充分考虑实时性与连续性。资源调整是一个动态的过程，采集系统需确保能够实时捕捉最新的数据，并结合历史数据分析变化趋势。高效的数据采集与预处理，构成了资源调整科学化的基石。

用户行为数据作为资源调整的核心依据，为资源优化配置提供了深刻的洞察。用户的检索记录、访问路径和下载行为等，清晰地反映了其对资源的实际需求与使用偏好。数据分析通过挖掘这些行为背后的模式，为资源调整提供了重要参考。频率分析是用户行为数据分析中的常用方法之一。通过统计特定资源的访问频率与使用强度，图书馆能够判断资源的受欢迎程度与使用价值。这些分析结果直接影响了资源调整的方向。对于高频使用的资源，应考虑增加采购量或优化访问权限；而对于长期低频使用的资源，则可能需要重新评估其配置方式。关联性分析则进一步揭示了用户行为之间的潜在联系。某些资源可能因学科交叉性而同时满足多个领域的需求，而这些关联信息往往隐藏在用户的行为模式中。通过分析这些模式，图书馆能够更准确地识别多学科共用资源，并在资源调整中为其赋予更高的优先级。

资源调整不仅需要关注当前需求，还需对未来的学术趋势作出前瞻性判断。数据分析通过对文献引用频率、研究主题热度以及关键词的时间序列分析，为图书馆提供了学术领域发展的重要信号。这些趋势分析结果能够有效引导资源调整，使其始终紧贴学术前沿。时间序列分析在学术趋势预测中表现尤为突出。通过追踪某一主题在不同时期内的文献数量变化，图书馆能够识别出增长最快或逐渐衰退的研究方向。这一分析结果为资源调整提供了前瞻性依据，确保资源配置的科学性与适应性。此外，热点主题分析是学术趋势研究的重要手段。数据分析系统通过对关键词的聚类与权重计算，识别出当前学术界最受关注的研究领域。这些热点主题成为资源调整中的优先配置方向，既满足了用户的即时需求，也为潜在需求提供了支持。

资源调整中的复杂数据，需要通过可视化技术转化为直观的决策依据。数据可视化不仅增强了分析结果的表现力，也提高了资源调整过程的透明性与沟通效率。趋势图与分布图是资源调整中最常用的可视化形式。趋势图展示了资源使用量或需求量随时间的变化趋势，而分布图则反映了资源在不同学科领域或用户群体中的分布状态。层次化图表则为多维数据的分析提供了支持。如在资源淘汰过程中，需要综合考虑使用频率、学术价值和更新成本等因素。通过层次化图表，管理者能够清晰地比较不同资源在这些维度上的表现，为淘汰决策提供多维依据。

资源调整是一个动态的过程，传统静态分析的局限性在于难以实时响应变化。而数据驱动的动态调整模型通过实时监测与反馈循环，确保资源调整能够迅速适应学术环境的变化。动态调整模型的核心在于数据的实时采集与自动化分析。图书馆管理系统通过集成数据监控模块，实时记录用户行为与资源使用数据。这些数据被自动输入分析模块，生成即时的调整建议。动态调整模型使得资源优化配置从传统的阶段性更新，转变为连续性的微调与优化。

反馈机制是动态调整模型的重要组成部分。用户在资源使用中的评价与建议直接影响资源调整的方向。例如，用户对某一数据库访问体验的反馈可能引发访问权限或界面设计的调整。这种实时反馈机制使得资源调整的决策过程更加科学，并形成资源优化的闭环。

随着技术的不断发展，数据分析方法在资源调整中的应用范围不断拓展。人工智能与机器学习技术的引入，为资源调整注入了新的活力。通过智能算法的深度学习，数据分析系统能够在大量数据中识别出更为复杂的关联与规律，为资源优化提供更加深入的见解。推荐算法是技术创新的典型应用。基于用户行为数据的推荐算法，通过预测用户的潜在需求，直接影响资源调整的方向。与传统需求分析不同，推荐算法以个性化为目标，使资源调整能够同时满足集体需求与个体需求的双重要求。自然语言处理技术则增强了文本数据的分析能力。学术文献中的摘要与关键词是资源调整的重要参考，然而传统分析方法难以深入理解文本的语义关系。自然语言处理技术通过语义分析与主题建模，为资源调整提供了更具深度的信息支持。

第三节 高效互动机制的构建

一、资源与服务互动的动态调整机制

（一）动态调整机制的基础构建

资源与服务的互动动态调整机制，建立在资源管理与服务设计的基础之上。资源配置与服务模式的关联性，为动态调整提供了必要的理论支持，而实时数据的获取与分析能力，则为机制的高效运转提供了技术保障。

在机制的基础构建中，资源与服务的关联性分析尤为关键。资源作为服务内容的核心载体，其类型、数量和分布直接决定服务的覆盖范围与响应能力。图书馆通过构建资源与服务的映射模型，将馆藏资源的结构特性与用户需求的行为模式相结合，为动态调整奠定科学依据。同时，资源类型的细化与功能分类，使得服务设计能够更精准地匹配用户需求，并形成以用户为中心的动态反馈闭环。

技术能力的增强是动态调整机制的重要驱动力。现代图书馆管理系统通过集成数据采集、分析与预测模块，使资源与服务之间的互动关系得以实时监控与优化。用户行为数据的深度挖掘，揭示了服务需求的动态变化，而资源使用数据的关联分析，则反映了馆藏资源的实际利用效率。两者的结合，为机制的基础构建提供了全面的数据支持。

（二）用户需求导向的动态响应

用户需求的变化，是资源与服务互动调整的核心驱动力。需求的多样化与即时性，要求动态调整机制能够敏锐感知需求波动，并在短时间内完成资源配置与服务模式的重构。

动态响应的核心在于需求的精准识别与快速匹配。用户在服务中的每一次交互，都会生成行为数据，这些数据反映了用户对资源与服务的偏好与期待。图书馆通过分析用户的检索路径、访问频次与反馈内容，能够实时感知需求的变化，并据此调整服务内容与形式。例如，某一主题资源的访问量突然增加，可能表明相关领域的学术需求正处于上升阶段，此时机制需快速反应，增加资源可访问性并设计针对性的服务内容。

动态响应还要求机制具备适应多场景的灵活性。用户的需求场景多样化，从基础学习到深入研究，各自对应的资源需求与服务模式存在显著差异。动态调整机制需根据场景特性与用户行为，智能匹配资源与服务内容，使服务设计能够在不同场景中体现出针对性与灵活性。

（三）数据驱动的动态优化

数据驱动是动态调整机制的重要支撑，尤其在资源与服务的高频互动中，数据分析的作用尤为突出。动态调整机制通过实时监测与分析资源使用数据，为优化决策提供科学依据。

资源使用数据的实时监测，是机制运转的核心环节。图书馆利用管理系统采集用户在资源使用过程中的每一个数据点，包括访问量、下载次数、使用时长等。这些数据反映了资源在服务中的真实表现，为动态调整提供了客观依据。对高频使用资源，可调整其优先级或开放权限；对低效资源，可优化其服务形式或重新配置。

动态优化还需要借助智能算法提升决策效率。机器学习技术的引入，使得数据分析能够挖掘出更复杂的关联性与规律。基于历史数据的预测分析，能够为资源与服务的未来调整提供前瞻性支持。如通过用户行为的时间序列分析，可以预判某一主题资源的需求高峰期，并提前完成资源配置的动态优化。

（四）服务模式与资源配置的协同调整

动态调整机制的另一个关键维度，是服务模式与资源配置的协同调整。资源与服务在互动中相互依赖，任何一方的变化都会影响整体效能，因此协同调整成为机制设计的重点。

协同调整的核心在于平衡资源配置与服务效能。资源的物理分布、访问方式与使用成本，直接影响服务的响应能力，而服务模式的变化，也对资源的使用效率提出了新要求。动态调整机制通过资源与服务的双向反馈，将两者的关系转化为可量化的优化模型。如在远程服务需求增加的场景下，资源的数字化与在线访问权限的扩展，成为协同调整的主要方向。

协同调整还体现为服务流程与资源管理的深度整合。传统的资源管理方式与服务管理方式往往分离，导致资源配置难以适应服务变化。动态调整机制通过流程再造，实现资源与服务的一体化管理。服务流程中的每一个节点，都能够实时获取资源状态并进行自动化调整，从而实现更高效的协同效能。

（五）动态调整机制的技术实现与创新

动态调整机制的技术实现，是其能够高效运转的关键。现代图书馆技术的不断进步，为机制的创新提供了丰富的工具与方法。从数据采集到分析，从反馈循环到自动化决策，技术的全面介入，使动态调整成为可能。

实时监控与智能推荐系统是技术实现的重要手段。通过实时监控，系统能够随时捕捉资源与服务的互动状态，并自动生成调整建议。智能推荐系统则将数据分析与用户需求预测相结合，为用户提供个性化资源与服务选项。这些技术手段的结合，使动态调整机制既具备响应能力，又能主动引导资源与服务的互动。技术创新还推动了机制的自动化水平提升。基于人工智能与区块链技术的动态调整机制，不仅能够快速完成资源与服务的优化，还能记录每一次调整的过程与结果。这种自动化与可追溯性，为机制的可靠性与可持续性提供了保障。

（六）动态调整机制对用户体验的优化

资源与服务互动的动态调整机制，不仅提升了管理效率，也对用户体验产生了深远影响。机制的设计目标始终围绕用户需求展开，其优化效能直接体现在用户体验的提升上。用户体验的优化首先体现在服务的即时性与精准性上。动态调整机制能够根据用户需求的变化，快速调整服务内容与资源配置，使用户始终能够获得最符合需求的服务。无论是资源的快速响应，还是服务的定制化设计，动态调整机制都为用户带来了更流畅的体验。此外，机制的透明性与参与性进一步增强了用户的信任感。动态调整过程中的反馈循环，使用户能够清楚地了解自己的需求如何影响资源与服务的优化。

二、读者参与下的资源与服务共建

在高校图书馆的资源管理与服务体系中，读者不仅是资源使用的对象，更是资源与服务共建的重要参与者。读者反馈是资源与服务共建的基础，它不仅是了解用户需求的直接渠道，也是资源优化决策的重要依据。反馈的多样性和及时性，为资源配置提供了丰富的指导信息，确保资源的建设能够始终契合用户的实际需求。读者在使用资源的过程中，会通过检索行为、访问记录和直接评价来表达其需求与期待。这些反馈信息帮助图书馆深入理解用户对资源的偏好与痛点。资源的学术性、易用性和更新速度，均可以从反馈中得到直观体现。基于这些反馈，图书馆能够识别高需求领域并优化馆藏资源的配置方式，使资源效用在服务中得到最大化发挥。反馈的有效性还在于推动资源动态更新。读者的意见反映了资源使用中的实际问题，为调整资源种类、数量和分布提供了有力支持。反馈系统的建立，不仅使资源优化更加科学，也增强了读者对图书馆服务的信任感与参与意愿。

读者的主动参与使资源建设更加贴合学术需求，其作用不仅体现在意见反馈上，还延伸到资源选择与评估的实际过程。将读者引入资源建设环节，使图书馆的资源决策过程更加开放与透明，同时赋予了用户更多的话语权。在资源采购中，读者的角色越来越重要。许多高校图书馆已开始采用读者推荐采购（Patron-Driven Acquisition, PDA）模式，鼓励用户直接提出资源采购建议。这一模式的推广，不仅减轻了图书馆在资源选择中的压力，也使资源采购的精准度大幅提升。读者通过提交需求，能够主动影响馆藏结构，使资源更符合学术研究的实际需求。此外，读者还可以参与资源的质量评估。某些资源的学术价值或使用体验需要从用户的角度进行检验，而读者的评价则为这些资源的后续调整与更新提供了直接依据。资源建设过程中读者与图书馆的协同合作，推动了馆藏结构的动态优化。

服务设计作为资源与服务共建的关键领域，需要充分吸纳读者的建议与创意。读者的参与使服务设计从单向供给转变为双向互动，并促使服务模式更加灵活与多元。服务设计中的用户体验优化，是读者参与的典型表现。用户对服务流程的复杂性、资源获取的便捷性以及检索界面的友好度有最直观的感受。这些反馈为服务设计提供了重要的改进方向。例如，基于读者的反馈信息，图书馆能够对检索系统的导航功能进行调整，或增加资源分类的精细化程度，从而提升用户的访问效率。读者的主导性还体现在服务创新中。图书馆可以通过组织用户座谈会、在线投票或问卷调查等，收集用户对新服务功能的建议。在这一过程中，读者不仅是服务的评价者，更成为服务设计的共创者。其参与的深度决定了服务的贴合度与灵活性，使用户体验在互动中不断优化。

高效的互动机制能够降低读者参与的门槛，激发用户的主动性，同时确保反馈信息的质量与时效性。在线互动平台是读者参与的重要载体。这一平台通过整合资源检索、意见提交与在线交流功能，为读者与图书馆之间的实时互动提供了便利。读者可以在平台上查看最新的资源动态，提出使用建议或参与讨论，互动机制的设计还需注重个性化。每位读者的需求与行为习惯各有不同，图书馆应根据用户的偏好与兴趣，提供定制化的互动方式。例如，基于用户行为数据的推荐系统，可以为读者推送相关资源信息，同时开放反馈通道，以更精准地捕捉用户需求。

读者社区是资源与服务共建的一种创新形式，通过搭建用户间的协同平台，图书馆得以将分散的个体意见汇聚为系统性建议。社区的作用在于为用户创造一个交流与协作的环境，使资源与服务的共建从个体行为转向群体协同。在读者社区中，用户之间的讨论能够产生新的服务需求或资源选择方向。某些群体的学术兴趣点可能难以通过个体反馈体现，而社区的群体智慧则能够揭示更广泛的需求范围。此外，社区还可以承担部分资源建设任务，如推荐优质资源、整理研究工具或贡献学术内容。读者社区的协作性与开放性，使图书馆能够更全面地满足用户需求。协同共建模式的实现需要图书馆在技术与管理上提供支持。社区的管理机制应当具有包容性与引导性，确保用户能够自由表达意见，同时避免信息冗余与冲突。技术平台的构建则需关注社区功能的多样化，包括讨论区、资源共享库和数据分析工具等。协同共建模式的推广，使资源与服务的优化能够依托更广泛的用户参与，形成持续改进的良性循环。

读者的深度参与不仅优化了资源与服务的内容，也对图书馆的文化建设产生了积极影响。用户作为图书馆的服务对象，其行为与态度在某种程度上塑造了图书馆的运营理念与价值观。读者参与机制的建立，推动了图书馆从被动服务向主动互动的转型。这种转型不仅改变了资源管理与服务设计的方式，也提升了图书馆的开放性与包容性。通过与读者的紧密合作，图书馆更加注重用户需求的多样性与个性化，形成了一种以用户为中心的服务文化。此外，读者的参与还增强了图书馆的社会影响力。在高校环境中，图书馆不仅是知识传播的场所，也是学术文化的重要载体。读者参与机制的推广，使更多用户意识到自身在学术生态中的角色与责任，从而提升了他们对图书馆的归属感与认同感。

三、技术支持在互动机制中的关键作用

互动机制的构建始于数据，而数据的采集能力决定了互动的精准度与动态调整的灵活性。高校图书馆的资源与服务互动，涉及用户行为、资源使用、学术趋势等多维度数据，而技术支持使得这一复杂数据的采集变得高效、准确且全面。传统的人工统计方式不仅效率低下，还难以捕捉实时变化，而基于技术的自动化系统能够覆盖每一个关键节点，从用户的检索记录到资源的访问频次，无一遗漏。这些实时数据不仅展示了资源使用的状态，也反映了用户对服务的隐性需求。数据采集技术的另一个关键在于信息的整合能力。高校图书馆中的数据来源多样，涵盖学术数据库、图书管理系统、反馈平台等。整合这些分散的数据资源，不仅要求技术系统具有强大的兼容性，还需要在结构化与非结构化数据之间找到平衡点。只有在技术支持下实现了数据的全面整合，互动机制的基础构建才能具备全局视角。

数据采集仅是基础，如何对海量数据进行深入分析与挖掘，是互动机制能否发挥实效的关键。智能分析技术以其强大的计算能力与学习能力，为资源与服务的动态优化提供了科学支撑。智能分析的首要作用在于洞察用户行为模式。用户在使用资源时，表现出的检索路径、偏好标签和行为规律，隐藏着他们对服务与资源的真实需求。智能分析技术能够通过模式识别与预测建模，从大量

的行为数据中提取出规律。这种深度洞察不仅帮助图书馆了解现有需求，还能预见潜在需求，为互动机制的进一步优化提供依据。此外，智能分析还赋予了互动机制决策支持的能力。复杂的资源配置问题往往涉及多维度因素的综合考量，而智能分析技术能够通过机器学习与关联性分析，将这些因素转化为优化建议。例如，在资源访问频率与学术引用率之间建立关联模型，可揭示资源对学术影响力的贡献，从而指导资源的分配与调整。智能分析技术的引入，使互动机制的决策过程更加科学与高效。

互动机制的高效运行，离不开实时反馈的支持。用户需求的多样性与即时性，要求图书馆能够快速捕捉并回应每一个互动信号，而技术支持为这一目标的实现提供了强有力的保障。实时反馈技术的应用，使用户的每一次交互都能被迅速识别与处理。无论是检索失败的提示，还是资源获取过程中的问题，技术系统通过自动化反馈机制，确保了用户体验的连贯性。这一过程不仅提升了互动的响应速度，还使用户在服务中的参与感得以增强。同时，实时反馈技术的意义还在于为资源与服务的优化提供了动态数据。系统能够根据用户的即时反馈，调整资源的访问方式或服务的操作流程。这种实时调整能力使互动机制始终保持高效运转，并能快速适应外部环境的变化。

自动化技术作为互动机制的重要推动力，使得资源与服务之间的协同关系更加高效与智能。传统的互动流程依赖于人工干预，存在耗时长、效率低的问题，而自动化技术的引入，打破了这一局限，为图书馆服务注入了新的活力。自动化技术的核心价值在于流程优化。图书馆的资源与服务互动涉及多个环节，从资源推荐到用户反馈的收集，再到服务内容的调整，每一个环节都需要高效的衔接。自动化系统通过预设规则与动态调整，使这些环节能够无缝连接，从而形成闭环式的优化流程。此外，自动化技术还显著提升了互动机制的精确度。如在资源推荐中，自动化系统能够根据用户行为实时生成个性化的资源列表，同时将用户的反馈直接纳入系统学习模型中。这种高度自动化的操作，使资源与服务的匹配度显著提高，为用户提供了更加贴合需求的互动体验。

人工智能技术为互动机制的深度演化提供了革命性支持。其强大的学习能力与预测能力，使资源与服务之间的关系能够突破传统模式，进入全新的智能化阶段。人工智能技术在互动机制中的应用，主要体现在语义分析与智能推荐领域。语义分析技术通过对用户输入的自然语言进行深度理解，揭示了用户对资源与服务的隐性需求。这种理解能力弥补了传统检索模式的不足，使互动机制更加贴合用户的思维方式。智能推荐技术则进一步增强了个性化的体验。基于人工智能算法，系统能够结合用户历史行为与当前需求，生成高度定制化的资源与服务方案。这一过程中，推荐系统不仅提升了用户对资源的利用效率，还通过持续学习优化了推荐精度，使互动机制在动态变化中不断进化。

互动机制的高效运行，离不开数据的安全性与可信性保障。区块链技术作为一种去中心化的分布式账本技术，在资源与服务的互动中，为数据的透明性与安全性提供了全新的解决方案。区块链技术的引入，使得互动数据能够以不可篡改的形式记录与存储。这一特性确保了用户反馈、资源使用记录等关键数据的真实性，为互动机制的运行提供了可靠的基础。同时，区块链技术还增强了用户隐私保护，使用户在互动过程中的信息安全得以充分保障。此外，区块链技术还为资源的跨平台共享与追溯提供了技术支持。在互动机制中，不同资源与服务之间的协同往往需要跨越多个平台，而区块链的去中心化特性，使资源共享过程更加高效与可信。

技术支持贯穿于互动机制的每一个环节，其价值不仅体现在提升效率与精准度上，更在于为资源与服务的协同优化提供了全面支撑。从数据采集与分析，到实时反馈与自动化操作，再到人工智能与区块链的深度应用，技术的介入重新定义了高校图书馆的资源与服务互动模式。技术支持不仅是一种工具，更是一种新的逻辑与方法论。通过技术的赋能，互动机制从传统的单向反应转变为双向甚至多向协作，为资源与服务的深度融合创造了无限可能性。这一过程中，高校图书馆的资源配置能力与服务效能得到了全面提升，互动机制也因此成为图书馆学术生态中的关键环节。

第四章
个性化读者服务体系的构建路径

第一节 个性化服务体系的设计原则

一、以读者为中心的设计理念

高校图书馆在数字化浪潮的推动下，逐渐从传统的资源提供者角色向学术支持服务者的定位转变。在这个过程中，"以读者为中心"的设计理念不再仅仅是服务目标，更是图书馆发展策略的基本指引。这一理念强调服务对象的核心地位，要求从设计到实践的各个环节，始终围绕读者需求展开，并不断挖掘他们在资源使用中的潜在期待，构建更具人性化、互动性的服务体系。

每一位进入图书馆的读者，其行为模式和信息需求背后都蕴含着个性化特征。从借阅的频率到资源的检索偏好，这些行为数据不仅体现出学术需求的显性部分，还揭示了用户探索知识的路径与习惯。因此，"以读者为中心"的理念要求将服务的焦点从单一的资源可得性拓展至多维的需求满足。这种多维需求涵盖了资源的广度、获取的便捷性、检索的智能化，以及个性化推荐的精准性。在这样的服务体系中，读者不仅是资源的使用者，更是服务的共同创造者，他们的行为直接参与并影响着服务的优化。

服务设计的第一步，始于对读者需求的深度挖掘与分析。图书馆应通过定性与定量相结合的方式，梳理读者的显性需求，并通过长期跟踪研究了解其潜在需求的变化轨迹。与此相关的，不仅仅是学术资源的使用数据，还包括读者在图书馆空间中的活动轨迹以及对服务流程的反馈。通过深入分析这些数据，图书馆能够发现资源分布中存在的结构性问题，并据此调整配置策略。如针对特定学科资源需求的集中性，图书馆可以在资源分组及分类呈现方式上做出更精细化的设计，进而提高服务的贴合度。

在满足学术需求的基础上，服务设计还需要关注读者的心理体验。资源的获取不仅是学术研究的手段，同时也是读者在馆内学习和探索的重要组成部分。一套真正以读者为核心的服务体系，必然要注重服务的亲和力与直观性。服务设计中的每一个环节，都应考虑如何降低读者的学习负担，使他们能更轻松地找到所需资源。对于读者来说，清晰的导航界面、简洁的操作步骤以及友好的引导提示，能够有效缓解在海量资源中迷失的焦虑感，使服务体验更加舒适流畅。

技术的发展为这一理念的实现提供了助力，尤其是在人工智能和大数据技术的赋能下，服务体系的个性化程度得以进一步提升。图书馆可以利用数据挖掘技术，动态识别读者的研究兴趣及行为特征，进而实现资源的精准推荐。与此同时，基于人工智能的语义分析与自然语言处理技术，图书馆可以更深层次地理解读者的搜索意图，为其提供更加贴合实际需求的学术解决方案。技术与服务的结合，提高服务效率的同时，还增强了资源利用的深度与广度。

尽管技术在服务体系中发挥了关键作用，但任何技术的应用都不能忽略服务的情感价值。服务设计的最终目标，依然是建立一种图书馆与读者之间的情感连接。这种连接体现在对读者需求的真诚关注以及服务中的人性化细节。举例来说，设置专属服务窗口，为有特殊需求的读者提供个性化的资源整理和学术支持，能够显著增强读者对图书馆的认同感。在这种互动关系中，读者不仅是服务的受益者，更是图书馆文化的参与者与传播者。

在此基础上，"以读者为中心"还要求服务体系具备动态适应能力。随着学术环境的不断变化，读者的需求必然呈现多样化和复杂化的趋势。一些新兴学科的研究方向往往会对图书馆资源配置提出全新的要求，而传统学科领域的深度研究又可能带来资源使用模式的改变。为此，图书馆必须通过动态监测和灵活调整机制，使服务体系能够与变化的需求保持一致。这不仅涉及资源数量的增加，还包括资源类型的扩展及检索方式的优化，使得服务体系始终保持前瞻性与实用性。

服务体系的完善同样离不开读者的直接参与。作为服务的最终受益者，读者对服务效果的评价最具参考价值。因此，图书馆应在服务设计中植入多种反馈机制，让读者能够便捷地表达意见或提出建议。这种反馈的价值在于，它不仅能够帮助图书馆发现服务中的不足，还能够通过读者的集体智慧，为服务创新提供灵感。通过这种读者与图书馆的双向互动，服务体系的设计不再是单方面的构想，而是一个动态调整的过程。

"以读者为中心"的设计理念不仅是图书馆服务的核心思想，更是一种价值观的体现。这一理念从根本上改变了图书馆传统的资源主导模式，使其转型为读者学习与研究过程中的可靠伙伴。图书馆在这种价值观的指引下，逐步从静态的资源提供者转向动态的学术支持者，为读者创造了更加广阔的知识探索空间。在未来的服务实践中，这一理念将继续推动图书馆在技术、人文和服务之间找到更深层次的平衡，使其始终走在学术服务的前沿。

二、体系结构的灵活性与可扩展性

高校图书馆个性化读者服务体系的构建中，灵活性与可扩展性构成了体系结构设计的关键维度。灵活性意味着服务体系能够适应读者需求的动态变化，而可扩展性则要求服务体系能够在已有基础上，随着学术环境的发展不断优化与升级。只有兼顾这两项原则，才能真正构建起既贴合当前需求，又具备前瞻性的服务体系，为读者的学习与研究提供强有力的支持。

在服务体系设计的初始阶段，灵活性决定了其对多样化需求的包容能力。高校图书馆的读者群体由本科生、研究生、教师、科研人员等构成，他们的需求存在显著的差异性。一套僵化的体系结构很难满足如此多样的需求，灵活性由此成为设计中的核心考量。以资源配置为例，不同学科领域的研究方法和数据需求差异显著，服务体系需要根据这些差异调整资源的呈现方式和使用路径，为读者提供契合其学术活动的服务支持。

灵活性的实现还需要体现在服务内容的模块化设计上。模块化设计为服务体系提供了更高的调整能力。每一模块既可以独立运作，又能通过交互机制彼此协作，形成整体合力。例如，资源检索模块与个性化推荐模块的结合能够显著提升读者在学术资源获取中的效率，而学习支持模块与数据分析模块的联动又可以为读者提供更全面的服务。在模块化的结构中，服务提供者可以根据需求的变化，调整模块的数量和功能，甚至替换或升级某些模块，以确保服务体系始终保持对需求的敏感性。

在灵活性之外，可扩展性是体系设计的另一特质。高校图书馆的服务体系不仅需要满足当前需求，更需要为未来的升级与扩展预留足够的空间。学术研究的前沿领域不断涌现，新兴技术持续渗透到学术活动的各个环节，图书馆服务体系需要具备与时俱进的能力，以应对这些不可预测的变化。可扩展性并非简单的功能叠加，而是一种基于结构优化的设计逻辑。通过合理的结构预留和动态调整机制，可扩展的服务体系可以在保持整体稳定性的同时，灵活融入新的功能模块。

技术手段是灵活性与可扩展性的有力支撑。当前，云计算技术的应用为高校图书馆的服务体系注入了新的活力。基于云架构的服务体系具有天然的动态调整能力，它能够根据读者需求的变化实时分配计算资源，从而实现服务的弹性扩展。与此同时，分布式存储技术为资源整合提供了更高的效率，使得资源配置能够覆盖更广的领域。人工智能和大数据分析技术则通过精准的需求预测与实时的反馈机制，为服务体系的优化提供了科学依据。

需要提到一点，灵活性和可扩展性在实践中需要通过细化的管理策略得以实现。过于复杂的体系结构可能导致服务的效率下降，而过于简化的结构又难以满足多样化需求。因此，体系设计需要在灵活与稳定之间找到平衡点。管理者应根据服务目标的优先级，对不同模块的功能和资源分配进行优化，确保体系在灵活调整的同时，保持对读者需求的快速响应能力。

在服务体验方面，灵活性和可扩展性对读者感知的影响至关重要。灵活的服务体系能够使读者在面对多样化需求时获得及时支持，而可扩展的设计又使他们在学术旅程中始终感受到服务的陪伴。这种感知不仅提升了读者对图书馆的信任度，也强化了他们对服务的依赖性和参与度。事实上，当读者体验到服务体系的适应性与创新性时，他们往往会主动与图书馆建立更深层次的互动关系，为服务的优化提供更多反馈。

灵活性与可扩展性还为跨部门、跨机构的资源整合创造了条件。在区域性资源共享平台建设中，不同高校图书馆的资源类型、技术环境、管理模式存在差异，单一化的服务结构难以适应这些复杂性。以灵活性为核心的设计理念可以通过模块化的接口设计，将不同的资源整合在一个统一的服务体系中。而基于可扩展性的设计又能够随着资源共享规模的扩大，不断扩展服务功能，最终实现资源的高效利用与服务的普惠性。

在资源配置之外，读者服务的设计同样需要体现灵活性与可扩展性的结合。如在学习支持服务中，不同阶段的读者需求存在显著差异，灵活的体系结构可以根据需求调整支持内容，而可扩展的设计则允许图书馆随时引入新的教育资源或支持工具。在这样的服务体系中，读者可以根据自身需求，灵活选择适合的服务内容，同时也能在图书馆的持续支持下，保持学习能力的长期提升。

体系结构的灵活性与可扩展性是高校图书馆服务体系设计的核心原则，它们不仅增强了服务的适应能力与创新空间，还为图书馆与读者之间建立了更加紧密的互动关系。每一个灵活的调整与每一次扩展的升级，背后都蕴含着对读者需求的深入理解与对服务质量的不断追求。

三、服务与资源整合的系统化思维

在高校图书馆个性化服务体系的建设中，服务与资源的有效整合是一项复杂且核心的工作。系统化思维为这种整合提供了全面的理论依据和实践框架。资源与服务的关系如同两条交织的河流，只有通过系统化的协调，才能形成流畅且互补的整体。整合不仅需要资源的合理组织，还要确保服务环节与资源特性的深度契合，使读者能够在有限的时间内获得更高的学术效率。资源在整合过程中往往是被动的，但服务的主动性赋予了资源新的生命力。

系统化思维的第一步是识别资源与服务之间的关系，并将其从传统的单向供需模式转变为双向互动模式。高校图书馆的资源种类繁多，包括图书、期刊、数据库、开放获取资源等，这些资源既是服务的基础，又需要在服务中实现价值转化。服务并非简单的资源分发，而是基于读者需求的组织和引导。读者在使用过程中并非机械地接受资源，而是通过服务获取与其学术目标契合的信息。

这种双向互动的特性决定了系统化整合的必要性。

资源的分类与呈现方式是服务与资源整合的起点。在传统的图书馆服务中，资源分类多以物理特征为基础，例如学科、出版时间等。然而，这种分类方式常常忽略了读者在资源使用中的行为特点。现代系统化思维要求基于学术需求和使用习惯重新设计资源的分类体系。例如，特定研究主题下的多维资源分类，不仅能够帮助读者快速获取核心信息，还能为其提供更多的关联资源支持。资源的呈现不应只是数据堆积，而需要形成有机的知识网络，为读者构建起更便捷的探索路径。

多资源的交互整合进一步丰富了系统化思维的内涵。在学术研究中，单一资源的价值有限，而多种资源之间的互补性使用则能够显著提升研究效率。例如，在研究某一课题时，相关图书的章节内容可能与数据库中的统计数据互为佐证，而期刊资源的最新研究成果又能补充新的视角。系统化思维要求图书馆在服务设计中，将不同资源按照主题或研究路径进行聚合，通过服务环节将这些资源的关联性展示给读者，从而帮助他们在复杂的学术网络中找到明确的方向。

技术手段的介入是资源与服务整合的助推器。随着人工智能和大数据技术的成熟，图书馆能够利用这些技术提升资源整合的智能化水平。例如，大数据分析技术可以识别资源的使用频率、学术热度以及读者的检索行为，从而为资源整合提供精准的决策支持。而人工智能技术则能够通过语义分析和自然语言处理，实现对资源内容的深度解析，为读者提供更加精准的个性化推荐。这种技术赋能为整合工作注入了新的活力，使资源与服务能够以更高效的方式实现同步优化。

模块化设计在系统化整合中扮演着基础性角色。图书馆服务体系通常由多个模块组成，如资源检索、推荐服务、学习支持等。这些模块既是独立的功能单元，又是一个整体中的有机组成部分。模块化的设计为服务与资源整合提供了灵活性，同时也确保了整合过程中不同功能之间的协同性。资源检索模块与推荐模块之间的无缝对接，能够显著缩短读者获取信息的路径，而学习支持模块与数据分析模块的结合则为读者提供了更加全面的研究指导。

在整合实践中，读者的参与是一个不可或缺的环节。系统化思维强调服务对象在整合过程中的主动作用。读者的反馈不仅为服务优化提供了第一手资料，还能够成为资源整合的直接依据。例如，在专题资源服务中，读者对某一领域研究热点的关注，能够指导资源的重新分类和呈现，而这种调整又进一步提升了读者对资源的满意度。通过这种双向互动，系统化思维得以在整合实践中实现闭环运作。

跨机构合作为资源整合提供了新的可能性，也带来了系统化整合的挑战。不同高校图书馆在资源种类、技术环境、管理模式等方面存在差异，这种复杂性要求整合工作具备更高的系统性。通过建立统一的标准接口，图书馆能够实现异质资源的兼容整合，并在服务环节为读者提供一致的体验。跨机构资源共享不仅扩展了资源覆盖范围，也强化了服务的整体效能，使读者在单一平台上即可获得多机构的学术支持。

学术研究的前沿领域不断涌现，资源的种类与服务的需求也在持续变化。系统化思维将资源整合视为一个动态优化的过程，而非静态的功能叠加。这种动态性使得资源与服务能够随着学术环境的变化不断调整，从而保持对读者需求的高适应性。在这一过程中，技术与管理的协同作用不可或缺。管理策略的灵活性和技术平台的扩展性共同决定了整合工作的长期效能。

服务与资源整合的系统化思维是高校图书馆个性化服务体系建设的关键逻辑。它以资源的组织优化为基础，以服务的深度融合为目标，贯穿于服务设计的各个环节。无论是在资源配置、服务实现，还是读者体验的改善中，系统化思维都为整合工作的高效性和精准性提供了理论依据与实践指导。每一次整合尝试，都是对学术支持服务深度理解的体现，也是推动图书馆服务创新的重要动力。

第二节　信息技术在个性化服务中的应用

一、云计算在服务中的应用实践

（一）云端资源协作与服务模式的创新

云计算的引入为资源协作提供了一个共享与整合的平台。在传统模式中，不同高校之间的资源共享往往受到物理条件、技术架构和管理策略的多重制约，而云平台则能够通过虚拟化技术，消弭这些障碍。资源在云端以数字化的形式存储和分发，每一项资源都可被不同的用户群体即时访问，而无需耗费额外的时间和人力。这种共享机制不仅提升了资源利用率，也显著降低了资源分配的不平衡现象，使读者无论身处何地，都能获取所需的学术资源。

云平台借助强大的计算能力，实时分析读者行为数据，并基于这些分析结果调整资源推荐的逻辑与内容。例如，在特定领域的学术研究中，读者的访问记录与检索偏好往往透露出其研究方向，云端服务可以自动为其推送相关资源。另一方面，在分布式架构下，资源被存储在多个数据中心，即使某一节点出现技术故障，其他节点仍然能够保持服务的连续性。这种机制大大降低了服务中断的风险，为读者提供了更高的使用体验。在学术研究日益交叉化的今天，单一学科资源已无法满足复杂的研究需求，而云平台通过构建跨学科的资源网络，推动了知识的无缝流动。例如，文学研究与数据科学的结合、医学与生物信息学的交汇，云端的资源整合使这些领域的研究能够在统一的平台上获取相辅相成的数据与文献资源。

在传统服务模式中，读者往往处于资源获取的被动位置，而云端服务则通过个性化推荐、动态交互界面等功能，将读者置于资源配置的中心。读者在云平台上的每一次检索和使用行为，都成为系统优化的重要数据。云平台能够根据读者需求的波动，动态调整资源分配和服务功能。当某一领域的研究需求激增时，云端系统可以快速增加相关资源的服务能力，而无需对整体架构进行改动。云计算平台在为资源共享提供便利的同时，也面临着数据泄露和安全管理的潜在风险。为了解决这一问题，高校图书馆需要在服务模式中融入严格的数据加密与访问控制策略，确保读者的个人数据和学术成果不受外界威胁。

（二）动态资源分配中的云技术实现

高校图书馆的读者群体由于学期时间、科研进度等因素的影响，资源使用的高峰期和低谷期常常交替出现。如果资源配置以静态模式运作，很可能导致高峰期资源供给不足，低谷期资源闲置的问题。云技术的动态分配功能能够实时监测资源使用情况，根据实际需求快速调整资源的分布与访问权限。如在学术会议和大型科研项目期间，云系统能够即时扩展相关资源的服务能力，从而满足读者激增的访问需求。

这一动态分配的实现依赖于云平台的负载均衡技术。在分布式云架构中，负载均衡机制通过动态分配计算任务和存储需求，确保每一节点的负载均匀分布。对于高校图书馆而言，这一技术不仅提高了资源响应速度，也减少了系统的过载风险。当某一领域的资源需求突然增加时，负载均衡器能够将访问请求分流到其他空闲节点，使资源访问的速度和稳定性得到显著提升。

每一位读者在使用图书馆资源时，都会形成独特的使用行为数据，如搜索关键词、访问频率、下载内容等。这些数据通过云平台的分析后，可以动态生成与读者兴趣相关的资源推荐列表。在这个过程中，云技术不仅完成了数据的存储和处理，还在动态分配推荐资源上发挥了重要作用。读者所看到的推荐内容并非预先固定，而是根据实时需求动态生成。

现代学术研究呈现出越来越强的跨学科趋势，不同领域的研究者对资源的需求不仅在数量上有所增长，也在类型和复杂性上不断扩展。动态分配技术能够根据研究热点的变化和读者群体的分布特点，实时调整资源的配置结构。云平台通过整合读者的使用数据和资源本身的特征数据，构建起一个高维的资源分配模型。该模型能够预测资源需求的变化趋势，并在需求发生之前完成资源的预配置。对于高校图书馆而言，这一能力使资源管理从被动响应转向主动调控。

在传统模式中，资源的保存与分配通常是分离的，资源利用率和保存效果常常难以兼顾。而云平台的动态分配机制通过资源的虚拟化和冗余备份，实现了两者的有机结合。在日常使用中，云平台根据访问频率将资源动态分配到高优先级节点，而对于访问较少的资源，则转移至低优先级存储区域，同时保持完整的备份机制。

在区域性或国际性的高校资源共享平台中，不同机构的资源利用需求差异显著，传统的静态分配模式往往难以满足所有机构的需求。而云平台的动态分配功能能够根据各机构的实际需求，灵活调整资源的访问权限和分配策略，从而实现资源利用的最大化。在这种共享模式下，资源不再被固定在某一机构，而是随着需求的变化在共享网络中自由流动。

（三）高校图书馆服务平台的云架构优化

在传统架构下，资源管理常常以独立的服务器为单位，这种模式容易导致资源孤岛现象。云架构的引入实现了资源的虚拟化处理，通过统一的云平台整合分散的物理资源，将其转化为高效的共享资源池。不仅提升了资源的可用性，还大幅减少了重复存储和数据冗余的问题。通过动态调度策略，资源可以根据服务需求快速分配到不同的功能模块，从而显著提升了整体运行效率。

高校图书馆的读者群体覆盖范围广、需求分布不均，传统架构在高并发访问时常常难以维持稳定的响应速度。云架构采用负载均衡技术，将读者的访问请求分散到多个节点处理，确保每一位用户的访问体验都能保持流畅。特别是在学期末等访问高峰期，保障了资源平台的稳定运行，使读者的学术活动不受访问延迟或平台瘫痪的干扰。云架构的优化同样提升了服务平台的灵活性。服务模块的动态部署能力，使图书馆可以根据不同的学术需求调整服务功能。

在用户体验设计方面，基于云计算的强大数据处理能力，平台能够实时分析读者的行为轨迹，并根据分析结果动态调整服务内容。例如，读者在使用资源时产生的访问记录、搜索偏好等数据，会被云平台即时处理，用于生成更加符合个人需求的服务界面。在云平台上，资源和数据的存储、传输均受到多层次的加密保护，同时还配备了实时监控和异常检测系统。即便面对大规模的网络攻击，云平台的分布式架构和快速恢复机制也能够最大限度地保障数据和服务的安全性。

在跨高校的资源协作中，传统架构常常因为技术兼容性差、资源传输效率低等问题，难以实现高效的共享目标。而云架构以其统一的接口设计和标准化的管理流程，成功克服了这些障碍。通过云平台，不同高校的资源可以被整合到同一平台上，供所有读者自由访问。传统架构下，各部门之间的数据流通常常受到技术和流程的限制，导致信息共享和协作效率不高。云平台的引入打破了这些限制，构建统一的数据管理系统，使图书馆的各个部门能够高效协同工作。无论是采购、分类、还是资源推荐，每一环节的数据都可以被即时共享，为管理决策提供了全面而可靠的支持。

在学术资源的长期保存和更新方面，云架构优化发挥了独特的作用。传统的资源保存方式往往依赖于物理设备的存储能力，而云平台则通过分布式存储技术，显著提升了数据保存的安全性与持久性。每一项资源在云端都有多个副本分布在不同节点，即便某一节点出现故障，其他节点依然能够保证资源的完整性。

（四）云存储在文献资源长期保存中的作用

在资源保存的基本层面上，云存储通过虚拟化技术实现了存储空间的动态分配和高效管理。文献资源的体量随着学术发展不断增长，传统存储设备常常难以满足这种扩展需求。云存储平台打破了物理空间的限制，将资源存储转移到虚拟空间中，构建了一个能够随需求扩展的高效存储网络。每一份资源都被分割成多个数据块，并分布存储在不同的节点中，分布式存储结构使得存储空间的利用率大幅提高，同时也避免了资源存储的集中风险。

文献资源的长期保存需要确保在各种情况下都能够被安全访问，而传统存储设备在面对硬件故障或外部环境威胁时，常常表现出脆弱性。云存储平台通过构建冗余备份机制，为每一份资源创建多个副本并分布存储在不同的数据中心，即便某一节点发生意外故障，其他节点依然能够提供完整的数据服务。

在传统模式中，文献资源的安全性常常依赖于物理保护和基础加密技术，而云存储在这一基础上进一步扩展了安全管理的深度与广度。平台通过多层次的加密保护和访问控制策略，确保资源在传输和存储中的安全性。例如，数据在上传至云平台时会被自动加密，只有经过授权的用户才能解密访问。

传统存储设备在长时间运行中，数据的劣化和丢失风险始终存在。云存储平台通过周期性的数据校验和自动修复机制，有效解决了这一问题。每一份资源在存储后，平台会定期检查其数据完整性，并在检测到损坏或丢失时，自动从冗余备份中恢复数据。

高校图书馆的文献资源保存并非一成不变，而是随着学术研究的发展和用户需求的变化不断调整。传统存储设备在处理数据更新时，往往需要手动替换和多次验证，这不仅增加了管理成本，也容易出现版本混乱的问题。云存储平台通过版本控制功能，将每一次数据更新自动生成新版本，并保留历史版本供参考。

在区域性和国际性的学术合作中，高校图书馆常常需要与其他机构共享文献资源，而这一过程往往因存储模式的不兼容性而变得复杂。云存储平台通过标准化的接口和统一的数据格式，为资源共享提供了技术支持。不同高校的资源可以被整合到同一云存储平台上，并通过权限设置灵活分配访问权。

在长期保存的经济性上，传统存储设备的维护和更新成本高昂，而云存储采用按需付费模式，根据资源使用情况灵活调整费用。这种模式不仅降低了高校图书馆的存储成本，也提高了资源管理的经济效率。同时，云平台的集中管理方式使得资源的维护变得更加简单和高效，大大减少了因硬件老化或设备故障而产生的额外费用。

在全球化学术合作的背景下，文献资源的访问不再局限于单一校区或国家，而是需要在不同地域的读者之间无缝流动。云存储平台通过构建全球化的分布式网络，使资源能够在不同地区的节点间自由切换，既确保了资源的高效利用，也为跨地域的学术研究提供了强有力的支持。它的分布式存储、动态管理以及智能化的技术手段，为高校图书馆的资源保存带来了全新的解决方案。云存储的引入，不仅解决了传统存储模式中的诸多难题，也为未来的学术资源管理提供了坚实的技术保障。

（五）基于云技术的多校区资源整合策略

传统的资源管理方式中，各校区的资源配置往往独立运作，这导致了资源利用效率低下的现象。云平台通过虚拟化技术，将分散在不同校区的资源整合成一个统一的资源池，使所有资源能够以共享的方式供不同校区的读者使用。云平台的动态同步功能使得资源更新不再局限于单一校区的物理操作，而是可以在整个网络中即时完成。当某一校区添加新资源时，云平台会自动将更新内容同步到所有校区的访问系统中。不同校区的资源使用权限可能因校区功能、研究方向的差异而有所不同，而云平台则通过灵活的权限管理系统，实现了资源访问的精细化控制。每一位读者根据其身份、学科背景和所在校区的实际需求，获得定制化的资源访问权限。

在传统架构下，远程访问常因网络带宽不足、数据传输延迟等问题影响读者体验。而云技术的分布式节点部署和边缘计算能力，为跨地域资源访问提供了高效的技术支持。云平台在每一校区部署访问节点，通过最近节点的本地化处理，显著减少了资源传输的延迟问题，同时提升了读者的访问速度。多校区资源整合不仅涉及资源本身，还包括检索、推荐、学习支持等多个服务模块的协同运作。云平台通过模块化设计，为服务功能的整合提供了技术支持。不同校区的服务模块可以根据资源类型和读者需求自由组合，而不受物理位置和技术架构的限制。

云平台通过对跨校区读者使用数据的实时分析，发现资源使用的规律和潜在需求，从而为资源分配和服务优化提供科学依据。如，某些特定学科资源可能在某一校区的需求量较高，而在其他校区则显得相对稀疏。云平台通过数据分析结果，动态调整这些资源的访问优先级和带宽分配，使资源分布更加符合实际需求，最大化其学术价值。　　在区域性或国际性的高校资源共享网络中，各校区的资源整合需求更加复杂。云平台的标准化接口设计，为不同机构间的资源对接提供了技术保障。每一校区的资源都被云平台自动转换为通用格式，并通过标准协议共享给合作机构。

在资源整合的长期运作中，数据安全与隐私保护始终是多校区资源整合的核心议题之一。云平台在实现资源共享的同时，通过多层次的加密和身份认证技术，确保资源在传输和存储中的安全性。同时，云平台还为不同校区的资源设置了独立的安全策略，防止资源在整合过程中出现数据泄露或访问权限错配的问题。这种全方位的安全保障，使资源整合既能满足共享需求，又能有效保护数据的完整性与私密性。同时从资源管理到服务协同，从跨校区访问到数据安全，云技术以其灵活、可靠的技术特性，为高校图书馆的多校区资源整合提供了系统化的解决方案。这种技术与策略的结合，不仅提升了资源利用效率，也为多校区服务模式的创新奠定了坚实基础。

二、人工智能对服务效率的提升

（一）自然语言处理在信息检索优化中的应用

自然语言处理技术（NLP）核心价值在于将复杂的自然语言转化为机器可以理解和处理的信息，从而优化检索效率，提升用户体验。在高校图书馆中，读者提出的检索请求往往具有多样性和复杂性，如何让检索系统理解这些语言背后的真实需求，是NLP应用的关键所在。

在信息检索的起点，自然语言处理的任务是准确解析用户输入的查询语句。传统的关键词匹配模式局限性较大，常常因用户的表达不够精准而导致检索结果与需求不符。NLP技术借助语义分析方法，能够深入理解查询中的潜在含义。比如，当用户输入一段模糊描述时，NLP技术可以结合上下文信息和常见语义规则，准确还原用户的意图。在解析用户需求后，检索系统需要在庞大的资源数据库中快速定位相关内容。传统的检索方式通常以精确匹配为主，而NLP技术引入了语义匹配机制，打破了这一局限。语义匹配的核心在于理解语言中的逻辑关系与概念关联。在相似但不完全相同的表达中，NLP算法能够捕捉到词语之间的近义关系或隐含意义，从而将相关但形式不同的文献纳入检索结果。

高校图书馆的资源库中，包含了大量结构复杂、学术语言密集的文献。传统检索工具面对这些文献时，往往难以抓取其中的核心内容。NLP技术通过分词、命名实体识别和句法分析等手段，将文本信息结构化处理，从中提取出关键主题、术语和学术概念。在国际化高校图书馆中，文献资源的多语言性给检索系统提出了更高的要求。NLP技术通过跨语言语义映射，将不同语言表达的相同概念连接起来，为多语言检索的实现提供了技术支撑。

传统的检索工具往往难以与用户进行有效对话，而NLP技术引入了对话式交互模式，使检索过程更加人性化。用户在检索过程中可能遇到模糊或错误的输入，系统可以借助NLP技术提出澄清性问题，帮助用户进一步明确需求。每一位读者在使用图书馆服务时，都会生成独特的使用数据，NLP算法通过分析这些数据，能够深入挖掘读者的兴趣偏好和研究方向。结合检索历史和行为模式，系统可以动态生成推荐资源列表。

高校图书馆的读者反馈通常以自然语言的形式表达，NLP技术能够从这些反馈中提取情感信息，用于优化检索系统的设计与服务内容。用户对检索结果的满意度评价，可以通过情感分析反映出具体的问题点，从而为系统的改进提供参考。此外，知识图谱是一种以图结构形式展示知识点及其关联关系的工具，广泛应用于高校图书馆的知识管理与检索优化。NLP技术通过解析文献内容，自动识别其中的实体和关系，将这些信息组织成知识图谱。

NLP技术在文献摘要生成中的表现进一步拓宽了信息检索的应用范围。面对冗长复杂的学术文献，用户往往难以快速获取关键信息，而NLP算法能够基于语义提取技术，为文献生成简洁精准的摘要。这样的摘要不仅节省了用户的时间，也使检索结果的呈现更加高效。这种基于语义的自动摘要功能，为信息检索优化提供了更高层次的支持。

（二）机器学习在学术资源推荐中的探索

机器学习在学术资源推荐中的核心在于算法模型的设计与优化。推荐系统需要通过对读者行为数据的分析，发现潜在的兴趣与需求。其中，协同过滤算法是最常见的推荐策略之一。这一算法基于用户间的相似性或资源间的相关性，建立推荐模型。当多个用户在某一资源上表现出相似的兴趣时，系统会将这些资源推荐给具有相似行为的新用户。

深度学习模型通过多层神经网络对用户行为数据进行处理，能够捕捉到传统方法难以识别的复杂模式。用户在检索资源时，每一次点击、浏览和收藏行为都被转化为高维数据输入到模型中，深度学习算法可以在这些数据中挖掘出隐藏的兴趣特征。在个性化推荐中，高校图书馆的资源内容往往涵盖多种类型，如文本、图像、视频等。机器学习算法可以对这些多模态数据进行分析，从中提取出关键特征。

高校图书馆中的读者行为数据为模型训练提供了丰富的素材。这些数据不仅包括读者的显性行为，如资源检索和下载，还包括隐性行为，如页面停留时间和鼠标移动轨迹。机器学习模型在训练过程中会不断优化参数，使其能够更准确地反映用户的兴趣特征。为了避免模型在小样本数据上的过拟合，图书馆需要采用交叉验证和正则化技术来提升模型的泛化能力。

在学术资源推荐中，新用户由于缺乏历史行为数据，系统往往难以为其生成精准的推荐结果。机器学习技术通过引入用户画像和兴趣分类机制，有效缓解了这一问题。系统通过问卷调查或初次使用时的简单交互，快速构建用户的基本兴趣特征，并结合学术领域的通用兴趣分类，为用户提供初步的推荐内容。

学术资源的需求往往具有时效性，如某一主题可能在特定时间段内受到关注，而后逐渐冷却。机器学习算法通过对资源访问数据的时间序列分析，能够捕捉到这些变化规律，从而动态调整推荐内容。对于某些特定的学术热点，系统可以在需求高峰期优先推荐相关资源，并在需求下降时逐步减少推荐权重。

隐性兴趣挖掘是机器学习在资源推荐中的另一个应用亮点。用户的显性兴趣往往通过明确的行为数据表现出来，而隐性兴趣则需要更深层次的挖掘。机器学习算法通过对用户行为的全面分析，能够发现那些未被直接表达但具有潜在关联的兴趣。用户可能在多个不相关的学科中表现出零散的关注点，而算法可以在这些关注点之间找到共同特征，从而为用户推荐跨学科的资源。

高校图书馆的推荐目标不仅包括提升用户满意度，还涉及资源利用率的优化和多样性需求的满足。机器学习算法通过构建多目标优化模型，将这些不同目标纳入统一框架中。在推荐内容的选择和排序中，模型会综合考虑用户兴趣、资源优先级和学术价值等多维因素，从而实现推荐目标的平衡。这种多目标优化策略，为推荐系统的设计提供了新的视角。

（三）智能客服系统的构建与服务体验改进

高校图书馆的读者在提出咨询时，往往以自然语言的形式表达需求，这些需求可能涉及资源检索、借阅规则或学术支持等多个领域。传统的人工客服需要大量人力资源，同时在高峰期难以应对突发的咨询流量，而智能客服系统则可以高效解析读者的自然语言输入，准确捕捉其核心需求。语义分析技术在此过程中发挥了重要作用，它能够将用户的输入语句分解为关键词、意图和上下文关系，从而为系统生成精准的响应内容奠定基础。

在服务响应的即时性方面，读者在使用图书馆服务时，往往期待能够获得及时且有效的反馈，而人工客服系统常常因服务时间与人力限制而无法完全满足这一需求。智能客服系统通过并行处理多个对话请求，无论同时咨询的读者数量多寡，都能够以稳定的速度提供高质量的服务。同时智能客服的个性化能力进一步丰富了图书馆服务的内容。基于读者的历史行为数据和兴趣偏好，智能客服系统可以生成针对性的服务建议。读者在咨询某一研究主题时，系统不仅可以解答基础问题，还能根据其过往的借阅记录或资源浏览行为，推荐相关的学术资源或学习工具，不仅满足了读者的即时需求，还激发了他们探索更多资源的兴趣，使服务从简单的响应模式转向主动的引导模式。

现代读者在使用服务时，更倾向于快速而自然的交互方式，语音识别技术的引入使智能客服能够与用户进行更贴近生活的交流。读者只需通过语音表达需求，系统便能快速理解并反馈，省去了文字输入的烦琐。图书馆服务内容广泛，涉及借阅规则、资源检索、学术指导等多个领域，而读者的问题常常具有高度的个性化与复杂性。为了解决这些问题，智能客服系统采用了分层决策与多轮对话技术。系统通过逐步澄清用户需求，分解复杂问题的各个环节，为用户提供有条理且精准的解决方案。

在系统运行过程中，每一次用户交互都成为算法优化的数据。这些数据不仅反映了用户的普遍需求，也揭示了服务中的盲点与改进空间。机器学习模型通过对历史数据的分析，能够不断优化问题匹配的精度与响应内容的质量。特别是在新兴需求的识别方面，机器学习算法能够捕捉到用户行为的微妙变化，为系统功能的迭代提供科学依据。

高校图书馆的读者在使用服务时，往往带有不同的情感状态，这些情感状态可能对服务体验产生显著影响。智能客服系统通过情感分析技术，能够识别用户在交互中的情感倾向，从而调整服务策略。当用户表达出困惑或急切的情绪时，系统会以更加温和或详细的方式进行解释。这种情感化的服务方式，使智能客服从技术工具转变为具有人性温度的服务助手。

高校图书馆的服务涉及读者的个人信息与学术数据，如何在智能化服务中保障数据的安全与隐私，是系统设计中的重要议题。智能客服系统通过多层次的加密技术和严格的访问权限控制，确保数据在传输与存储中的安全性。同时，系统通过匿名化处理和敏感信息屏蔽策略，避免因数据滥用而损害用户利益。这种全方位的安全设计，不仅提升了用户对系统的信任，也为服务的稳定运行提供了保障。

（四）深度学习技术在多模态信息匹配中的应用

多模态信息匹配的起点在于不同模态数据的特征提取。传统的信息处理技术通常依赖于单一模态的特征提取方法，难以适应多模态数据之间的复杂关联。深度学习模型通过构建卷积神经网络和循环神经网络等结构，能够同时处理文本、图像、音频等多种数据类型。文本数据中的语义特征、图像数据中的视觉特征、音频数据中的声学特征，都可以在同一模型中被高效提取。

在多模态信息的语义对齐上，深度学习技术展现了独特的能力。不同模态的数据通常以不同的形式表达相同的概念，例如一段文字描述可能对应于一张图像或一段视频。深度学习模型通过对各模态特征的嵌入表示，将不同模态的数据映射到同一语义空间中。这样，无论是文字描述、图片内容，还是音频片段，都可以在统一的语义框架下进行匹配。语义对齐的实现，不仅打破了模态之间的隔阂，还使资源匹配更加精准和高效。

在实际应用中，深度学习技术已广泛用于多模态信息的智能检索。如用户可能上传一张图片，希望找到与其内容相关的文本或视频资源。深度学习模型通过图像特征的提取与嵌入，快速检索出与语义相关的其他模态资源。这种跨模态检索能力不仅扩展了信息匹配的可能性，也为用户提供了更灵活的检索方式。无论是文本、图像还是视频，读者都能以自己习惯的方式输入需求，系统则在背后完成复杂的跨模态匹配。

高校图书馆的资源库不断扩展，新信息的涌入使得传统的静态匹配方法难以满足需求。而深度学习模型通过在线学习机制，能够实时适应数据的变化。在新的资源被添加到库中后，模型能够快速学习其特征，并更新匹配规则。深度学习模型在处理多模态数据时，不仅关注各模态的独立特性，还致力于挖掘它们之间的交互关系。文本中的关键词可能与图像中的某些视觉元素具有高度关联，而音频中的语调变化又可能暗示特定的情感状态。深度学习通过多层网络结构，将这些模态间的交互关系编码为高维特征表示，从而实现更深层次的匹配分析。

每位读者在使用图书馆资源时，都会生成独特的行为数据，这些数据可能包括文本搜索记录、图片上传历史或音频内容偏好。深度学习模型通过对用户多模态行为数据的学习，构建个性化的匹配模型。在用户再次使用服务时，系统能够根据其历史行为，动态调整匹配策略，为其推荐更符合个人兴趣的多模态资源。

（五）个性化学习路径生成中的人工智能支持

个性化学习路径生成的第一步在于对读者需求的深度理解。高校图书馆的读者群体多样化，他们的学术需求往往表现为隐性与显性特征的交织。人工智能技术通过采集并分析读者在资源检索、资源使用、借阅记录等方面的行为数据，能够深入挖掘出这些隐性特征，并将其与显性需求相结合，生成一个全面的用户画像。这一用户画像不仅反映了读者当前的学习兴趣，还揭示了其潜在的学术需求，为学习路径的生成提供了精准的数据支持。

在路径设计中，学习路径的构建需要将大量的资源和知识点以合理的逻辑进行串联，从而形成连贯且高效的学习计划。基于人工智能的路径规划算法能够自动分析学术资源之间的关联性与层级关系，确定不同资源在学习路径中的位置与顺序。例如，某一研究主题可能涉及多种学科知识，算法会根据知识点之间的依赖关系，为读者生成由基础知识到高级研究的递进式学习路径。在路径生成中，推荐系统的介入进一步丰富了路径的内容构成。人工智能驱动的推荐系统以用户行为为基础，结合深度学习模型，能够为读者推送与其兴趣和目标高度匹配的资源。

读者的学习兴趣与研究方向常常随着时间推移和学术进展而发生变化，因此，学习路径需要具备自适应能力。人工智能技术通过实时监测读者的行为变化，能够对学习路径进行动态调整。例如，当读者开始频繁检索某一特定领域的资源时，系统会重新评估当前学习路径的适用性，并基于新的兴趣点重新优化路径内容。

学习行为总是与特定的情境相关，如读者可能在某一特定课程学习期间需要集中获取相关资源，也可能在某一科研项目的关键阶段对特定领域的知识表现出高需求。人工智能系统通过对读者行为数据和情境信息的综合分析，能够生成贴合情境的学习路径。系统不仅会优先推荐与当前情境相关的资源，还会对路径结构进行调整，使其更加符合情境需求。

高校图书馆的资源形式多样，除了传统的文本资源外，还包括图像、音频、视频等多模态数据。人工智能算法通过多模态学习技术，能够将这些不同形式的资源整合到同一学习路径中。例如，图像资源可以用于学术概念的直观展示，音频资源可以提供学术演讲的实时收听，而文本资源则提供深入的理论学习。

人工智能技术通过对路径实施效果的监测，能够发现路径设计中的不足之处，并提出改进建议。系统可以通过分析读者的资源使用频率与反馈意见，判断某一资源在路径中的适用性，并据此对路径内容进行优化。人工智能在个性化学习路径生成中的角色，不仅是技术工具的提供者，更是学习过程的协同者和引导者。其强大的数据处理能力、智能化分析方式以及动态调整机制，为学习路径的个性化设计提供了强有力的支持，使高校图书馆在服务模式上实现了从资源提供到学习引导的全面升级。

三、数据挖掘在个性化推荐中的作用

（一）读者行为模式分析中的数据挖掘技术

高校图书馆的读者行为数据来源广泛，包括借阅记录、资源检索、访问时长、下载次数等。传统数据分析方式对这些数据的处理往往局限于表面特征的统计，而数据挖掘技术则可以深入到行为细节中，发现数据间的潜在关联。如某一读者长期关注特定领域的资源，数据挖掘可以通过模式识别，推测出其深

层次的学术兴趣，从而为后续服务提供依据。

读者在图书馆中的行为往往具有多样性和复杂性，其特征不仅包括显性的行为数据，还包括隐性的模式变化。数据挖掘技术通过特征工程，将行为数据转化为机器可理解的特征向量，从中提取出行为模式的关键要素。借阅频率的波动、资源检索路径的变化，以及页面停留时间的分布，都可以通过特征提取技术转化为具体的分析维度，为行为模式分析提供数据支持。

在行为模式的分类中，高校图书馆的读者群体多样化，不同学科背景、研究方向和学习阶段的读者，其行为模式各异。聚类分析通过对读者行为数据的分组，发现具有相似行为特征的群体。如将读者分为基础学习型、专业研究型和综合探索型三类，每一类读者的资源需求和服务偏好都有显著的区别，不仅为个性化推荐提供了分组依据，还为服务的精细化设计提供了参考。

读者的行为模式往往隐含着资源使用的潜在关联，例如同时借阅某些书籍或频繁访问某些数据库。关联规则挖掘技术通过分析行为数据中资源之间的关联性，揭示了这些模式背后的规律。当读者访问某一数据库时，他们可能更倾向于检索相关领域的期刊文章。同时读者的行为模式常常随着学期进展或研究阶段的变化而发生动态调整，时间序列分析技术能够捕捉这些变化规律。数据挖掘技术通过对行为数据的时间序列分析，发现行为特征的周期性、趋势性或突发性变化。如某些资源的访问量可能在期末考试前夕达到高峰，而某些专题资源的关注度可能在特定学术活动期间显著增加。

读者在使用图书馆资源时，其显性行为如搜索关键词、下载内容可以直接观察到，而隐性兴趣则需要通过数据挖掘技术进行深度发现。如读者可能表现出对多学科主题的零散关注，而这些主题之间可能具有潜在的关联性。隐性兴趣挖掘技术通过对行为数据的综合分析，能够发现这些潜在的兴趣点，为读者推荐跨学科的资源，拓宽其学术视野。根据某一读者的过往借阅记录和资源效用特征，系统可以预测其未来对某一研究领域资源的需求。预测能力使得个性化推荐能够更主动地服务于读者需求，甚至在其明确提出需求之前，就为其提供相关资源。

（二）资源利用率提升中的多维数据关联挖掘

在资源利用率的提升中，多维数据的关联分析首先需要明确数据的维度与属性。高校图书馆的资源使用数据涉及多个维度，如资源类型、学科领域、使用频率、访问时长等，同时读者的行为数据也包括检索记录、借阅历史、使用偏好等。传统的资源分析方法往往只关注单一维度的数据，而忽略了维度之间的潜在联系。多维数据关联挖掘则将这些维度作为一个整体进行分析，挖掘出它们之间的相关性。例如，某类学科资源的访问量可能与特定时间段的课程安排密切相关，这一关联信息为资源的动态配置提供了支持。

在多维关联挖掘中，图书馆资源的使用模式往往具有重复性和规律性，频繁模式挖掘能够从大规模数据中提取出高频出现的资源使用组合。如读者在借阅某一领域书籍的同时，往往会检索相关期刊或数据库资源，这种频繁的使用模式揭示了资源之间的隐性关联。基于这些模式，图书馆可以对相关资源进行分类优化，提高其展示优先级和推荐频率，从而提升整体资源利用率。

不同资源之间的关联性通常以隐性方式存在，单靠直观观察难以发现。关联规则挖掘技术通过分析资源使用数据的共现频率，揭示了资源之间的内在联系。例如，当某些文献资料的借阅量与特定数据库访问量之间存在显著的正相关时，可以考虑将这些资源在服务界面上进行联合呈现。

高校图书馆的资源使用量往往具有显著的时间波动性，不同学期、不同学科的需求差异需要动态调整资源配置策略。时间序列分析技术能够捕捉这些波动规律，发现特定时间段内资源使用的变化趋势。如某些领域的资源可能在考试周期间需求激增，而在假期期间需求下降。时间序列分析为这种动态需求提供了精准预测，使资源的配置能够更有效地满足读者的实际需求。

在多维数据的关联挖掘中，读者的行为数据不仅反映了资源的直接使用情况，还揭示了潜在的兴趣偏好与需求变化。如某些读者的检索记录显示出对特定研究主题的集中关注，而其借阅历史可能覆盖了相关资源的多个类型。复杂的关联关系如果仅以数字形式呈现，往往难以直观理解。数据可视化技术将多维关联以图形、网络或热图的形式展示，使其更易于解读。不同资源之间的关联强度可以通过网络图中的节点与边权重来表现，而时间序列分析的结果可以以动态热图的形式展现。可视化结果不仅帮助图书馆管理者快速理解数据关系，还为资源优化决策提供了直接的参考依据。

高校图书馆的资源使用往往涉及多学科交叉，某些学科之间的资源需求可能具有内在关联。如物理学和材料科学的研究需求常常重叠，而文献资料与实验数据之间的互补性也十分明显。跨学科数据的整合分析能够揭示这些资源的协同使用模式，为跨学科研究提供更全面的资源支持，同时提升资源的综合利用率。多维数据关联挖掘的结果还可以为高校图书馆的资源采购与优化配置提供决策依据。通过对资源使用数据的深度分析，可以发现某些高需求资源的访问频率显著高于其他资源，这可能表明其在学术活动中的重要性。反之，那些长期低使用率的资源则可能需要重新评估其配置策略或服务方式。基于数据挖掘的采购与配置决策，使图书馆的资源管理更具科学性与精准性。

（三）基于主题建模的学术资源进行个性化聚类

主题建模的核心在于对学术资源文本的语义提取。学术资源包含了大量的文本信息，这些信息不仅是学术研究的直接载体，也蕴含着资源之间的潜在联系。传统的关键词检索方式仅能识别显性信息，难以捕捉语义层面的深层关联。主题建模技术通过潜在语义分析（Latent Semantic Analysis）或潜在狄利克雷分配（Latent Dirichlet Allocation）等方法，将学术资源文本中的词语分布转化为主题分布。这一过程简化了资源内容的表示方式，也为资源间的语义关联分析提供了可能。

在主题建模的基础上，聚类技术的引入将语义相似的资源组织成逻辑性强的主题集合。学术资源的个性化聚类需要同时考虑资源内容的多样性和用户需求的独特性。通过对资源主题分布的聚类分析，系统能够将语义相近但形式不同的资源归类到同一主题下。不同作者在相似研究领域发表的文章，可能因写作风格或词汇使用的差异而被分散在多个类别中，而主题建模与聚类技术的结合可以突破这一障碍，将这些资源有机整合。

学术资源尤其是跨学科研究成果，往往涉及多个主题，如何处理这种复杂性是传统分类方法难以解决的问题。主题建模通过为每一资源生成主题概率分布，使系统能够识别资源与多个主题的关联程度。随后，聚类算法基于这些概率分布，将资源动态归类到一个或多个相关主题下。

读者的行为记录如检索词、点击频次和阅读时长等，能够反映其兴趣偏好与需求变化。主题建模技术通过结合用户行为数据，将读者的兴趣分布与资源的主题分布进行匹配，从而优化聚类结果。系统不仅能够基于语义相似性组织资源，还能根据用户兴趣动态调整聚类内容，使资源聚类更加贴近个性化需求。

学术资源库随着时间推移不断扩展，新资源的主题可能与已有资源的聚类结构产生冲突。主题建模通过在线学习机制，能够对新增资源的主题分布进行实时分析，并根据其内容更新聚类结构。例如，当一个新兴领域的研究资源涌现时，系统会自动识别其主题特征，并调整现有主题结构或生成新的主题类目。

高校图书馆的资源形式多样，包括文本、图像、视频等，不同形式的资源在内容表达上具有显著差异。主题建模技术通过对多模态数据的统一语义分析，能够跨越形式的限制，将多模态资源聚类到相同的主题中。如学术讲座视频与相关论文的主题相似性可以通过语音转文本与文本主题建模相结合的方式实现。

在个性化聚类的呈现方式上，主题建模技术通过可视化手段进一步增强了用户体验。复杂的聚类结果如果以纯文本形式呈现，用户理解的成本较高。主题建模生成的主题分布可以通过主题云图、语义网络图等形式直观展示，为用户提供清晰的资源分布全貌。可视化的聚类结果不仅便于用户快速识别感兴趣的主题，还为后续的资源深度挖掘提供了指引。

主题建模与个性化推荐系统的结合进一步拓展了聚类技术的应用场景。推荐系统通过学习用户的历史行为，能够识别其主题偏好，并将这些偏好与资源聚类结果相匹配。结合主题建模的推荐系统不仅能够提供基于显性兴趣的资源推荐，还能根据主题分布发现用户可能感兴趣但未曾接触的资源。

（四）时间序列分析在学术热点预测中的价值

时间序列分析的首要任务是捕捉资源使用的周期性规律。高校图书馆的资源需求往往呈现周期性特征，这种规律与学期节奏、学术活动安排以及研究热点的变化息息相关。如在每年的特定时间段，某些领域的文献需求会显著增加。时间序列分析通过对借阅记录、检索数据和下载频率的动态跟踪，能够识别这些周期性的需求波动，并进一步揭示其背后的驱动因素。这种能力不仅有助于预测资源高峰期，还为优化资源调度提供了科学依据。

学术领域的热点通常表现为某些主题或资源的关注度在特定时间段内持续上升。时间序列分析通过对资源访问量和相关主题的关注度变化趋势进行建模，能够预测未来可能的热点方向。例如，一些新兴领域的资源访问量可能在短期内持续增长，而另一些成熟领域的需求则可能趋于平稳。趋势分析不仅帮助图书馆识别热点领域，还为提前规划资源配置提供了参考。

学术活动中，某些领域可能因重大事件或研究突破而迅速成为热点，这类需求的突发性给资源管理带来了挑战。时间序列分析通过对历史数据的异常检测，可以发现那些超出正常波动范围的需求变化。例如，当某一研究主题的访问量在短时间内骤增时，系统能够迅速标记这一异常点，并结合相关数据分析其背后的学术动因。

在学术热点的跨领域预测中，时间序列分析展现了更深层次的应用潜力。学术研究的跨学科趋势日益明显，不同领域之间的资源需求常常表现出复杂的关联性。时间序列分析通过对跨领域资源使用数据的联合建模，能够揭示学科间的相互影响关系。当某一领域的研究热点开始显现时，其相关领域的资源需求可能随之上升。通过识别这些跨领域的热点扩散模式，图书馆可以更有效地协调资源配置，满足多学科研究的综合需求。

传统时间序列分析通常基于线性模型，而学术热点的形成往往受到非线性因素的影响，如社会事件、政策变化以及技术突破等。通过引入深度学习和强化学习算法，时间序列分析能够在多维度数据中挖掘出非线性规律，为热点预测提供更可靠的依据。例如，循环神经网络（RNN）和长短期记忆网络（LSTM）在处理时间序列数据的长期依赖性方面表现优异，能够捕捉到复杂的热点形成逻辑。

高校图书馆的热点数据来源广泛，既包括文献资源的使用记录，也涵盖用户行为数据、学术会议活动信息以及外部的学术动态。时间序列分析通过整合这些多层次数据，能够全面反映热点的形成过程。如在某一时间段内，资源使用的显著变化可能与同期学术会议的主题密切相关。多层次数据的整合分析，使热点预测更具全面性和洞察力。

热点预测的分析结果通常包含复杂的趋势信息与周期规律，如果仅以数字形式呈现，难以为用户直观理解。时间序列分析结合可视化技术，将热点预测结果以折线图、热力图和动态网络图等形式展示，使用户能够快速识别热点领域的变化动态。折线图显示资源访问量随时间的变化趋势，而热力图则突出展示不同领域的热点分布强度。可视化结果不仅为图书馆管理者提供了直观的参考依据，也增强了读者对热点资源的兴趣。

热点资源并非对所有读者都具有同等吸引力，不同学科背景和研究兴趣的用户对热点的关注点可能存在显著差异。时间序列分析通过结合用户行为数据，为每一位读者生成个性化的热点预测结果。系统可以基于某一用户的历史使用记录，优先推荐其研究领域内的热点资源，而其他领域的热点资源则作为拓展性推荐。

（五）用户隐性需求挖掘与精准推荐策略

在隐性需求的分析过程中，协同过滤技术成为不可或缺的工具之一。协同过滤算法通过比较用户间的相似性，将具有类似行为模式的用户归为一组，从而发现其共同需求。这种基于用户关联的分析方式，不仅能够识别个体需求，还为群体特征的刻画提供了基础。当某些用户的行为特征与一组高频访问特定资源的用户高度相似时，系统会推测出该用户对这些资源的潜在需求，并提前纳入推荐范围。

隐性需求的动态变化是数据挖掘技术的重要关注点。用户的学术兴趣并非一成不变，而是在研究进程中不断演变。时间序列分析技术在这一过程中发挥了重要作用，它能够捕捉用户行为数据随时间的变化规律，从而预测隐性需求的未来趋势。如某用户的检索记录显示其在初期主要关注基础理论，随后逐步转向具体应用问题，系统据此推测出其未来可能需要的资源类型。通过动态需求预测，系统不仅能更精准地满足当前需求，还能为用户提前规划资源路径。

高校图书馆的用户行为数据涵盖多种形式，包括文本、图像、视频等。传统的单一模态分析方法往往无法充分揭示这些数据间的潜在关联，而多模态数据融合技术为这一问题提供了解决方案。用户可能在阅读一篇文章的同时查看了相关视频或图像，这些行为通过多模态数据的整合，可以呈现出更完整的需求画像。数据挖掘技术以语义对齐为基础，将多模态数据映射到统一语义空间中，从而识别用户的隐性兴趣。

在精准推荐策略的设计中，内容分析与用户画像的结合起到核心作用。内容分析技术通过对资源内容的语义提取，将每一项资源转化为包含多维特征的结构化数据。而用户画像则基于行为分析与隐性需求挖掘，为每位用户生成多维兴趣向量。精准推荐策略将用户画像与资源内容匹配，以推荐那些最符合用户兴趣的资源。

传统的推荐算法多基于单一维度的相似性匹配，而数据挖掘技术通过多维度特征分析，显著提升了推荐结果的多样性与相关性。推荐系统在设计时，既考虑用户兴趣与资源内容的语义相似性，也注重资源的时间属性与流行度特征。新近发布的资源可能因关注度较低而被传统算法忽略，而数据挖掘通过分析资源的时间维度，能够识别出这些资源的潜在价值，从而纳入推荐范围。

精准推荐策略的实施还需要解决数据隐私与安全问题。在用户行为数据的采集与分析过程中，隐私保护始终是数据挖掘技术面临的重要议题。图书馆需要采用严格的数据匿名化与加密技术，确保用户信息的安全性。同时，推荐系统的设计需要具备透明性，向用户清晰展示推荐内容的来源与逻辑，以增强用户对系统的信任。

第三节 基于大数据的读者行为分析

一、行为数据的采集与清洗

（一）数据采集的范围与策略

行为数据采集的首要任务在于确定全景化的范围，即对所有可能影响服务优化的用户行为进行全面覆盖。高校图书馆的行为数据范围涉及多层次、多维度的用户活动，既包含用户的显性操作，也涵盖隐性行为模式。显性操作数据包括借阅记录、资源下载量和检索词使用频率等，这些是用户明确表达需求的直接行为。隐性行为则指用户未主动表达却暗示需求的活动模式，如页面停留时间、频繁浏览特定主题的路径等。全面采集显性与隐性数据，能够在具体化用户需求的同时捕捉其潜在兴趣。此外，采集范围还需延伸至物理场景与虚拟场景的交集。图书馆的物理空间行为数据反映了用户在阅览室、书库和活动场所的实际利用情况；而虚拟环境的行为数据则记录了用户在线平台、电子数据库、数字图书馆应用中的交互活动。这种线上线下数据的融合，为用户需求建模提供了更完整的视角。

行为数据不仅呈现为动态操作，还包含相对静态的特征信息。动态行为主要反映用户的实时活动轨迹，例如在某一时间段内检索特定主题的频次显著提升，或在特定活动窗口内集中使用某些资源。这种数据具有即时性与阶段性特点，为分析用户在特定情境下的需求提供了依据。静态行为特征则以长期维度描绘用户的行为倾向，如某位读者的学科背景、主要研究方向、常用的资源类型等。这些特征信息通常不随短期行为变化，但为动态数据提供了背景框架。采集动态与静态行为数据的结合，使分析能够兼具短期精准性与长期趋势性。

行为数据的采集需要对用户活动进行分层细化，捕捉不同层次的行为特征。以资源检索为例，数据采集应不仅记录检索关键词，还需关注用户在结果页面的浏览行为、点击路径以及对资源的选择顺序。这样的分层数据为分析用户检索习惯与偏好提供了更多维度的依据。同样在借阅行为的采集中，应关注借阅书籍的类型、时间、归还记录以及借阅频率的变化等。这种细化采集策略不仅有助于资源推荐的精度提升，还为用户兴趣的动态跟踪奠定了基础。

行为数据的时间特性决定了其分析的动态性与时效性。为此，数据采集策略需要充分考虑用户行为的时间序列变化。一方面，短期时间窗口内的高频行为可以反映阶段性需求，例如考试周的特定资源使用激增；另一方面，长期时间跨度的行为记录则揭示了用户需求的周期性和规律性。在时间序列采集中，策略设计需明确采样间隔与数据分布。在捕捉高频行为时，采样间隔应尽可能短，以免遗漏关键数据；而针对低频行为，则可采用适度扩展采样间隔的方式，平衡数据量与采集效率。时间序列的精准采集，使得行为数据能够实时反映用户需求的波动性与规律性。

采集范围的设计还需避免数据采集中的盲区，确保行为数据的全面覆盖。一些高频行为容易被优先采集，而低频行为或偶发行为却可能被忽略。然而，这类行为数据虽然稀疏，却可能揭示关键的用户特征。例如，某位读者偶尔访问特定学科资源，可能暗示其对该领域的潜在兴趣。数据采集策略应设置灵敏的行为捕捉机制，避免因低频行为被遗漏而影响需求分析的完整性。

（二）数据采集的技术支持与工具

日志记录系统是行为数据采集的基石。高校图书馆的日志系统记录了用户与资源之间的所有交互细节，包括页面访问路径、搜索关键词、下载活动以及错误操作等。这些数据不仅反映了用户的即时行为，还揭示了行为背后的动机与习惯。日志分析工具通过自动化处理，将原始日志文件中的关键数据提取并结构化存储，为后续行为模式的分析提供了有序的输入。日志分析工具如 ELK（Elasticsearch、Logstash、Kibana）堪称这一领域的典范。它通过分布式存储与并行处理的架构，能够高效处理高校图书馆的大规模行为数据。在使用这些工具时，系统会实时捕捉用户的操作行为，并对数据进行初步筛选与分类。对于访问频率较高的资源，日志分析工具还会识别用户的访问路径，从而揭示用户的偏好倾向。

行为捕捉技术是另一种核心工具，它能够精确记录用户与资源交互时的每一细节。与传统的日志记录不同，行为捕捉技术更加注重细粒度数据的采集。例如，当用户在检索系统中输入关键词后，其随后对结果的筛选、排序以及具体资源的点击行为，都可被捕获并存储。这种对操作流程的全程跟踪，为读者需求的深度理解提供了关键数据。常用的行为捕捉技术包括热图分析与点击流追踪工具。热图分析能够直观显示用户在页面中的关注区域和交互热点，而点击流追踪工具则记录了用户的操作路径与行为顺序。结合这些工具的功能，可以有效分析用户的行为习惯，为服务优化与个性化推荐奠定数据基础。

高校图书馆的用户行为具有高度的动态性，其行为特征随时间、任务与情境的变化而不断调整。实时采集工具通过捕捉用户的即时操作，能够生成高时效性的行为数据。Apache Kafka是实时数据采集领域的代表性工具，其高吞吐量与低延迟特性使其在处理高校图书馆的大规模行为数据时表现尤为突出。通过在系统中部署 Kafka，所有行为数据可以被实时采集并传输至分析平台，同时保持数据传输的安全性与稳定性。这一特性为实时分析与个性化推送服务提供了强有力的支持。

高校图书馆的行为数据来源多样，既包括物理空间的借阅记录，也涵盖线上平台的资源访问与移动端的交互行为。数据整合工具的核心任务是将分散于各平台的数据进行统一管理与整合。ETL（Extract, Transform, Load）工具是数据整合领域的主力，其功能包括数据抽取、清洗与加载。在高校图书馆中，ETL工具可以从不同系统中抽取行为数据，并按照统一格式进行转换与存储。如能够将物理图书借阅记录与电子资源访问日志整合到同一数据库中，为行为分析提供更全面的数据支持。

在传统的采集工具中，数据的捕捉与处理通常依赖于预定义规则，而人工智能技术通过机器学习算法的引入，能够动态适应用户行为的复杂性。自然语言处理技术能够分析用户检索的关键词语义，从中提取隐藏的行为特征，而图像识别技术则可以捕获用户在虚拟场景中的视觉交互行为。自动化技术的应用则体现在采集过程的高效执行上。通过部署自动化采集脚本，系统能够在用户行为发生的同时自动记录相关数据，并按照既定规则完成数据存储与分类。自动化技术不仅减少了人工干预的需求，还显著提升了数据采集的效率与精度。

（三）数据清洗的原则与目标

行为数据清洗的首要原则是确保数据的准确性，即最大限度地还原用户的真实行为模式。原始数据中常因系统故障、采集设备限制或用户无意操作而产生误差。准确性原则要求对这些错误数据进行有效识别与修正，从而保障数据的真实性。例如，在日志记录中，短时间内的连续重复访问通常是技术异常的产物，而非用户真实行为的体现。通过数据清洗，可以有效剔除这类误差，避免对行为模式分析造成干扰。准确性原则的另一个重要体现是对偏差数据的修正。偏差数据不仅包括格式错误与单位混乱，还可能涉及字段之间逻辑不一致的情况。当某条数据的时间戳与行为顺序不符时，清洗过程需对其进行逻辑推断与修正，确保数据间的逻辑连贯性。

行为数据采集自多种来源，不同来源的数据格式与语义往往存在差异。数据清洗的一个重要任务是实现一致性，即确保所有数据以统一的格式与语义进行存储与分析。格式上的不一致性可能表现为时间格式的多样性、字段命名的混乱或数值单位的分散化，这些问题直接影响了数据的可用性。一致性原则强调对数据进行标准化处理，使其符合预设的格式规范。例如，将所有日期字段统一为"年-月-日"格式，或者将数值字段转换为同一单位体系。同时，语义上的一致性要求清洗过程能够对同义词、缩写及多义词进行归一化处理，以免语义冲突影响数据的解释性。

完整性是行为数据清洗的目标之一，它要求数据能够反映用户行为的全貌，而非碎片化的记录。原始数据中常存在缺失值或不完整记录，这不仅阻碍了用户行为链条的重构，也限制了对行为模式的深入分析。完整性原则的核心任务是填补这些缺失，确保数据的连续性与全面性。在填补缺失值时，清洗过程可以结合上下文信息与推测算法，以最大程度还原真实数据。例如，当某用户的资源检索行为缺少部分步骤记录时，清洗可以依据其以往行为模式补全缺失环节，使数据链条更加完整。对完整性的维护，使得行为数据能够真实还原用户的操作路径，为个性化推荐提供坚实基础。

行为数据中往往存在大量冗余记录，这些数据不仅占用存储资源，还可能在分析时引入干扰。去冗余原则要求清洗过程能够有效识别并移除重复记录，同时确保保留数据的关键特性。重复记录可能因多次采集或日志存储机制导致，但这些冗余信息并未提供额外价值。去冗余的过程中，需综合考虑数据的时间标记、行为特征与上下文关系，以避免误删重要数据。例如，用户的连续操作可能在时间上高度相似，但其行为意图各异，清洗时需谨慎处理。去冗余的最终目标是优化数据存储结构，使分析过程更加高效。

噪声数据是行为数据清洗中的挑战。噪声数据通常表现为异常值、逻辑冲突或无关信息，它们不仅影响了数据的整体质量，还可能对分析结果造成误导。相关性原则的实施旨在剔除噪声数据，并保留与分析目标高度相关的核心信息。在噪声数据识别中，统计学方法与机器学习技术提供了有效支持。统计学方法通过分布分析与异常点检测，能够发现那些偏离正常范围的行为记录；机器学习算法则通过模式识别技术，从数据集中挖掘出不符合全局规律的特例。相关性原则确保清洗后的数据能够真实反映用户需求，而不被无关信息干扰。

行为数据清洗的所有环节都需围绕服务目标进行设计。无论是准确性、一致性还是完整性，这些原则的具体实施都应根据个性化推荐与用户行为分析的需求调整。当清洗任务的目标是优化检索行为分析时，清洗过程就需重点关注关键词记录的语言规范化与格式统一，而对时间字段的精细处理则可适当弱化。目标导向的清洗任务设计还体现在优先级的合理分配上。清洗过程中往往需要在时间与资源有限的情况下处理大量数据，此时，应优先对与目标高度相关的数据进行处理，而将次要数据的清洗任务暂时延后。通过清晰的任务分配，清洗过程能够在有限条件下最大程度提升数据质量。

（四）噪声数据的识别与过滤

噪声数据在行为数据中以多种形式存在，其特征多样且分布不均。异常值是噪声数据最常见的表现形式，它通常偏离数据分布的正常范围，可能是由采集设备的故障、用户的非正常操作或系统的错误记录引起。在用户检索日志中，一条访问频率异常高的记录可能是由于自动化脚本或重复点击导致，这种偏离常规行为模式的数据需要特别关注。逻辑冲突是另一种常见的噪声数据形式。

噪声数据的识别是过滤工作的第一步，科学的方法与技术工具为这一任务提供了强有力的支持。统计分析是识别异常值的重要手段之一，它通过计算数据的分布特征，识别出那些远离中心趋势的记录。常用的统计方法包括箱线图分析和三倍标准差法，它们能够高效地定位数据分布中的异常点，为进一步过滤提供依据。机器学习算法在噪声数据识别中展现了更高的智能性。聚类分析通过对数据的模式划分，能够识别出那些不符合整体规律的数据组。例如，基于 K 均值聚类的异常检测方法，通过比较数据点与聚类中心的距离，判断其是否属于噪声数据。此外，基于监督学习的分类模型能够利用已标注的数据集，训练出噪声识别的精准模型。

噪声数据的过滤需要针对不同类型的数据库设计多维度策略，确保过滤的精准性与全面性。在处理异常值时，过滤策略应结合异常值的性质与影响范围。例如，对于访问频率过高的记录，可以通过设置频率阈值并自动截断超过阈值的数据来实现过滤；对于明显偏离时间逻辑的记录，则可以结合时间序列分析对异常点进行修正或移除。逻辑冲突的过滤策略需注重数据之间关系的复核与验证。当资源访问记录的时间戳与用户操作序列不符时，可以通过对同一用户行为链条的完整性检查，定位并移除冲突数据。与此同时，在移除噪声数据时，过滤策略需避免因过度清洗而损失有价值的信息。无效记录的过滤则更加依赖字段校验与数据格式检查。系统可以预定义每一字段的合法值范围与格式规范，并在过滤过程中逐条比对。如果某条记录在多个字段中均表现出缺失或格式错误，则可将其标记为无效记录并剔除。对于那些部分字段正常但关键字段缺失的记录，可以在过滤前尝试补全数据，以最大化保留有用信息。

噪声数据的分布与性质往往随数据采集环境的变化而动态调整，因此，过滤过程需要具备一定的灵活性与适应性。在实时数据处理中，噪声数据的识别与过滤需要在短时间内完成，系统需具备高效的自动化处理能力。在批量数据处理中，动态管理策略要求系统能够持续优化过滤规则与参数。如随着用户行为模式的变化，原有的异常值定义可能不再适用，此时需要根据新的数据分布重新调整阈值与规则。动态管理使噪声数据过滤能够与数据采集环境的变化保持同步，避免因规则过时而导致数据清洗的失败。

未经处理的噪声数据可能掩盖真实行为模式，甚至扭曲数据分析结果。过滤的目标在于剔除那些干扰性因素，同时最大化保留数据的核心信息与逻辑结构。这种平衡要求过滤策略既要精准识别噪声，又要避免因过度清洗而导致数据丢失。行为数据中的噪声不仅干扰了对读者需求的理解，也对个性化服务体系的优化提出了挑战。通过科学的识别与过滤方法，噪声数据可以被有效剔除，使数据集的质量得以提升，为后续分析与决策提供了坚实基础。

（五）用户隐私保护与数据安全

隐私保护以保障用户的个人信息为出发点，其首要原则是最小化数据采集，即仅收集完成分析所需的最少量信息。无关数据的采集不仅增加了处理的复杂性，还对用户隐私构成不必要的威胁。在明确分析目标后，数据采集策略应集中于与目标高度相关的行为特征，避免过多采集个人身份信息。用户行为数据在采集后，应通过匿名化技术去除或替换其中的身份标识，使得个体信息无法直接与具体行为相对应。这种处理方式既保留了数据的分析价值，又有效降低了隐私泄露的风险。如将用户 ID替换为随机生成的标识符或对敏感字段进行模糊化处理，能够在数据分析与隐私保护之间找到平衡。

加密技术是保障数据安全的基石。无论是在本地存储还是远程传输，数据均需经过加密处理，以确保即便数据被拦截或盗取，攻击者也无法解读其中的内容。对称加密和非对称加密是常用的技术手段，其中后者因其更高的安全性而被广泛应用于敏感数据的保护。访问控制是安全体系的组成部分，它通过权限分配与认证机制，确保数据仅能被授权用户访问。在行为数据的管理系统中，不同权限级别的用户应只能访问与其职责相关的特定数据集，从而减少数据泄露的可能性。多因素认证技术进一步增强了访问控制的安全性，通过同时验证用户的身份凭证和行为特征，有效防范了伪造和冒用的风险。

隐私保护不仅是技术层面的要求，也受到法律与伦理框架的约束。在行为数据的采集与处理过程中，图书馆需严格遵守相关的法律法规，确保数据使用符合用户知情权与选择权的基本原则。用户应在数据采集之前清楚了解其行为数据将被如何使用，并拥有接受或拒绝的权利。伦理维度的隐私保护要求行为数据的使用目的正当，任何超出初始目标的用途都需经过用户明确授权。对于敏感信息的处理，系统应具备更高的谨慎性，避免对个体造成潜在风险或不良影响。在学术资源推荐系统中，敏感数据的利用需要特别设计，确保用户利益不会因隐私暴露而受到损害。

隐私保护与数据安全需要融入系统的整体设计中，其核心思想是"隐私保护优先"。这种设计理念要求隐私保护机制在系统开发初期即被嵌入，而非作为事后补充措施。系统设计中应充分考虑数据的生命周期，从采集到删除的每一环节都需具备相应的保护策略。在隐私保护设计中，差分隐私技术提供了一种有效的解决方案。它通过在数据中引入受控噪声，确保个体数据的变化对分析结果的影响微乎其微。这一技术在统计分析与数据发布中被广泛应用，其优势在于能够同时保护数据隐私与维持分析精度。

数据泄露风险是隐私保护与安全管理中的最大挑战，系统需具备完善的监控与应对机制，以在泄露事件发生前或发生后快速响应。实时监控工具能够检测数据访问与操作中的异常行为，识别潜在威胁并及时预警。应对机制则需涵盖事件调查、数据恢复与用户通知等多个层面。在数据泄露事件发生后，系统应迅速分析原因并修复漏洞，同时及时通知受影响用户，以便其采取必要的保护措施。数据备份与恢复技术为减少泄露事件造成的损失提供了保障，它确保即使原始数据被破坏或删除，系统仍能从备份中恢复关键信息。

（六）清洗后的数据质量评估

在准确性评估中，重点在于验证数据是否与用户的实际操作记录保持一致。对于用户的资源检索、访问路径以及借阅历史，清洗后的数据需能够还原其行为轨迹，确保没有因清洗而遗漏关键环节或引入偏差。准确性评估的技术方法包括比对原始数据与清洗数据之间的差异，同时结合样本回溯机制，随机抽取若干用户行为记录进行手动验证。这种对比与验证相结合的方法，既能揭示数据清洗中的遗漏问题，也为进一步优化清洗流程提供了改进方向。

数据的完整性直接关系到分析结果的全面性与可靠性。清洗过程中，为去除噪声数据或补全缺失值而采取的操作，可能导致某些行为链条的不连贯性或结构性缺失。因此，在清洗完成后，需要对数据的完整性进行系统性评估，确保其能够覆盖用户行为的全貌。完整性评估通常依赖行为链条的重建与比对技术。系统根据用户行为特征，重建其在一段时间内的操作路径，并与采集目标进行匹配分析。如果某些关键节点缺失或链条中存在断点，则需进一步检查清洗操作是否存在过度去噪或不合理补全的问题。完整性评估的最终目标，是验证数据是否能够忠实地体现用户的操作逻辑与行为倾向。

在数据清洗前，不同来源的数据可能存在格式差异、字段冲突或时间戳错位的问题。清洗操作的核心任务之一，是将这些异构数据统一到一个标准化的格式与结构中。一致性评估的目标，是验证这些标准化操作是否有效解决了数据间的不一致问题。一致性评估的方法包括字段映射关系验证、格式规范化检查以及数据跨源匹配分析。系统通过对清洗后数据的字段结构与预设模板进行比对，可以快速识别格式规范化中的潜在错误。此外，通过跨源匹配分析，可以验证多源数据在清洗后是否达到了语义一致性与逻辑一致性，从而进一步提升数据的可用性。

数据清洗的过程往往围绕特定的分析目标展开，因此，相关性评估是验证清洗质量的重要指标。相关性评估的核心在于，验证清洗后的数据是否与分析目标高度匹配，即剔除的噪声数据确实是无关信息，而保留的数据能够为目标分析提供充分支持。相关性评估的技术方法包括特征选择与目标相关性测试。系统通过计算数据特征与分析目标之间的相关度，评估清洗过程是否有助于提升目标分析的精度。此外，结合统计模型与机器学习算法，还可以对数据的特征重要性进行量化分析，从而进一步优化清洗策略。

在动态数据处理中，时效性是质量评估的重要维度。清洗后的数据是否能够在短时间内应用于分析任务，直接影响到行为分析的即时性与服务调整的灵活性。时效性评估需要验证清洗过程对数据处理速度的影响，并结合数据使用场景的需求，优化清洗流程中的时间分配。时效性评估的方法包括处理时长监控与实时性能测试。系统通过对清洗任务的每一阶段进行时间标记，分析数据从采集到清洗完成的总时长，并与目标时限进行比较。对于实时数据流的处理，还需通过性能测试验证清洗算法的运行效率，确保其在高负载环境下仍能稳定运行。

清洗后的数据质量评估是多维度、多指标的综合考量过程，每一维度的评估结果都对数据质量的最终判定产生影响。在实践中，不同维度的评估结果可能存在矛盾，清洗后的数据质量评估不仅是对清洗效果的验证，也是行为数据分析链条中不可或缺的一环。通过对准确性、完整性、一致性、相关性与时效性的系统评估，清洗数据的价值被进一步提升，为个性化服务体系的优化奠定了可靠的数据基础。

二、数据分析对个性化需求的洞察

（一）个性化需求的动态变化与行为趋势捕捉

个性化需求的动态性表现为短期波动与长期趋势的叠加。短期波动反映了用户在特定时间段内的即时需求，如考试周期间对学术资源的高频访问或特定主题的集中检索。这种波动往往由用户的外部任务驱动，其持续时间较短，但需求强度较高。长期趋势则体现了用户行为的深层规律，它往往与个人兴趣、学术发展阶段和研究主题的变化密切相关。用户的长期趋势可能表现为对某一领域的逐步深入或对交叉学科的探索，通过捕捉动态性，系统能够超越静态需求的分析，建立起对用户全生命周期的服务支持。例

时间序列分析是理解用户行为趋势的方法，它将用户的行为数据映射到时间维度，揭示其变化规律与潜在模式。在分析过程中，趋势提取与周期检测是两个核心任务。趋势提取侧重于识别数据的整体变化方向，用户在某些情境下可能表现出短期内的异常行为，如突发的大量资源访问或不规则的检索路径。这些异常行为既可能是任务驱动的结果，也可能反映了潜在的需求变化。

趋势预测是行为趋势捕捉的延伸，它通过历史数据的建模与分析，推测用户未来的需求方向。预测模型的核心是行为模式的提取与规律的建模，常用的技术包括回归分析、神经网络和深度学习算法。这些技术能够从复杂的行为数据中提炼出关键特征，为预测提供科学依据。趋势预测的实施需要综合考虑多维度因素。用户的学术背景、研究主题和资源使用频率等变量，均会对预测结果产生重要影响。在实践中，多变量预测模型通过引入这些因素，提升了预测的精准度与适用性。预测结果不仅为服务设计提供了前瞻性支持，也使得系统能够在需求发生前做好准备。

需求的动态变化要求资源服务体系具备快速响应的能力。行为趋势的捕捉为设计这一机制提供了数据支持，使系统能够在需求波动中保持灵活性。资源响应机制包括资源分配的动态调整与服务模式的实时优化。动态调整的核心在于资源的灵活调度。当用户需求从一个领域向另一个领域转移时，系统需能够快速识别这一变化，并重新分配资源。服务模式的实时优化则强调系统对需求变化的即刻响应。

数据可视化是行为趋势捕捉的有力工具，它通过直观的图形化呈现，使复杂的分析结果易于理解与应用。在行为趋势捕捉中，常用的可视化形式包括趋势曲线图、行为热力图与动态路径图。趋势曲线图展示了用户行为数据随时间的变化，为分析长期趋势与短期波动提供了参考。行为热力图则通过颜色的变化直观体现了用户在不同时间段对资源的关注程度，为资源分配的调整提供了依据。动态路径图揭示了用户在系统中的操作轨迹，帮助系统理解行为逻辑与需求转换。数据可视化的优势在于，它不仅提升了分析结果的可读性，还为需求变化的解释与服务优化的设计提供了直观支持。

（二）隐性需求的深度挖掘与语义关联

隐性需求的核心特性在于其潜藏性与多样性。用户的显性行为，例如明确的检索操作或特定资源的访问记录，通常只是需求的冰山一角。隐性需求则通

过间接行为、关键词使用模式以及资源间的语义联系逐步显现。尽管用户并未明确表达，但隐性需求却构成了行为背后的驱动力。

隐性需求的表达形式多种多样，其中最常见的是资源间的隐性关联。一个用户在短时间内检索了多个不同主题的文献，这种行为可能指向其对跨学科研究的兴趣。另一个表达形式则是行为序列中的偏好特征，比如用户在文献检索后立即访问相关领域的书目，这种操作间的紧密联系反映了其内在需求的逻辑路径。这些特性使得隐性需求成为个性化服务体系中最具挑战性但又最具潜力的研究对象。它为用户行为的多维解析提供了丰富的可能性，也要求系统具备更强的语义处理能力，以确保需求的精准挖掘。

语义分析技术以自然语言处理（NLP）和语义网络构建为基础，致力于将用户的行为数据转化为语义信息，从而识别隐藏在操作记录中的真实需求。在这一过程中，关键词分析与语义关联是两大核心任务。

关键词分析通过对用户输入的检索词进行语义扩展，揭示其潜在的意图与兴趣。例如，当用户检索了某一领域的核心概念时，系统通过关键词的语义关联，可以推测其对相关领域的延伸兴趣。这一过程依赖于词向量模型的支持，它通过将词语映射到高维空间，量化了词语之间的语义关系，使得系统能够对关键词进行深度解析。

语义关联则超越了单一关键词的分析，将用户的操作行为与资源内容联系起来。语义网络通过构建文献、主题与关键词间的多层次关系，揭示了用户行为中的语义路径。如一个用户在检索"社会发展理论"后，紧接着访问了"城乡关系"的文献，系统可以推测其需求可能集中在社会学中的城乡互动领域。语义关联为用户需求的立体化理解提供了数据支撑。

主题建模技术通过对资源内容的语义分析，将文献与用户行为归类到若干语义主题中，从而为隐性需求的结构化表达提供了可能。LDA（Latent Dirichlet Allocation）模型是主题建模的经典方法之一，它通过对文本的潜在语义结构进行分析，提取出用户最感兴趣的主题集合。主题建模技术在隐性需求挖掘中有着广泛的应用。当一个用户的检索记录分布在若干主题之间时，系统可以通过主题建模技术分析其行为的集中领域与兴趣边界。这一过程不仅帮助系统理解用户当前的需求状态，还为需求的未来演化提供了预测依据。主题建模的协同作用还体现在语义关联分析中。通过将用户行为与文献主题进行匹配，系统能够识别出用户未明确表达的潜在兴趣领域。

用户行为网络是语义关联分析的延伸，它通过连接用户行为、资源内容与主题关系，形成了一个多层次的分析框架。在这一网络中，每一个行为节点不仅反映了用户的即时需求，还通过与其他节点的语义联系构建出需求的整体图景。行为网络的构建依赖于数据的整合与关系的挖掘。如用户的检索记录、访问路径与停留时长在行为网络中形成了多个关键节点，这些节点通过语义关联连接起来，揭示了用户需求的逻辑链条。行为网络的最大价值在于，它能够从全局视角理解用户的行为逻辑，为需求洞察提供了更加全面的参考。

（三）多维度关联分析在个性化洞察中的应用

多维度关联分析是一种揭示用户需求复杂关系的科学方法，它通过整合行为特征、静态变量与动态环境因素，建立起一个多层次、多维度的需求洞察框架。在这个框架中，用户的个性化需求不再是孤立的现象，而是多因素交互作用的结果。每一个维度的深入分析都揭示了需求的独特面貌，而这些面貌的交织构成了服务优化的关键线索。

行为数据与用户的学术背景存在着天然的联系，它们在个性化需求的构建中相互依存。用户的学科领域与研究方向塑造了其行为数据的特征，而这些特征又反过来深化了学术背景对需求的影响。交叉解读的核心在于识别这些特征间的规律与联系。行为数据中的关键词使用频率、资源访问路径与学术背景变量的相互关系为分析需求的静态特性提供了依据。如在行为数据中发现某用户经常使用"临床试验"相关词汇进行检索，而其学术背景指向医学科研方向时，可以推断出其个性化需求的核心领域。

用户行为的时间维度常常揭示了需求的周期性和动态变化。行为数据的时间属性，包括访问频率、操作间隔与时段分布，与用户需求的演变息息相关。动态关联分析以这些时间特性为基础，将用户行为与时间序列相结合，构建出需求的时间模式。动态关联揭示了需求的阶段性变化。学术研究的任务特性导致用户的行为在不同时段表现出显著差异。时间维度还在短期行为预测中发挥了作用。当用户的访问频率在某一时间段内呈现出显著变化时，动态关联分析能够快速捕捉到需求的突变点，为实时响应提供支持。

用户的行为数据往往受到环境变量的影响，而这些变量通过与行为的交互作用构建了个性化需求的情境背景。环境变量涵盖了时间段、设备类型、地理位置等多种特性，它们为需求的解读提供了丰富的语境化信息。情境联系的典型表现是设备差异对行为模式的影响。移动设备用户的访问行为可能更多集中于碎片化资源的浏览，而桌面设备用户的行为则倾向于长时间的深度检索与阅读。环境变量的引入，使得系统在分析需求时能够针对不同设备类型优化服务策略。地理位置作为环境变量的另一个维度，也在个性化需求中扮演了重要角色。例如，当某用户频繁在校内网络中检索与实验相关的文献时，环境变量的分析可以帮助系统判断其需求是否与实验教学任务相关。

多维度关联分析的核心价值在于建立行为、背景与环境变量之间的系统化模型。通过对变量间关系的建模，系统能够将分散的数据转化为有意义的需求洞察。模型的构建依赖于数据挖掘与机器学习技术，这些技术为分析变量间的复杂交互提供了强有力的工具。在模型的应用中，关联规则挖掘与聚类分析是两种常用的方法。关联规则挖掘通过识别变量间的频繁模式，揭示了用户行为与背景之间的深层次联系。

多维度关联分析结果的复杂性需要借助可视化技术实现清晰呈现。通过图形化展示，复杂的变量关系被直观地揭示，为数据分析结果的解读提供了高效工具。关联矩阵是最常见的可视化形式之一，它通过颜色深浅或线条粗细表现变量间的关联强度，使系统能够快速发现隐藏的需求规律。交互式图表为用户行为分析提供了动态视角。用户可以在交互式界面中探索不同变量间的关联关系，从而更全面地理解个性化需求的特征与演化过程。这些工具在实践中不仅提升了分析效率，也增强了分析结果的可用性，为服务优化提供了可操作的支持。多维度关联分析通过全面整合行为特征、背景因素与环境变量，使个性化需求的解读达到了新的深度。

三、数据隐私保护与行为分析的平衡

在个性化读者服务体系中，行为数据的分析为需求洞察和服务优化提供了科学支撑。然而，这一过程中不可避免地涉及用户的隐私问题，特别是行为数据的采集与处理过程中，隐私泄露的风险始终存在。如何在充分利用数据价值的同时，最大限度地保护用户隐私，是行为分析中的核心议题之一。隐私保护与数据利用之间的平衡，不仅是一种技术问题，更是对用户权益与服务创新的双重考量。

数据隐私保护的核心是用户权益的维护，其基本原则包括透明性、最小化和可控性。透明性要求系统在数据采集之前明确告知用户数据的使用目的和范围，确保用户知情并自愿参与。最小化原则则强调仅采集与分析目标相关的数据，避免不必要的隐私侵占。可控性则赋予用户对个人数据的访问、修改与删除权限，使其能够主动管理自身的隐私。

这些原则贯穿于数据生命周期的每一个阶段。从采集到存储，再到分析与共享，每一步都需严格遵守隐私保护的规范。如在用户授权后采集数据时，系统需要确保采集的仅是与分析目标直接相关的行为数据，并通过匿名化与加密技术降低数据泄露的风险。这种基于原则的隐私保护，为系统建立用户信任奠定了基础。

行为分析中的隐私风险主要体现在数据存储、传输和处理环节的安全漏洞，以及对敏感信息的过度使用。行为数据包含用户的资源检索、访问路径、停留时间等信息，这些数据在未经保护的情况下，可能被第三方恶意使用，甚至导致用户身份的暴露。

风险识别的关键是对敏感数据的界定与评估。敏感数据通常包括用户的身份信息、行为偏好和学术兴趣，这些信息一旦泄露，可能对用户造成不可逆的影响。通过对行为数据的分级管理，系统能够识别出最需要保护的核心数据，从而在技术与管理层面集中资源进行保护。此外，风险还可能源于数据的多方共享与应用。在资源推荐与个性化服务中，数据通常需要在不同模块间流通，这一过程中的访问权限管理至关重要。如果系统对数据访问的授权缺乏严格限制，隐私泄露的风险将显著增加。

隐私保护技术在行为分析中为数据的安全处理提供了技术屏障。匿名化是最常用的技术之一，通过去除或替换数据中的个人标识，使其无法直接与用户身份匹配。这种技术在数据采集与共享环节尤为重要，为系统的隐私保护策略提供了基本保障。差分隐私技术进一步提升了保护水平。该技术通过在数据中加入受控噪声，确保个体数据的变化不会显著影响整体分析结果，从而防止攻击者从数据集中反推出个人信息。差分隐私广泛应用于统计分析与推荐系统中，其优点在于兼顾了数据的分析价值与隐私保护需求。数据加密技术是另一个核心工具。在数据存储与传输中，系统需采用先进的加密算法对数据进行保护，确保即便数据被拦截，也无法被解读。非对称加密因其更高的安全性，常被用于敏感数据的传输与存储。

隐私保护与行为分析之间存在天然的矛盾。行为分析需要尽可能多地采集数据以提升分析的全面性与精确性，而隐私保护则要求对数据采集范围与使用目的进行严格限制。这种冲突在个性化推荐与资源优化中尤为突出，因为分析的精度往往与数据的丰富性成正比。协调这一冲突的关键在于平衡数据使用与用户权益的关系。一种可行的策略是引入分层分析模型，将数据分为高隐私需求与低隐私需求两类。对高隐私需求的数据采用匿名化与差分隐私等技术，而对低隐私需求的数据进行深入分析。分层模型的设计既保护了用户隐私，又在一定程度上满足了行为分析的需求。另一个协调策略是加强用户参与。用户对隐私的敏感度各不相同，系统可以提供多种隐私设置选项，让用户根据自身需求选择数据共享的范围与分析的深度。这种主动权的赋予，不仅尊重了用户的隐私选择，也增强了其对系统的信任感。

隐私保护的实践不仅是技术与管理的课题，也是法律与伦理的要求。在行为分析中，数据使用需严格遵守相关法律法规，如《通用数据保护条例》（GDPR）或《中华人民共和国个人信息保护法》（PIPL），确保数据的采集与处理符合合法性、必要性与透明性的基本原则。伦理约束强调了隐私保护的正当性与边界。系统在使用用户数据时，不仅需获得明确授权，还需确保数据的用途与用户的利益一致。超出授权范围的隐私利用，可能对用户权益造成伤害，甚至引发伦理争议。系统应在设计之初便嵌入隐私保护机制，将伦理要求转化为可操作的技术与管理策略。

第四节 智能推荐系统的应用与发展

一、推荐算法的选择与优化

（一）基于协同过滤的推荐算法

推荐系统作为个性化服务的技术支撑，其核心在于通过算法连接用户兴趣与资源特点，为用户提供高效、精准的个性化推荐。在众多推荐算法中，协同过滤算法以其直接利用用户行为数据的特点，在智能推荐领域占据重要地位。无论是用户协同过滤还是物品协同过滤，这两种方法各有优势与不足，其在具体场景中的应用与优化策略，决定了推荐系统的效果与用户体验。

用户协同过滤算法基于用户之间的相似性，旨在通过比较不同用户的行为模式，预测目标用户可能感兴趣的资源。这一算法的核心思想是"物以类聚，人以群分"，假设与目标用户行为模式相似的用户，其偏好具有较强的参考价值。例如，当一个用户频繁访问某一主题的资源时，与之相似的用户也可能对此主题产生兴趣。通过构建用户行为矩阵，算法可以快速识别用户之间的相似性，并根据高相似用户的偏好进行推荐。

物品协同过滤则聚焦于资源之间的关联性，其基本逻辑是，通过分析用户对不同资源的使用行为，识别出资源间的相似模式，从而实现基于资源特征的推荐。例如，若多数用户在访问某一学术数据库后倾向于访问特定期刊，系统可基于这一行为为新用户推荐类似路径。物品协同过滤在资源间建立的关联，不仅提升了推荐的连贯性，也增强了系统对用户多样化需求的适应能力。

用户协同过滤与物品协同过滤虽在原理上有所区别，但其实际应用中有许多共同之处。例如，两者均依赖于行为数据的质量与数量，数据稀疏性与冷启动问题是其共同挑战。数据稀疏性指的是用户行为矩阵中大量缺失数据的存在，这使得算法难以有效计算用户间或资源间的相似性。冷启动问题则反映了新用户或新资源缺乏历史行为记录时的推荐难题，这对推荐的覆盖面与精准性构成制约。

面对数据稀疏性问题，改进算法的思路集中在矩阵补全与聚类优化两方面。矩阵补全技术通过对缺失数据的预测，填补用户行为矩阵的空白，使得相似性计算更加可靠。聚类优化则通过将用户或资源分组，减少矩阵维度，提升计算效率。这些改进在一定程度上缓解了数据稀疏性的影响，为协同过滤算法的广泛应用奠定了基础。

冷启动问题的解决则依赖于多源数据的引入与迁移学习的应用。在新用户或新资源缺乏行为数据时，系统可以借助用户的静态属性信息或资源的文本特征，进行初步的推荐策略设计。此外，迁移学习技术通过将已有用户或资源的行为模式迁移至新用户或新资源场景，使系统在数据不足时也能提供具有一定准确度的推荐。

用户协同过滤算法的一个显著优势在于其对用户个体行为模式的高敏感度。通过聚焦用户个性化特征，算法能够在推荐中充分体现用户的兴趣偏好，特别是在兴趣集中且行为数据丰富的场景中，其推荐效果尤为突出。然而，这一优势在行为数据不足时也成为其局限，用户行为的多样性与复杂性可能导致相似性计算的偏差，进而影响推荐的精准性。

相比之下，物品协同过滤算法在应对行为数据不足时表现出更强的鲁棒性。由于资源间的相似性通常具有较强的稳定性，即使行为数据稀疏，系统仍能通过资源自身的属性特征进行相似性计算。然而，这一稳定性也带来了灵活性不足的问题，当用户兴趣发生变化时，物品协同过滤的推荐结果可能无法及时响应需求的转变。

为弥补单一算法的局限性，用户协同过滤与物品协同过滤的融合逐渐成为优化方向之一。融合模型结合了用户与资源间的相似性信息，在推荐时既考虑用户兴趣的个性化特征，也融入资源关联的全局视角。这种双向信息的整合，使推荐系统在兼顾精准性与覆盖面的同时，进一步提升了用户体验。

此外，算法的改进方向还包括上下文感知与动态模型的引入。上下文感知技术通过结合用户行为的时间、地点、设备类型等上下文信息，为推荐系统提供了更加丰富的数据支持。例如，当用户在某特定时间段内频繁检索某一领域资源时，系统可以动态调整推荐策略，使其更贴合用户的即时需求。动态模型则通过实时更新用户行为数据，使推荐结果能够快速适应用户兴趣的变化。

协同过滤算法的优化还需考虑推荐结果的多样性与解释性问题。在推荐结果的多样性上，系统需避免过于集中于用户的历史行为，而忽视潜在兴趣的拓展。推荐结果的解释性则直接影响用户对系统的信任与满意度，通过提供推荐的依据与逻辑，系统能够增强用户对推荐内容的接受度。

（二）基于内容的推荐算法

基于内容的推荐算法是一种直接利用资源内容信息进行分析的智能推荐技术。与协同过滤算法侧重于用户行为数据不同，基于内容的推荐方法以文本挖掘技术为核心，通过对资源内部信息的深度解析，实现对用户需求的精准识别与响应。在学术资源推荐中，文本挖掘技术的引入赋予了基于内容的算法更强的语义理解能力，为个性化服务注入了全新的可能性。

基于内容的推荐算法以资源本身的内容特征为分析对象，通过匹配用户历史访问的资源特征与候选资源特征，为用户生成个性化推荐列表。这一过程依赖于特征提取与相似度计算两个核心步骤。特征提取旨在将资源内容转化为可量化的结构化数据，通常包括关键词、主题和文本结构等。相似度计算则基于用户历史偏好特征与候选资源特征的比较，判断推荐的相关性与优先级。

在学术资源推荐中，特征提取的精准性决定了推荐结果的质量。资源的关键词、摘要和元数据是最常用的特征，而主题建模与语义分析技术为挖掘深层次的资源语义关系提供了支持。通过分析文献的核心主题和关键词，算法能够快速识别资源间的语义相似性，从而提升推荐的相关性与精准度。

文本挖掘技术是基于内容的推荐算法的技术基石，它通过自然语言处理（NLP）与语义分析，将非结构化的文本数据转化为可操作的信息。关键词抽取是文本挖掘的重要步骤，它通过词频统计与权重计算，识别资源文本中的核心概念。常用的方法包括 TF-IDF（词频 - 逆向文档频率）与词向量模型，这些技术能够有效提取文本的显性特征。主题建模则进一步提升了文本挖掘的深度。Latent Dirichlet Allocation（LDA）是主题建模中广泛应用的算法之一，它通过对文档词语分布的分析，将文献内容归类为若干主题，并赋予每个主题特定的语义标签。在分析学术论文时，LDA模型能够自动提取出论文的研究领域与核心议题，从而为推荐算法提供多维度的内容信息。

除了关键词与主题，文本挖掘还注重句法结构与语义上下文的分析。通过依存句法分析与语义角色标注，系统可以理解文本内容中的逻辑关系与语义深度。例如，一篇文献中可能提到某研究方法的具体应用场景，依存句法分析可以帮助系统提取出方法与场景间的关联，为个性化推荐提供更丰富的参考。

在基于内容的推荐算法中，相似度计算是连接用户需求与资源特征的关键环节。常见的相似度计算方法包括余弦相似度、欧几里得距离与 Jaccard相似度。余弦相似度通过计算两个向量的夹角，判断资源间的语义相似性，适用于高维特征数据的比较。欧几里得距离则侧重于特征值的数值差异，用于评估资源间的绝对相似性。

深度学习技术的引入为相似度计算注入了更多可能性。基于词嵌入的模型，例如 Word2Vec与 BERT，能够通过语义向量化提升相似度计算的语义理解能力。例如，两个文本可能在表面词汇上完全不同，但其语义指向却高度相似，传统相似度计算方法难以捕捉这种语义关联，而基于深度学习的语义模型则能够精准识别。

相似度计算的最终目标是为用户提供高度相关的推荐内容。在学术资源推荐中，这一过程不仅关注资源内容的直接匹配，还需考虑上下文的语义延展。当用户阅读一篇关于"机器学习模型优化"的论文时，系统推荐的相关资源可能包括"深度学习优化方法"与"模型评估指标"的文献，以满足用户多维度的学术需求。

基于内容的推荐算法以资源内容为核心，具有较强的透明性与可解释性。通过展示推荐资源的关键词或主题标签，系统能够直观地向用户传递推荐逻辑，从而提升用户对推荐结果的信任感。这种透明性在学术资源推荐中尤为重要，用户往往希望了解推荐结果与其研究方向的关联性。

然而，基于内容的推荐算法也面临着资源多样性不足与冷启动问题的挑战。由于算法主要依赖资源的显性特征，当用户兴趣集中于特定领域时，推荐结果可能过于局限于该领域，缺乏对用户潜在兴趣的探索。冷启动问题则体现在新资源或新用户缺乏历史数据时，算法难以提供有效的推荐策略。

为应对这些局限，基于内容的推荐算法正在向多模态特征融合与混合推荐模型方向发展。多模态特征融合通过整合文本、图像与音频等多种数据形式，提升了算法的适用性与推荐结果的多样性。混合推荐模型则将基于内容的算法与协同过滤等方法结合，兼顾用户行为与资源内容的双重特性，为冷启动问题提供了更具适应性的解决方案。

文本挖掘技术在基于内容的推荐算法中不仅限于特征提取，还涵盖了文本生成与语义理解的扩展应用。文本生成技术通过深度学习模型为资源添加语义描述与摘要信息，使得资源特征更加丰富与直观。BERT与GPT等模型在文本生成中的应用，为推荐算法注入了强大的自然语言理解能力。

语义理解则通过深度语义匹配与多任务学习，进一步增强了推荐的精准性。例如，基于Transformer架构的深度学习模型能够对资源内容进行全局语义解析，从而为相似度计算提供更高质量的输入。这些技术的融合，不仅提升了基于内容推荐的效果，也为推荐系统的创新发展提供了技术驱动。

基于内容的推荐算法与文本挖掘技术的结合，为学术资源推荐开辟了新的路径。通过深度解析资源内容与用户需求，系统能够在学术领域复杂的知识体系中，为用户提供精准、丰富的个性化推荐服务。这一过程中，文本挖掘技术的不断深化与创新，将成为推荐系统优化的核心动力。

（三）混合推荐算法

混合推荐算法是一种综合性策略，旨在将不同推荐方法的优点有机结合，以弥补单一算法的局限性。在智能推荐系统中，协同过滤和基于内容的推荐算法是两大经典方法，各自具有显著的特长和应用场景，但也存在不可忽视的不足。通过多模型融合，混合推荐算法实现了算法性能的提升，不仅增强了推荐系统的精准性和多样性，还提高了用户体验的满意度。

单一推荐算法在特定场景下表现出较强的适应性，但面对复杂的用户需求与多样化的资源时，往往显得捉襟见肘。协同过滤方法因依赖用户行为数据，在冷启动和数据稀疏性问题上存在短板，而基于内容的推荐方法虽然能够有效分析资源特征，但在捕捉用户潜在兴趣方面略显不足。混合推荐算法通过结合这两种方法，既利用了用户行为数据的集体智慧，又挖掘了资源内容的深层语义，为推荐系统构建了更全面的视角。

混合推荐算法的核心在于设计一个高效的融合框架，使得协同过滤和内容推荐的优点能够互为补充。常见的融合策略包括权重加权法、分层模型法和多任务学习法。权重加权法通过为不同算法分配权重，根据权重值综合两种推荐结果。这一方法简单易行，但对权重参数的选择要求较高。分层模型法则将协同过滤与内容推荐分别应用于不同阶段，例如，内容推荐用于初步筛选，而协同过滤进一步优化推荐列表。多任务学习法通过深度学习模型将两种推荐任务整合为一个联合优化问题，在提升算法性能的同时增强了推荐结果的关联性。

权重加权法的优势在于计算效率较高，同时具有较强的灵活性，适合资源丰富但计算能力有限的系统。而分层模型法在处理多维复杂需求时表现出更强的适应性，它通过模块化设计，将不同算法的特长最大化发挥。例如，在学术资源推荐中，可以先利用内容推荐筛选出与用户研究领域相关的资源，再通过协同过滤从中挑选出其他用户评分较高的文献，为用户提供高质量的推荐结果。

协同过滤方法注重用户行为数据的分析，它通过比较用户之间或资源之间的相似性，识别出潜在的推荐内容。内容推荐则聚焦于资源的内在特征，强调对资源内容的语义理解。混合推荐算法将两者的交互视为核心，它利用协同过滤识别用户群体的整体行为趋势，同时借助内容推荐解析资源特征的深层关联。这种交互关系在个性化服务中尤为关键。例如，当用户在短时间内频繁访问某一类型的资源时，协同过滤算法可以快速定位与该用户行为模式相似的其他用户的偏好；与此同时，内容推荐算法从资源的特征出发，筛选出与用户当前兴趣相符的高质量资源。两种方法的融合使得推荐系统既能满足即时需求，又能挖掘潜在兴趣。

权重调整直接影响着推荐结果的质量与多样性。传统的权重加权法采用固定的权重参数，但这一方式难以适应用户兴趣的动态变化。为此，基于反馈的权重自适应调整方法逐渐成为主流。这种方法通过分析用户对推荐结果的实时反馈，不断优化权重参数，使系统的推荐能力保持灵活性与精准性。权重调整的核心目标在于实现用户行为数据与资源内容特征的动态平衡。当用户的行为数据较为丰富时，系统可以适当增加协同过滤的权重，以充分利用用户的历史偏好；而在冷启动阶段或行为数据稀缺时，系统则倾向于依赖内容推荐算法，以确保推荐的覆盖范围与准确性。这种动态权重调整机制，使得混合推荐算法能够在多样化场景中展现出强大的适应能力。

多任务学习是一种将多个任务联合优化的机器学习技术，它通过共享模型参数，增强了任务间的信息交互与知识迁移能力。在混合推荐算法中，多任务学习为协同过滤与内容推荐的深度融合提供了技术支持。通过构建联合优化目标，系统能够同时学习用户行为数据与资源内容特征的相互关系，从而提升推荐结果的相关性与多样性。

在实际应用中，多任务学习模型通常基于神经网络架构，设计多层共享参数网络与独立任务分支。共享参数网络负责提取通用特征，例如用户偏好与资源主题，而独立任务分支则分别优化协同过滤与内容推荐的目标函数。通过这种方式，系统既能捕捉用户行为与资源内容的全局特征，又能兼顾两者的局部优化需求。

混合推荐算法的最终目标是为用户提供既多样化又精准的推荐内容。然而，多样性与精准性之间常存在天然的矛盾。精准性强调推荐内容与用户兴趣的高匹配度，而多样性则希望在满足用户当前需求的同时，拓展其潜在兴趣。混合推荐算法通过调整协同过滤与内容推荐的融合方式，实现了两者的有效平衡。例如，协同过滤方法倾向于推荐与用户历史偏好中高度相似的内容，这在提高精准性的同时，可能导致推荐结果的单一化。内容推荐算法则注重资源特征的多样性，它通过分析资源间的差异，为用户提供更加丰富的选择。混合推荐算法在设计时，通过引入多样性约束或多目标优化模型，将两种方法的优点结合，为用户呈现既相关又多样的推荐内容。

冷启动问题是混合推荐算法必须面对的挑战，尤其是在新用户或新资源的推荐场景中。针对这一问题，混合推荐算法通过整合协同过滤与内容推荐的特长，设计了一套渐进式推荐策略。在用户行为数据不足时，系统初步依赖内容推荐算法，以用户的显性特征为基础生成推荐列表；当用户的行为数据逐步累积后，协同过滤算法开始发挥作用，为推荐结果注入动态的行为数据支持。渐进式推荐策略不仅提升了冷启动阶段的推荐质量，还增强了系统对新用户与新资源的适应性。例如，在学术资源推荐中，新用户注册时通常缺乏行为数据，但其研究领域与兴趣方向可以作为内容推荐的初始依据；随着用户逐渐使用系统，协同过滤算法能够捕捉其行为模式，进一步优化推荐列表。

混合推荐算法在学术资源推荐、电子商务、在线教育等多个领域得到了广泛应用。在学术资源推荐中，它通过结合协同过滤的用户群体效应与内容推荐的资源语义分析，为研究人员提供了高度相关且丰富的文献推荐。在电子商务领域，混合推荐算法通过分析用户的购物历史与商品特征，实现了商品推荐的个性化定制。在在线教育场景中，混合推荐算法则通过整合学习者行为数据与课程内容特征，为学生提供定制化的学习路径建议。

（四）算法性能优化

推荐系统的性能优化始终围绕如何在复杂、多样的数据环境中实现精准、稳定的推荐展开。在冷启动和数据稀疏性问题面前，传统算法往往显得力不从心，而多因素加权模型以其灵活性和扩展性，为性能提升提供了新的突破口。这种模型通过整合多维度数据，构建了一种动态平衡的推荐机制，不仅解决了冷启动和稀疏性问题，还提升了推荐的鲁棒性和适应性。

多因素加权模型是一种通过整合用户、资源和环境等多维度特征，赋予每个特征不同权重，从而实现综合推荐的算法框架。在这个模型中，不同的因素权重反映了其对推荐结果的贡献程度。模型通过动态调整权重值，使推荐策略能够灵活适应用户需求的变化。在冷启动阶段，模型可以优先考虑内容特征，而在行为数据逐渐丰富后，逐步增加协同过滤的权重。这一模型的核心在于权重分配的科学性与动态性。权重分配需要基于用户行为模式、资源特征和环境变量的相互作用进行优化。当用户行为较为分散且缺乏明显的偏好特征时，系统可能倾向于提高基于资源内容的权重；而当用户表现出较强的兴趣集中性时，协同过滤的权重则会相应增加。

冷启动问题主要发生在新用户或新资源引入时，由于缺乏历史行为数据，传统算法难以提供有效的推荐。多因素加权模型通过整合用户属性、资源内容和行为数据，为冷启动问题提供了一种渐进式的解决方案。在新用户场景中，系统可以优先利用用户的显性特征，如年龄、职业、研究领域等，构建初步的兴趣画像。对于一位初次登录系统的用户，其注册信息显示其为物理学研究人员，系统可以提高与物理学相关的资源内容的权重，从而为用户生成初步的推荐列表。随着用户行为数据的累积，系统会逐步降低显性特征的权重，而增加协同过滤与基于内容推荐的比重。新资源的冷启动问题则通过资源特征的全面挖掘和相似度匹配得到缓解。系统在引入一篇新文献时，可以利用其关键词、主题和引用关系，将其与已有资源进行语义匹配。通过对资源内容特征的深度解析，模型能够在缺乏用户评分的情况下，准确评估新资源的潜在价值。

数据稀疏性直接影响了协同过滤算法的性能。多因素加权模型在应对此问题时，通过整合内容特征与上下文信息，构建了一种多维补全机制，从而有效缓解了数据稀疏性对推荐精度的影响。模型通过引入相似性传播方法，在稀疏数据的基础上生成新的关联信息。例如，当用户 A 与用户 B 之间的行为数据较少时，系统可以借助用户 C 的中介作用，间接推断 A 与 B 之间的相似性。相似性传播不仅扩展了用户之间的联系网络，还为协同过滤提供了更丰富的数据支持。在资源层面，数据稀疏性问题可以通过资源特征的语义关联得到优化。系统利用主题建模和文本挖掘技术，提取资源的隐性特征，并将其转化为可用于推荐的结构化数据。通过分析文献的主题分布，模型可以识别出资源之间的语义相似性，从而为推荐系统生成新的数据输入。

动态权重调整机制是多因素加权模型的核心，它通过实时分析用户行为数据与推荐结果的反馈，优化权重参数，使推荐策略始终保持适应性。权重调整主要基于两种数据来源：用户行为模式和推荐结果的有效性。用户行为模式的变化直接影响权重的分配。当用户在短时间内频繁访问某一特定领域的资源时，系统会自动提高与该领域相关的特征权重；当用户的兴趣变得多样化时，系统则会降低单一特征的权重，而增加多维特征的比重。这种实时调整机制，使得推荐系统能够快速响应用户兴趣的变化。推荐结果的有效性通过用户反馈进行评估，如点击率、停留时间和评分等指标。当某一权重组合在推荐结果中表现出较高的有效性时，系统会优先保留该权重分配方案；当某一组合的有效性较低时，系统则会自动调整权重，以寻求新的优化方向。

多因素加权模型在实现推荐性能优化时，注重对用户特征、资源特征和上下文信息的全面整合。这种加权融合不仅提升了推荐的精度，还增强了系统对多样化需求的适应能力。用户特征的加权融合主要包括显性特征与隐性特征两部分。显性特征指用户的基本信息与注册数据，隐性特征则通过行为数据与语义分析生成。用户在资源检索中表现出对某一特定关键词的偏好时，系统会将该关键词作为隐性特征纳入权重计算。

资源特征的加权融合则基于资源内容的多模态特征，如文本、图像和音频等。通过对多模态特征的加权计算，系统能够为用户提供更丰富的推荐内容。例如，在学术资源推荐中，系统可以结合文献的主题分布、图表结构和引用关系，为用户生成多维度的推荐列表。上下文信息的加权融合通过引入时间、地点和设备等环境变量，使推荐结果更加贴合用户的实际需求。当用户在移动设备上访问系统时，模型会优先推荐适合移动端浏览的资源；当用户在工作日的白天登录时，系统则会提高与其职业相关的资源权重。

多因素加权模型在推荐系统中的性能优化，离不开对推荐结果的多维度评价。这些评价指标包括推荐的精准性、多样性、覆盖率和用户满意度。精准性反映了推荐内容与用户兴趣的匹配程度，多样性衡量了推荐结果的丰富性与新颖性，覆盖率则评估了系统对资源的全局利用率。系统通过对评价指标的实时监控，不断优化权重参数与算法策略。例如，当用户对推荐结果的满意度较低时，系统会重新评估权重分配方案，并调整协同过滤与内容推荐的比重。当多样性指标偏低时，系统则会引入更多的语义扩展与上下文信息，以提升推荐结果的创新性。多因素加权模型以其强大的整合能力，为推荐系统在冷启动和稀疏性问题上的突破提供了新的可能性。它通过动态权重调整与多维度特征融合，不仅改善了推荐的精准性与多样性，还为智能推荐系统的持续优化提供了坚实的技术支撑。

二、智能推荐在学术资源服务中的价值

(一)个性化推荐对学术研究效率的提升

智能推荐系统在学术资源服务中扮演了不可或缺的角色,它以个性化推荐为核心,通过深度学习技术的介入,实现了对用户隐性需求的精准识别。通常隐藏在显性行为背后,无法通过简单的行为分析直接捕捉。然而,这些需求却反映了用户深层次的研究兴趣与学术目标。深度学习技术以其强大的非线性特征学习能力,能够从用户的行为数据中挖掘出显性行为所未表达的隐性信息,从而弥补了传统推荐方法的不足。在深度学习的语境中,隐性需求的挖掘始于用户行为的特征提取。用户在使用学术资源平台时的检索关键词、点击顺序、访问时长等行为特征,被深度学习模型转化为高维度的特征向量。这些向量不仅包含了用户的显性行为信息,还蕴含了行为间的潜在关联。

深度学习技术在隐性需求识别中的优势,主要体现在其对语义的深层理解能力上。基于传统方法的推荐系统,通常局限于关键词匹配与行为模式分析,而深度学习模型能够超越字面意义,理解用户行为背后的语义逻辑。一个用户在学术平台上搜索"社会网络分析",深度学习模型不仅能够识别出这一关键词的重要性,还能通过语义扩展,挖掘与该主题相关的研究热点和学术方法,从而为用户生成更具针对性的推荐列表。以 Transformer 架构为核心的深度学习模型,通过自注意力机制捕捉文本中的语义依赖关系,为学术资源的语义解析提供了强大的工具。在分析一篇关于"深度学习模型优化"的论文时,模型能够识别出"优化算法""网络结构调整"等核心概念,并将这些概念映射到用户的兴趣领域中,为隐性需求的识别提供数据支持。

用户行为序列的分析是隐性需求识别的关键环节,而深度学习模型在序列建模方面展现出卓越的能力。用户的行为序列通常包含多种操作,如检索、浏览、下载等,不同操作之间存在时间与语义上的复杂关联。深度学习模型通过长短期记忆网络(LSTM)与循环神经网络(RNN),对用户行为序列进行建模,从而捕捉动态变化的需求特征。一个用户在某一时间段内集中访问某学术领域的文献,而在另一时间段内转向其他主题,这一行为变化可能反映了用户研究兴趣的扩展或学术任务的转移。深度学习模型通过对时间序列的敏感捕捉,能够及时调整推荐策略,使推荐结果与用户的即时需求保持一致。

学术资源的多样性要求推荐系统具备多模态信息处理能力,而深度学习技术为多模态特征的融合提供了可能性。在实际应用中,学术资源的特征不仅包括文本内容,还涉及图像、表格、图形等多模态信息。传统的推荐方法难以对

这些非文本特征进行有效整合,而深度学习模型能够同时处理不同模态的数据,并将其转化为统一的语义向量,为推荐系统的多模态融合奠定了基础。

通过对用户行为数据的多维度解析,深度学习模型能够生成高度个性化的用户兴趣图谱。用户画像不仅包括用户的研究领域与学术兴趣,还涉及其操作习惯、行为偏好等信息。这些画像数据为隐性需求的识别与个性化推荐提供了重要依据。深度学习模型通过多层神经网络对用户行为进行特征分解,将用户的显性行为与隐性特征有机结合。如一个用户在检索中频繁使用某些关键词,系统会将这些关键词与相关主题归纳到用户画像中,同时结合其历史行为,预测其可能感兴趣的其他领域。这一过程的核心在于深度学习模型对用户行为特征的非线性分解与聚合能力。

深度学习技术不仅能够识别隐性需求,还能够通过实时优化与用户反馈机制,不断提升推荐系统的表现。用户的每一次操作都为系统提供了新的行为数据,深度学习模型通过在线学习算法,将这些数据快速融入推荐策略中,使推荐结果与用户需求始终保持同步。当用户对某一推荐资源表现出高频点击或长时间停留时,系统会增加相似资源的推荐权重;而当用户对某一推荐列表无操作行为时,系统则会降低该列表相关特征的权重。这种实时优化机制,使推荐系统能够快速适应用户的兴趣变化,从而提供更精准的个性化服务。

在推荐系统中,可解释性是赢得用户信任的重要因素。深度学习模型通过语义分析与特征可视化,为推荐结果的解释提供了新的途径。系统可以通过自然语言生成技术,向用户展示推荐内容与其需求之间的逻辑关联,从而增强推荐系统的透明度与可信度。在推荐某篇文献时,系统可以解释该文献与用户兴趣之间的关联,例如相似的研究领域或共同的关键词。这种可解释性不仅增加了用户对推荐结果的接受度,还为用户提供了更深层次的学术洞察。深度学习技术的应用,使推荐系统能够超越单一的功能性,为学术研究提供更具启发性的服务。

(二)智能推荐在专题资源服务中的适用性

专题资源服务是一种面向特定研究领域设计的学术资源组织与分发模式,旨在通过对资源的深度分类和智能推荐,优化用户获取学术资料的效率。在这一过程中,研究领域的分类维度成为资源推荐的核心基础。以研究领域为主线的分类推荐,结合了智能推荐系统的语义理解与多模态特征融合能力,为用户构建了精准且多样的学术资源网络。

研究领域的分类不仅需要全面覆盖现有学术学科,还应考虑领域内部的主题延展性。专题资源服务的首要任务是对学术资源建立科学合理的分类层级,使资源分布具有清晰的结构化逻辑。在这一框架下,学科是基础分类单位,主题是进一步延展的细分维度。为了适应多学科交叉研究的需求，分类系统还需要支持领域间的语义交叉与特征共享。分类层级的构建需要深度分析资源的内在属性与关联性。系统在设计分类维度时，通过文本挖掘技术提取资源内容的关键特征，将这些特征映射到分类体系中。以研究主题为中心的标准化方法，既能够体现资源的主要方向，也可以作为分类扩展的基础。

用户需求的多样性和动态变化决定了分类推荐的精准度与适用性。在专题资源服务中，智能推荐系统通过分析用户的历史行为与即时操作，构建个性化需求画像，并将其与资源分类体系中的标签特征进行匹配。分类推荐的实现依赖于用户兴趣模型的动态调整，使系统能够准确捕捉用户研究兴趣的转移轨迹。为了增强分类推荐的灵活性，系统采用了多因素加权模型，将用户行为数据、资源特征与上下文信息整合到推荐逻辑中。模型通过动态调整权重值，使用户的显性需求与隐性需求在分类推荐中得到均衡体现。系统不仅能够识别用户当前关注的核心主题，还能基于历史行为预测其潜在兴趣，为其推送相关性较高的资源。

研究领域的多样性与复杂性使得专题资源推荐不仅依赖于显性特征，还需要通过语义关联来挖掘隐藏在资源内容中的深层次关系。智能推荐系统通过自然语言处理（NLP）技术，将资源文本转化为语义向量，构建语义网络，挖掘资源间的主题联系与研究方向的隐性路径。语义关联的挖掘过程需要兼顾资源特征的多维度与用户需求的动态性。系统利用深度学习模型捕捉资源内容中的隐性模式，并将这些模式与用户行为特征进行对照，生成推荐策略。例如，当资源语义分析显示某些主题之间存在较强的交叉关联时，系统会优先为用户提供同时覆盖这些主题的分类推荐，以满足用户对跨领域资源的需求。

学术资源的多样化表现形式为专题推荐的设计带来了新的挑战与机遇。传统推荐系统多以文本内容为主，而学术资源中的图表、图像和数据图谱同样承载了重要的学术信息。智能推荐系统通过多模态信息整合，将资源的多种特征融合到统一的推荐框架中，使得分类推荐的覆盖面更广。系统在处理多模态信息时，采用了深度学习的多任务建模方法。模型通过卷积神经网络（CNN）提取非文本信息的特征，并将这些特征与文本内容的语义向量合并，生成多模态语义表示。这一表示不仅增强了系统对资源特征的理解能力，还提高了分类推荐的多样性与深度。多模态整合技术的应用，使得专题推荐服务能够更全面地满足用户对资源类型的多样化需求。

专题资源服务在追求推荐精准性的同时，必须关注推荐内容的多样性。精准性强调推荐内容与用户兴趣的高度匹配，而多样性则关注推荐内容的广度与创新性。智能推荐系统通过多目标优化方法，将这两者结合在推荐逻辑中，为用户提供既相关又多样的分类推荐。系统在分类推荐中，通过引入多样性约束算法，使推荐内容在维持相关性的基础上，拓展用户的兴趣边界。在推荐与某一研究领域直接相关的资源时，系统还会适当推送与领域交叉相关的资源，为用户提供更多研究视角。这种精准与多样性的平衡机制，不仅提升了分类推荐的实用性，也增加了用户对系统的满意度。

专题资源推荐的适用性在很大程度上取决于系统对用户行为与资源特征的动态优化能力。智能推荐系统通过实时反馈机制，分析用户对推荐内容的操作行为，不断优化分类推荐策略，使推荐结果能够紧密跟随用户需求的变化。动态优化机制依托于深度学习的在线学习模型。系统在获取用户实时行为数据后，迅速更新推荐策略参数，使分类推荐的逻辑与用户的即时需求保持一致。例如，当用户对某一分类推荐内容表现出较高的点击频率时，系统会优先增加该分类的推荐比重，同时降低其他分类的优先级。这样的优化机制，使专题资源推荐在动态学术环境中保持了高效与精准。

在多领域研究日益融合的背景下，专题资源服务需要具备跨领域推荐的能力。智能推荐系统通过语义关联与标签共享机制，构建跨领域资源的分类推荐框架，为用户提供多学科视角的学术资源服务。跨领域推荐的实现，不仅需要系统识别领域间的显性关联，还需要通过深度学习模型挖掘潜在的研究方向交叉点。为了实现这一目标，系统采用了基于标签网络的推荐方法。标签网络将不同领域的资源通过共享标签连接起来，形成一个交互关联的资源矩阵。在这一框架下，系统能够快速识别用户兴趣领域的边界扩展点，并为其推荐具有跨领域特征的资源。

（三）学术资源推荐结果的可解释性

推荐系统的可解释性是指用户能够理解系统为什么推荐某一特定资源。学术资源推荐中，可解释性既能提升用户体验，又能在研究过程中提供额外的学术启发。缺乏可解释性的推荐系统，容易使用户质疑推荐结果的准确性与科学性，从而削弱系统的使用效果。尤其在学术场景中，研究者对推荐逻辑的信任程度直接决定了他们是否采纳推荐内容。可解释性不仅是一种技术追求，更是一种服务承诺。用户希望了解推荐结果的产生过程，如资源与其研究主题的关联性或系统对某一学术热点的关注程度。通过向用户揭示推荐结果的内在逻辑，系统能够构建一种可信赖的交互关系，从而促进学术研究的深入。

可视化技术为推荐结果的解释提供了重要的表达手段。相比于单纯的文本描述，可视化能够以图形化的方式呈现复杂的推荐逻辑，使用户直观地理解数据之间的关系。在学术资源推荐中，用户不仅关注推荐的最终结果，还希望了解资源的语义关联、权重分布以及推荐路径等深层信息。可视化技术的核心价值在于其信息浓缩与直观呈现能力。复杂的推荐算法往往涉及多维度的特征权重与语义关联，通过可视化，系统能够以图表、网络结构或热力图的形式，将这些多维信息转化为用户易于理解的视觉元素。如将推荐资源与用户检索行为之间的关系绘制为节点图，使用户能够清晰地看到其检索关键词如何影响推荐结果。

推荐结果的可视化需要依托一系列数据处理与图形渲染技术，以确保推荐逻辑的全面表达与用户体验的友好性。关键技术包括数据抽象、语义映射和动态交互设计。数据抽象是可视化的第一步，系统需将推荐算法中的多维特征与用户行为数据转化为可视化元素。语义映射是可视化的核心环节，它将数据的语义信息与图形元素相对应，推荐结果的可视化技术不仅注重逻辑的完整性，还强调视觉效果的清晰性与交互设计的友好性。用户需要通过简洁明了的界面，快速抓取推荐内容的核心信息，同时保留进一步探索的可能性。这种技术设计，提升了推荐解释的效率与用户的接受度。

语义网络是学术资源推荐中的重要结构，它展示了学术资源与用户需求之间的多维语义关系。语义网络的可视化将资源节点与用户行为节点连接起来，通过路径、权重和语义标签揭示推荐结果的逻辑。一篇推荐文献可以通过关键词、主题分布和引文网络与用户的检索行为关联，语义网络的可视化将这些关联转化为直观的图形呈现。语义网络的可视化不仅能够解释推荐逻辑，还为用户提供了学术探索的新视角。通过观察语义网络中的节点分布与路径结构，用户能够发现资源之间的隐性联系与研究方向的潜在交叉点。这种附加的学术价值，使推荐系统在服务用户的同时，成为一种知识发现的工具。

热力图是一种通过颜色分布展示数据权重的方法，在推荐结果的可视化中有广泛应用。学术资源推荐中，热力图可以用于展示推荐资源的主题覆盖范围与相关性分布。例如，在一组推荐文献中，热力图能够直观显示每篇文献与用户兴趣的契合程度，通过颜色的深浅区分不同资源的重要性。热力图的优势在于其简洁性与信息密度。在推荐结果解释中，用户无需复杂的逻辑推演，仅需通过颜色变化便可直观理解资源的优先级与推荐依据。结合动态交互设计，热力图还能为用户提供资源的进一步信息，例如点击某一区域后显示对应资源的具体主题或关键内容。

推荐结果的可视化不仅关乎信息的传递，还涉及用户体验的优化。学术资源推荐的目标用户多为研究人员，其行为特点和需求习惯决定了可视化设计应具有较高的专业性与适用性。例如，在图形设计中，应注重数据呈现的清晰度与信息层次的分明性，避免因过多的视觉元素造成信息负载。动态交互是用户体验优化的重要环节，通过设计可操作的图形界面，使用户能够自主选择查看的推荐细节。在节点图的基础上，用户可以点击某一节点查看资源的具体信息或探索关联路径的细节内容。

推荐结果的可解释性直接影响用户对系统的信任，而信任的建立需要依赖清晰、透明的可视化策略。例如，使用对比图表展示推荐结果与用户兴趣之间的匹配度，能够增强用户对推荐内容的认同感。同时，逐层递进的可视化设计，使用户能够从全局视角理解推荐逻辑，再逐步深入到具体资源的细节分析中。视觉策略的设计还应注重情感化元素的融入，例如通过温暖的色调与友好的交互提示，减少系统操作的冷漠感，增强用户对系统的亲近感。这种情感化设计，不仅能够提升用户体验，还能在无形中增加用户对推荐系统的信任度。

三、推荐系统发展中的新趋势

（一）深度学习模型在推荐系统中的应用

深度学习的核心价值在于其对非线性关系的解析能力。传统推荐系统多依赖浅层模型，难以捕捉用户行为数据中的复杂模式。而深度学习模型能够在高维空间中提取数据的深层次特征，构建更接近真实语义的推荐逻辑。在用户的行为序列中，深度学习模型可以识别出行为间的潜在依赖关系，为个性化推荐提供数据支持。相比传统算法，深度学习模型还具有更强的扩展性与适应性。无论是多模态数据的处理，还是实时推荐的实现，深度学习模型都展现出其独特的优势。尤其是在学术资源推荐中，这些模型能够整合文本、图像和语音等多种信息形式，为用户提供更加全面的资源选择。

Transformer架构是深度学习领域的革命性成果，其在推荐系统中的应用，充分展示了其在特征提取与语义理解方面的潜力。Transformer的核心机制在于自注意力机制，它通过计算输入序列中各位置的相关性，为数据建模提供了更强的上下文感知能力。在学术资源推荐中，Transformer架构被广泛应用于长序列建模任务。如用户在一段时间内的检索和浏览行为，形成了一条行为序列。传统模型在处理长序列时，容易因信息丢失或梯度消失而影响推荐效果。而 Transformer通过自注意力机制，能够在全局范围内捕捉序列中各行为之间的依赖关系，为推荐结果提供更全面的支持。Transformer的另一个优势在于其并行计算能力。与循环神经网络（RNN）相比，Transformer能够更高效地处理大规模数据集，为实时推荐奠定了技术基础。这种高效性使其在用户规模较大的学术资源平台中得到了广泛应用。

神经网络技术的多层结构使其在推荐系统中具有显著的优势。无论是卷积神经网络（CNN）对图像特征的提取，还是递归神经网络（RNN）对序列数据的建模，神经网络都为推荐算法注入了新的活力。在学术资源推荐中，神经网络的应用体现在对多模态信息的融合能力上。例如，一篇学术论文不仅包含文本内容，还可能附带图表、公式等非文本信息。神经网络能够同时处理这些不同形式的特征，将其融合为统一的语义表示，为推荐算法提供多维数据支持。此外，深度神经网络（DNN）在推荐系统中的分层特性，为数据特征的分解与聚合提供了灵活性。例如，在推荐系统的输入层，用户行为数据被分解为基本特征；在隐藏层，这些特征被进一步聚合为高层次语义表示；在输出层，模型根据这些语义表示生成推荐列表。这种分层结构，不仅提升了推荐系统的精准性，还增强了模型的可解释性。

多任务学习是一种通过同时优化多个目标任务来提升模型性能的方法。推荐系统中的多任务学习通常涉及用户行为预测、资源推荐和语义分类等多个任务。深度学习模型的多任务架构，通过共享底层特征，提高了推荐算法的效率与鲁棒性。在多任务学习框架中，Transformer架构被广泛用于任务间的语义共享。如系统在分析用户的检索行为时，可以同时预测用户的点击行为与停留时长。这些预测结果不仅为推荐结果提供了数据支持，还能为系统的优化提供指导。多任务学习的另一优势在于其对数据稀疏性的缓解能力。在推荐系统中，某些用户或资源的行为数据较少，传统模型难以为其生成有效的推荐结果。而多任务学习通过共享任务间的数据特征，提升了模型对稀疏数据的处理能力，为推荐系统的全面适配提供了技术支持。

尽管深度学习模型具有强大的预测能力，其复杂性也带来了可解释性不足的问题。在推荐系统中，可解释性直接影响用户对推荐结果的信任。为解决这一问题，许多研究尝试为深度学习模型设计可解释性机制，例如可视化模型决策路径或生成自然语言解释。Transformer架构的自注意力机制为可解释性设计提供了重要支持。通过分析自注意力分布，系统可以揭示推荐结果中不同特征的重要性。神经网络技术也在可解释性方面取得了进展。如卷积神经网络可以通过热力图显示模型对图像特征的关注区域，为推荐结果的视觉解释提供支持。递归神经网络则能够通过可视化其隐藏状态，揭示行为序列中的关键模式。

深度学习模型在推荐系统中的应用，不仅提高了推荐结果的精准性，还为系统的动态优化提供了技术基础。深度学习模型能够通过实时数据更新与在线学习，不断调整推荐策略，使其与用户的即时需求保持一致。动态优化机制的核心在于对用户行为的快速响应。系统通过监测用户的实时操作，例如点击、收藏和跳转等行为，生成新的行为数据。深度学习模型通过在线学习算法，将这些数据融入推荐逻辑中，生成新的推荐结果。这种动态调整能力，使推荐系统能够在用户需求发生变化时，迅速做出响应，保持推荐内容的高相关性。此外，动态优化机制还涉及模型参数的实时调整。在用户兴趣逐渐分散的情况下，系统可以降低特定主题的推荐权重，增加多样化推荐的比例。这样的优化策略，不仅满足了用户对新内容的探索需求，还提升了推荐系统的用户体验。

（二）增强现实（AR）技术在图书馆推荐中的潜在应用

增强现实（AR）技术的引入，为图书馆资源推荐系统带来了崭新的交互模式。通过 AR技术，用户可以在现实环境中直观获取数字化资源的定位与信息，这种虚实结合的体验方式，不仅提升了推荐的精准性，还拓宽了资源服务的形式。

图书馆作为知识资源的集中地，其资源分布的复杂性常常使用户在查找资料时耗费大量时间。AR技术通过空间增强和虚拟指引功能，为用户提供了直观的资源定位服务。用户佩戴 AR设备或通过移动端应用扫描场景后，系统可以根据用户需求，在现实空间中叠加虚拟导航指示，帮助用户快速找到目标资源。这一过程的实现依赖于室内定位技术与图像识别算法的结合。系统通过分析图书馆内的物理环境和资源布局，构建高精度的三维定位模型，并将资源的具体位置信息叠加在用户视角中。如用户在书架前可以看到 AR界面中显示的资源类别与内容简介，结合导航提示实现精准查找。这样，原本抽象的资源分布变得直观且高效，用户体验显著提升。

AR技术不仅限于静态的资源定位，还为动态推荐提供了全新的表达方式。在用户进入图书馆的某一特定区域时，AR系统能够根据其行为轨迹与兴趣数据，实时推送相关资源。动态推荐功能结合了用户需求的即时性与推荐内容的场景化，使推荐服务更加贴合用户的实际需求。交互式导航与动态推荐的结合，为资源获取提供了无缝衔接的体验。系统通过用户与环境的实时交互，感知用户的兴趣点并自动调整推荐内容。当用户在某一主题书架前驻足时，AR界面会显示与该主题相关的热门资源及其具体位置信息。这种主动式推荐方式，将用户的行为与推荐系统紧密连接起来，为学术资源的高效获取提供了有力支持。

AR技术的另一重要价值在于其沉浸式体验的构建能力。在图书馆环境中，用户不仅可以通过 AR技术定位资源，还能够直接在虚拟空间中浏览资源内容。AR系统通过叠加虚拟屏幕和交互元素，将资源的部分内容呈现在用户面前，例如摘要、目录甚至可视化数据图。这种交互方式，极大缩短了用户从获取资源到理解内容的时间成本。沉浸式体验的实现依赖于 AR设备的多模态交互能力，例如语音控制、手势操作与眼动追踪等。这些技术的结合，使用户能够在不接触实体资源的情况下，完成内容浏览与筛选的过程。同时，AR界面中的内容呈现方式注重信息的分层结构，从概览到细节逐步递进，帮助用户快速理解资源的核心价值。

推荐结果的可视化是资源服务的重要环节，而 AR技术为推荐结果的展示提供了全新的方式。传统推荐系统多以文本或平面图表的形式呈现推荐结果，用户往往需要切换视角或界面进行理解。而 AR技术将推荐内容直接叠加在用户的视线范围内，使信息的获取更加便捷。推荐结果的AR可视化通常以图标、路径和动画的形式展现。系统在分析用户兴趣和环境信息后，生成适配的推荐内容，并通过虚拟图形叠加在现实场景中。如当用户在馆内某一区域移动时，AR界面会动态更新推荐内容，并通过颜色或光效提示资源的优先级。这样的可视化方式，不仅提高了推荐的交互性，还增强了用户对推荐逻辑的理解。

AR技术的情境感知能力，使其在资源推荐中展现出独特的优势。系统能够实时分析用户的物理位置、行为模式和环境特征，为推荐内容提供更丰富的背景信息。用户在自习区域时，系统可以优先推荐适合深度阅读的学术资源；而在公共区域，则更倾向于推荐简要的资源概览或热点话题。多层次资源推荐的实现，使用户能够根据需求选择不同深度的资源内容。AR系统在推荐界面中设置了分层菜单，用户可以从概览层次逐步深入到细节层次。例如，在看到资源的基本信息后，可以进一步查看与之关联的研究方向、参考文献等。这种多层次的推荐结构，不仅提升了推荐内容的丰富性，还增强了用户对资源的掌控感。

图书馆的资源推荐不仅服务于个体用户，还需要满足团队协作的需求。AR技术为学术团队的资源导航提供了高效的协作模式。在研究团队的资源查找过程中，AR系统能够为不同成员提供同步导航界面，并通过虚拟标记实现信息共享与沟通。协作模式的实现依赖于 AR技术的多用户支持能力。系统为每位用户生成独立的 AR视角，并通过云端服务器实现信息的实时同步。

随着 AR技术在图书馆推荐中的广泛应用，用户隐私与数据安全问题也成为不可忽视的挑战。AR系统需要采集用户的行为数据、环境信息以及设备位置，这些数据的保护直接关系到用户的信任与系统的可持续性发展。AR推荐系统在隐私保护方面通常采用加密算法与数据匿名化处理技术。系统在数据采集与传输过程中，确保用户隐私信息不被泄露。同时，系统界面设计也注重隐私提示与权限控制，使用户能够清楚了解数据的使用情况并进行自主管理。这种注重隐私保护的设计，不仅增强了用户对系统的信任，也为 AR技术在推荐服务中的持续应用奠定了基础。

（三）伦理与隐私问题

匿名化是用户隐私保护的基本手段之一，其目标是通过移除或模糊化用户数据中的标识信息，降低数据被追溯到特定个人的风险。在推荐系统中，匿名化需要覆盖用户行为数据的多个层面，包括搜索记录、点击历史和偏好特征等。匿名化的关键在于平衡数据可用性与隐私保护之间的矛盾。在实际操作中，数据匿名化面临诸多挑战。一方面，学术推荐系统需要高质量的用户数据以实现精准推荐，过度的匿名化可能导致数据失真，从而影响推荐效果。另一方面，随着数据挖掘技术的发展，攻击者可以通过多源数据交叉匹配还原用户身份，这对匿名化策略提出了更高要求。例如，仅删除用户 ID可能不足以保护隐私，还需进一步对行为模式和时间戳信息进行模糊处理。

差分隐私作为一种前沿技术，为用户数据的匿名化提供了理论保障。其基本原理是，在数据分析过程中，加入一定程度的噪声以掩盖个体数据的影响，从而保证分析结果不泄露单个用户的信息。差分隐私技术的核心在于其数学证明，确保即便攻击者掌握了外部信息，也难以还原用户数据。在推荐系统中，差分隐私的应用可以体现在多个环节。例如，系统在生成推荐模型时，可对用户行为数据加入噪声，使模型训练过程中的数据无法被直接利用。这种方法不仅提升了系统的隐私保护水平，还保持了模型的整体预测性能。此外，差分隐私技术还支持用户定制化隐私保护策略，即用户可以根据自身需求选择噪声加入的强度，从而实现隐私与功能的动态平衡。

数据存储的安全性是推荐系统隐私保护的重要一环。用户行为数据通常存储在云服务器或本地数据库中，这些存储介质一旦被攻击，可能导致大规模隐私泄露。加密技术为数据存储提供了有效的防护措施，使得即使数据被截获，攻击者也难以解密。对推荐系统而言，常用的加密策略包括对称加密和非对称加密。对称加密适用于高效数据存储和传输场景，其优点在于速度快，但密钥管理的复杂性较高。而非对称加密则通过公钥与私钥的配合，实现了更高的安全性，适用于对敏感数据的长期保护。此外，近年来，基于同态加密的技术也逐渐引起关注，这种方法允许对加密数据直接进行计算，从而在不解密的情况下完成推荐算法的模型训练。

去标识化是数据匿名化的常见手段，其核心在于移除用户行为数据中的直接标识信息，如姓名、账号等，以降低身份关联风险。在推荐系统中，去标识化通常还需辅以泛化处理，即对某些具体数据进行范围模糊化，以防止攻击者通过间接信息还原用户身份。泛化处理的典型应用包括时间戳和地理位置的模糊化。例如，用户的浏览行为时间可以用时间段代替，而地理位置则可以通过大区域描述。通过泛化处理，推荐系统能够在保护用户隐私的同时，保持数据的统计价值，确保推荐算法的正常运行。

用户行为模式的挖掘是推荐系统的核心能力，但这一过程往往涉及深度分析用户的偏好与习惯，这也成为隐私保护的敏感领域。为了避免用户行为数据被滥用，系统需要在分析环节引入隐私保护策略。行为数据的分布式存储是减少隐私风险的有效手段之一。通过将数据分散存储在多个节点上，系统能够降低单点攻击的影响。此外，行为模式的分析结果也可采用聚合显示方式，即仅展示群体行为的总体趋势，而非具体个体的行为特征。

隐私保护不仅需要技术支持，还需要以用户为中心的透明度设计。推荐系统应向用户清晰展示数据的使用方式与保护措施，让用户在知情的情况下做出选择。透明度的实现方式包括隐私政策的清晰说明、数据使用提示以及隐私设置的自定义功能。用户控制是隐私保护的另一关键环节。推荐系统应允许用户自主管理其行为数据的采集与使用范围,例如提供数据删除和权限调整的功能。此外,系统可以通过交互式界面,帮助用户了解隐私保护的细节,使其对数据使用的风险与收益有更全面的认知。

推荐系统的隐私保护不仅是技术问题,更是一种社会责任。系统开发者与运营者需要遵守相关法律法规和行业伦理,以确保用户权益的最大化。学术资源推荐领域尤其如此,其用户数据往往涉及科研活动的核心内容,其隐私保护具有更高的敏感性。隐私保护的伦理规范包括数据采集的最小化原则、数据用途的明确性以及用户权益的优先性。如系统在设计数据采集策略时,应仅收集实现推荐功能所需的最小数据集,而非泛化式地采集所有可用信息。此外,推荐系统还需建立内部审查机制,定期评估隐私保护措施的有效性,以确保系统运营的合法性与合规性。

第五节 移动端服务的创新与优化

一、移动平台的个性化设计特点

(一)响应式设计与用户体验优化

响应式设计的本质在于界面布局的灵活性与适配性。移动端设备的多样性决定了界面设计必须具备动态调整的能力,以适应不同屏幕尺寸和分辨率。在图书馆移动端的应用中,响应式设计强调信息内容的可视化与操作便捷性,使用户无论使用手机、平板还是其他智能设备,都能够获得流畅的服务体验。界面元素的灵活布局是响应式设计的核心。如书目检索页面在小屏幕设备上应优先呈现核心功能,将辅助信息隐藏在可展开的菜单中,以节省屏幕空间。多栏布局在较大设备上提供全面信息,而在小设备上动态调整为单栏排列,提高了信息呈现的直观性,还保障了操作的便捷性。

用户行为模式直接影响交互设计的策略。图书馆移动端用户往往以快速检索和即时获取资源为主要需求,因此界面设计需遵循高效、简洁的原则。在UI/UX框架的指导下,交互设计注重减少用户操作路径,通过优化界面结构与功能布局,使用户能够以最少的步骤完成目标操作。滑动操作、单手模式和手势交互是移动端界面的重要设计方向。在资源浏览页面中,采用滑动手势切换资源分类,不仅符合用户的操作习惯,还提升了交互的流畅性。同时,单手操作模式通过优化按钮布局和交互区域,使用户在移动场景中也能轻松完成操作。交互设计的这些细节优化,将用户体验提升到新的高度。

界面的视觉一致性是用户体验优化的保障。在图书馆移动端的开发中，UI元素的颜色、字体和图标设计需体现统一的视觉风格，以建立用户对系统的认知稳定性。同时，信息层级的设计也需突出重点，避免用户因信息过载而迷失方向。在书籍详情页的设计中，核心信息如书名、作者和馆藏状态应放置在显著位置，而次要信息则可通过折叠设计隐藏。颜色的使用需强调功能性，红色用于提示借阅限制，绿色表示资源可用状态。这种层级分明的设计方式，使用户能够快速获取关键信息，提升了信息浏览的效率。

内容呈现方式的创新直接关系到用户对服务的满意度。图书馆资源的多样性要求界面设计能够以多种形式展示内容，例如列表视图、网格视图和卡片式布局。每种展示方式均需根据不同场景进行优化，以适配用户的浏览习惯与认知需求。在移动端的电子书推荐界面中，卡片式布局因其视觉美感与信息聚合能力受到用户青睐。卡片不仅能够直观展示书籍封面和摘要，还支持用户进行快速操作，如加入书架或直接阅读。这种兼具美观与实用的设计形式，不仅增强了用户体验，还提高了资源利用率。

在图书馆移动端的设计中，动态效果可用于引导用户操作、突出重要信息或增加界面趣味性。合理的动态设计能够增强界面的交互性与生命力，同时避免因过度复杂而影响操作效率。在资源搜索功能中，加载进度的动态反馈不仅缓解了用户的等待焦虑，还为搜索过程增添了仪式感。此外，交互中的过渡动画通过柔和的视觉变化，使页面切换更具流畅性。动态交互效果的应用，不仅提升了界面的操作体验，还使用户感受到设计的温度与细节。

个性化服务的实现离不开数据驱动的支持。在图书馆移动端的界面设计中，用户行为数据的分析与应用，为个性化服务优化提供了方向。如根据用户的资源浏览记录，动态调整首页推荐的内容与布局，使界面更符合用户兴趣。在个性化检索功能中，界面设计可以基于用户的搜索关键词与历史记录，自动生成快捷入口或建议内容。这种基于数据的优化，不仅提升了用户的操作效率，还增强了系统的智能化形象。同时，设计中需注重隐私保护，确保个性化服务的实现不以牺牲用户数据安全为代价。

无障碍设计是界面优化的重要方向，其目标在于为不同能力水平的用户提供平等的使用机会。在图书馆移动端的开发中，无障碍设计需要考虑视觉、听觉和行动障碍用户的特殊需求。例如，为视障用户提供语音导航，为听障用户添加字幕功能。界面设计中还需注重交互控件的大小与点击区域，以便老年用户或行动不便者轻松操作。此外，界面文本需提供字体大小调节功能，确保用户能够根据自身需求调整阅读体验。无障碍设计的融入，不仅体现了服务的普适性，还提升了图书馆的社会责任感。

UI/UX框架为图书馆移动端的界面开发提供了科学指导，其强调用户需求与设计目标的高度契合。通过框架的分层设计方法，开发者能够从整体到细节构建用户友好的界面结构，同时注重可用性与美观性的平衡。在实际开发中，UI/UX框架的应用包括原型设计、用户测试与迭代优化。在界面设计的初期，通过低保真原型验证功能布局的合理性；在开发过程中，通过用户反馈不断调整交互细节与视觉效果。框架的科学性与灵活性，使图书馆移动端的界面设计更加高效与精确。

（二）跨平台技术的应用

跨平台开发的核心理念在于"一次开发，多端适配"。传统的移动端开发需要分别针对 Android与 iOS平台进行编程，这不仅增加了开发成本，还容易因平台差异导致用户体验的不一致。而跨平台技术通过抽象底层接口，构建统一的代码逻辑，使应用能够在多平台运行时保持一致性。Flutter在这一领域的表现尤为突出。它通过自绘引擎和统一的 UI框架，实现了对多种操作系统的高效适配。开发者使用 Flutter时，仅需编写一套代码，即可同时生成Android与 iOS应用，缩短了开发周期，还降低了维护成本，为资源有限的图书馆信息化建设提供了切实可行的解决方案。

Flutter作为跨平台开发工具的典范，以其丰富的组件和高性能的渲染引擎赢得了广泛应用。其核心技术特性之一在于 Widget体系，所有界面元素均以 Widget的形式存在，这种模块化设计不仅简化了开发流程，还增强了界面的可定制性。在图书馆移动端开发中，Flutter的灵活性表现在多种场景。例如，书目检索页面的界面元素可以通过自定义 Widget快速构建，并根据需求动态调整布局。Flutter的热重载功能更是为开发者提供了即时调试的便利，使界面设计与功能实现之间的迭代更加高效。此外，Flutter使用 Dart语言，其内置的异步处理能力，使应用能够在高并发任务下保持流畅运行。对于图书馆用户常用的实时检索和在线阅读功能，Dart的异步支持确保了操作的稳定性与响应速度。这些技术特性为图书馆服务的优化提供了强有力的支撑。

在跨平台开发中，界面设计的一致性是用户体验优化的重要目标。不同平台用户的操作习惯和审美偏好可能存在差异，如何在统一设计中兼顾多样化需求，成为跨平台开发的核心挑战之一。Flutter的自绘引擎为界面设计的一致性提供了技术保障。通过 Skia渲染引擎，Flutter可以将开发者设计的界面无差别地呈现在不同操作系统上，避免了传统开发中因平台特性差异导致的 UI失真。例如，图书馆的资源推荐模块可以通过 Flutter统一设计交互动画，无论用户使用Android还是 iOS设备，均能体验到一致的视觉效果和操作流畅性。

传统开发模式下，开发团队需要分别编写和测试针对不同操作系统的代码，这不仅增加了工作量，还使版本管理更加复杂。跨平台技术通过统一的代码逻辑，极大简化了开发流程，并显著提升了效率。Flutter在这一方面的优势尤为显著。其开发工具集成了自动化构建和调试功能，使开发者能够快速生成多平台应用。此外，Flutter的社区支持和开源生态为开发者提供了丰富的扩展组件和实用工具，例如第三方插件可以快速集成用户认证、支付等功能。这些特性不仅降低了开发难度，还为图书馆移动端服务的快速上线提供了可能。

跨平台技术的应用，不仅涉及界面的统一开发，还需要解决数据同步与一致性的问题。在图书馆场景中，用户可能在不同设备上使用移动端应用，这对数据的实时同步提出了较高要求。Flutter与后端服务的无缝对接能力，使数据同步成为可能。通过集成 Firebase等后端服务，Flutter应用能够实现用户数据的云端存储与实时更新。例如，当用户在手机端将某本书加入收藏时，平板端的应用会同步显示这一操作结果。数据同步的即时性与一致性，为用户跨设备的无缝体验奠定了基础。

跨平台技术在提高开发效率的同时，也需关注应用的性能表现。对于图书馆移动端服务，性能优化的重点在于界面渲染速度与操作响应时间。Flutter的高性能特性使其在复杂场景下依然表现出色。Flutter的自绘引擎能够直接控制界面元素的绘制过程，避免了传统跨平台工具中因桥接层导致的性能损失。在图书馆应用中，这一特性尤为重要。例如，大量书籍封面图的同时加载，可能造成界面卡顿，Flutter通过流畅的图像渲染与缓存管理，确保了界面的平滑运行。另外，Flutter的 Dart语言支持编译为本地代码，这进一步提升了应用的执行效率。对于图书馆的实时检索功能，Dart的高效编译减少了用户的等待时间，使系统能够快速响应复杂的查询请求。

图书馆的移动端服务需求随着时间推移可能不断变化，这对应用的可扩展性提出了要求。跨平台技术的统一代码结构为功能扩展与版本迭代提供了便利。Flutter的模块化设计，使得新功能的添加无需对现有代码结构进行大规模修改。例如，图书馆计划在原有应用中增加活动推送功能，只需新增相关模块，并与现有逻辑进行适配即可。统一代码结构还降低了版本迭代的复杂性，使维护成本大幅下降。同时，Flutter的开源社区提供了大量的第三方库和插件，这为开发者扩展功能提供了丰富的选择。如国际化插件可以快速实现多语言支持，为图书馆服务国际用户创造了可能。

跨平台技术在提升效率的同时，也需关注用户隐私与数据安全。在图书馆场景中，用户的检索历史和资源收藏等数据具有高度的个人敏感性，如何确保这些数据在跨平台应用中的安全，是技术设计的重点之一。Flutter的加密库为用户数据提供了安全保护。如用户登录信息可以在本地进行加密存储，避免因设备丢失或被攻击而导致的数据泄露。同时，Flutter支持 HTTPS协议，使用户与服务器之间的通信全程加密，防止数据在传输过程中被截获。这些安全措施不仅保护了用户隐私，也为图书馆服务的可靠性提供了保障。

（三）移动端功能模块化

预约功能需考虑用户的便捷性与馆方的管理效率。在移动端预约模块的设计中，界面布局需简洁明了，功能操作需直观顺畅，以确保用户能够快速完成预约流程。预约模块的核心在于动态化展示馆藏信息，包括馆藏状态、可用数量和最早可预约时间等。在界面设计中，可采用分步式预约流程，将选择书籍、选择时间、确认预约等步骤依次呈现。这种分步设计不仅降低了操作复杂度，还减少了用户的认知负担。预约信息的反馈机制同样需要完善，例如通过即时弹窗或推送消息，通知用户预约是否成功及后续步骤。模块的背后则需实现与图书馆管理系统的无缝对接，以确保数据的实时同步和预约状态的精确更新。

查询功能是图书馆移动端应用的基础模块，其设计直接影响用户的信息获取体验。查询模块的目标不仅是提供高效的检索能力，还需兼顾多维度的信息展示与操作路径的简化。在设计中，搜索框应放置于显眼位置，并支持关键词高亮显示，以便用户快速锁定目标资源。信息集成是查询模块的关键所在。用户在检索资源时，往往希望同时获得资源的基本信息、馆藏状态和相关推荐等内容。通过标签化布局，将不同信息类型分类呈现，使用户可以根据需求切换查看。此外，为了满足不同学科用户的特定需求，查询模块还可设计学科筛选和分类导航功能。

资源下载模块的核心目标是为用户提供便捷的资源获取渠道，同时需兼顾版权保护和下载管理的需求。在模块设计中，需优先考虑资源的格式兼容性和下载流程的简化，以减少用户的技术操作成本。下载功能的核心是以交互简单、效率高为主导，使用户能够快速获取所需内容。权限管理是资源下载模块不可忽视的一环。在图书馆应用中，不同用户的权限可能存在差异，例如普通读者与高级研究人员的下载权限需明确区分。通过用户身份认证功能，可在下载模块中动态调整用户的可访问范围与下载次数限制。模块还需支持断点续传与多线程下载，以适应大文件的获取需求。

移动端的模块化设计不仅在于单一功能的完善，还需注重模块之间的联动与协作。例如，用户在查询模块检索资源后，可直接调用预约模块进行借阅申请，或启动资源下载模块获取电子版内容。这种联动设计不仅缩短了操作路径，还提升了服务的连贯性与使用效率。场景化服务的融入是模块联动的高级体现。图书馆的移动端服务应根据用户的使用情境，智能推荐模块组合。例如，用户在非馆藏范围的检索中，系统可直接调用下载模块或引导至外部资源平台。而在高频使用的功能中，系统可设计快捷方式，将常用模块的核心功能聚合至首页界面，满足用户的即时需求。

预约模块的智能化设计，既是用户体验的提升点，也是资源管理的效率源。在设计中，预约模块可集成机器学习技术，根据用户的历史行为与偏好，动态推荐可预约的资源或最佳预约时间段。这种基于数据驱动的智能化设计，不仅为用户提供了更为个性化的服务，还优化了资源分配的合理性。智能化设计还需体现对特殊场景的适应性。例如，面对高需求的热门资源，系统可设计候补预约机制，使用户在预约失败时自动进入候补队列。此外，模块需支持多平台的消息同步，通过推送提醒用户预约到期或资源可用状态变化，减少因信息延迟导致的用户体验损失。

查询模块的搜索功能不仅限于关键词匹配，还需扩展至语义分析、多语言支持与图像识别等新模式。语义分析技术的引入，使用户的自然语言查询能够得到更精准的响应。例如，当用户输入复杂句式的检索条件时，系统需通过语义解；析，将查询转化为标准化的搜索逻辑，提升检索结果的相关性。多语言支持是满足国际化用户需求的重要手段。查询模块应根据用户的语言设置，动态调整界面显示语言，并提供多语言搜索功能，使非母语用户也能轻松获取资源。而图像识别技术则可扩展至封面搜索场景，用户通过拍摄书籍封面，即可快速检索相关资源。这些多模式搜索功能的集成，使查询模块更加智能与多样化。

资源下载功能在便捷性的基础上，需高度重视版权保护与数据追踪。模块设计中，可集成数字水印技术，将用户的标识信息嵌入下载的电子资源中，以实现可追溯性。这种隐形标记不仅不会影响用户的阅读体验，还为资源的流转提供了安全保障。数据追踪功能在资源管理中的价值尤为显著。例如，模块可记录用户的下载次数、使用频率等数据，为馆方优化资源配置提供参考依据。同时，为了保障数据的隐私性与合法性，模块需支持用户数据的匿名化存储，并提供明确的权限管理与数据删除功能，确保用户隐私不被泄露。

模块化设计的完善离不开持续的迭代与优化。在移动端功能模块中，用户反馈机制是发现问题与提升用户体验的有效途径。模块设计中需集成反馈入口，用户可直接提交功能建议或使用问题。后台系统需对反馈数据进行分类与分析，以指导后续的开发与调整方向。基于用户反馈的迭代优化，可集中解决模块中的高频问题。如当预约模块中出现大量预约冲突的反馈时，系统需优化预约冲突检测算法或引入资源分配优先级控制。

二、即时服务对移动端体验的优化

（一）移动端即时信息推送技术

即时信息推送技术核心在于以高效、精准的方式，将最新信息传递给用户，增强服务的及时性与互动性。Push Notification技术作为信息推送的典型代表，以其实时、个性化、灵活的特性，成为移动端体验优化的重要手段。

Push Notification技术的原理在于通过后台服务器实时监测用户行为或系统状态的变化，并将信息直接推送至用户设备的通知栏。与传统的拉取式更新方式相比，推送技术的主动性显著降低了用户的操作负担，同时提高了信息传递的效率。在图书馆移动端应用中，这一技术的实施需要依赖于消息队列服务和设备端的消息接收机制。服务器将信息打包为标准格式的推送数据包，并依据用户的订阅内容或偏好，通过安全通道推送至终端设备。终端应用解析数据包后，将内容以通知的形式呈现给用户。这一流程的每一步都需确保信息的完整性和传输的即时性，从而使用户能够在第一时间获取资源动态或服务提醒。

即时信息推送的有效性在很大程度上取决于推送内容与用户需求的契合度。为实现内容的精准匹配，系统需充分利用用户行为数据，构建个性化的推送策略。用户的检索历史、借阅记录、资源收藏以及交互偏好，均是内容推荐算法的重要依据。个性化推送内容可包括新书上架通知、馆藏资源动态、借阅到期提醒或学术活动预告等。在技术实现中，系统需通过行为数据挖掘与语义分析技术，识别用户的兴趣点与潜在需求。例如，当用户多次检索某一学科领域的文献资源时，系统可推送该领域的最新研究成果或推荐阅读清单，以增强用户体验的个性化程度。

即时信息推送的设计需要平衡频率与内容的重要性。过于频繁的推送可能导致用户的反感与推送屏蔽，而过低的推送频率又可能削弱服务的即时性与存在感。因此，推送频率需基于内容的紧急程度与用户的接受习惯进行合理规划。在图书馆移动端中，信息可依据重要性与类型进行分类，例如将借阅到期提醒归类为高优先级推送，将学术讲座通知归类为中优先级推送，而一般性的活动推广则归类为低优先级推送。优先级的区分不仅优化了用户接收信息的体验，还避免了不必要的信息干扰。此外，系统需为用户提供推送偏好设置界面，用户可自由选择推送类型与频率，从而增强服务的灵活性与用户友好度。

推送信息的设计不仅在于文字内容，还需结合图像、图表和动画等多媒体形式，增强信息呈现的吸引力与直观性。在图书馆移动端的推送场景中，多样化的内容设计能够显著提升用户的关注度与交互意愿。以新书推送为例，通知中可包含书籍封面、标题、作者简介以及馆藏状态的简要信息。这些信息的多样化呈现，不仅方便用户快速了解推送内容，还激发了用户对资源的兴趣。此外，通知中的交互设计也需关注细节，例如设置快捷操作按钮，使用户能够直接点击通知完成预约、收藏或分享等操作。

实时更新的核心技术在于高效的消息队列服务和可靠的服务器架构。高校图书馆的移动端服务需面对大量用户的高并发访问，因此系统需设计具有扩展性的消息分发架构，以应对复杂的使用场景。消息队列服务在这一过程中发挥着关键作用。它不仅能够对推送信息进行缓存与排序，还能在高峰时期平滑流量压力，确保信息传递的稳定性与及时性。如通过集成开源的消息中间件Kafka或RabbitMQ，系统可实现高效的消息分发与负载均衡。

即时信息推送的技术应用需以用户隐私保护为前提，特别是在移动端服务中，推送内容往往涉及用户的个人数据与行为记录。在技术实现中，隐私保护需贯穿于数据采集、存储、处理与传输的全生命周期。推送信息的安全传输可通过加密技术实现，例如采用 HTTPS协议或加密算法对数据进行端到端保护，防止信息在传输过程中被篡改或窃取。此外，系统需对用户的敏感数据进行匿名化处理，并限制数据的访问权限，以降低隐私泄露的风险。这些安全措施的实施，不仅保护了用户权益，也为系统的可信度提供了技术保障。

即时信息推送的效果需通过用户体验评估加以验证，并据此不断优化推送策略。评估的重点在于用户对推送内容的关注度与满意度，例如推送点击率、停留时间以及后续操作等数据，均可作为评估指标的重要参考。基于评估结果，系统需对推送策略进行动态调整，例如优化推送内容的个性化匹配度，调整推送时间段以适配用户的使用习惯，或引入 A/B测试以探索最佳的推送形式与节奏。这些调整的实施，使即时信息推送能够更好地满足用户需求，并在用户体验优化中发挥持久作用。

Push Notification技术的应用，不应局限于传统的信息通知，还可扩展至互动场景与服务创新。例如，在学术活动的推送中，通知中可嵌入报名入口或直播链接，使用户能够直接参与活动，而无需额外操作。此外，基于位置服务的地理围栏技术，可实现基于用户位置的个性化推送，例如在用户进入图书馆范围时，自动推送当前可用座位或活动预告。这些创新应用的设计，不仅扩展了推送技术的服务边界，还为用户创造了更多样化的交互体验。技术与服务的融合，使移动端的即时信息推送真正成为提升用户满意度的重要途径。

即时信息推送技术在移动端服务中的价值，不仅在于信息传递的效率提升，还在于用户体验的深度优化。高校图书馆通过 Push Notification技术的应用，将服务主动送达用户手中，使资源获取的过程更为高效与便捷。这一技术的成熟与创新，为个性化服务体系的构建注入了无限可能。

（二）聊天机器人与自然语言处理（NLP）

智能客服系统的设计需要遵循简洁、高效和用户友好的理念。系统的核心是实现基于自然语言的互动模式，使用户能够像与真人交流一般完成信息获取、问题解决和功能操作。在功能架构的构建中，智能客服系统通常包括用户输入模块、语言理解模块、业务逻辑处理模块和反馈生成模块四个部分。用户输入模块需具备多渠道接收能力，包括文本输入、语音输入和图像识别等方式，确保用户的不同输入习惯均能得到有效支持。语言理解模块作为系统的核心处理单元，需依赖深度学习模型完成意图识别和实体抽取任务。这一模块的表现直接决定了系统对用户问题的理解能力与准确性。业务逻辑处理模块根据解析结果调用后台资源或执行操作指令，并生成最终的反馈内容。反馈生成模块则需对结果进行语言组织与个性化修饰，确保呈现出的回答既精准又符合用户的语言习惯。

自然语言处理技术为智能客服的实现提供了理论基础与技术支持。从词法分析到语义理解，自然语言处理（NLP）技术贯穿了智能客服从输入到输出的每个环节。在用户输入阶段，分词技术通过将自然语言切分为独立的语义单元，为后续的语义解析奠定了基础。意图识别作为 NLP 在智能客服中的关键环节，需基于深度学习模型构建。双向长短时记忆网络（Bi-LSTM）与注意力机制的结合，使系统能够准确捕捉用户输入中的关键词与上下文信息，确保意图识别的准确性。实体抽取作为意图识别的延伸，可识别用户输入中的特定名称、时间、地点等信息，为后续的业务逻辑处理提供辅助支持。语义解析在智能客服的设计中同样至关重要。这一环节通过将自然语言转换为结构化数据，使系统能够以逻辑化的方式处理复杂语义。例如，用户输入"我要查找某本书的电子版"，系统需解析出署名者这一关键实体，并生成基于检索逻辑的查询指令。

高校图书馆的业务范围涵盖书籍查询、借阅预约、学术资源推荐、学术活动通知等多个领域。智能客服的设计需围绕这些核心业务展开，并通过场景化的功能定制实现与用户需求的精准对接。在书籍查询场景中，智能客服可通过接入馆藏管理系统，实现基于关键词或条件的实时查询服务。用户可输入如"某位作者的书籍有哪些"的问题，系统需以结构化数据的形式返回馆藏情况，并提供相关操作选项。在借阅预约场景中，智能客服需支持多步交互与动态状态更新，确保用户能顺利完成预约操作并实时了解预约进度。学术资源推荐是智能客服系统在图书馆场景中的特色应用。系统需结合用户的检索历史与收藏行为，通过自然语言生成技术为用户生成个性化的推荐列表。学术活动通知则可借助智能客服的多媒体信息推送能力，为用户提供实时更新的活动预告、报名信息与活动资料。

智能客服的用户体验优化需关注界面设计、反馈内容以及交互流畅度。界面设计应以简洁直观为原则，使用户能快速找到问题入口并得到有效反馈。反馈内容则需做到语言简洁、逻辑清晰，同时避免生硬或机械化的表达方式，以提高用户的接受度与信任感。交互方式的创新是智能客服系统的重要发展方向。在传统的文本输入基础上，语音交互的引入显著提升了交互的便捷性与适用性。用户可通过语音指令实现问题描述与操作指引，系统则需对语音数据进行快速的识别与转写。此外，结合增强现实（AR）技术的可视化交互模式，智能客服还可将问题反馈以图形化方式呈现，为用户提供更为直观的服务体验。

深度学习模型的应用是智能客服智能化的关键。Transformer架构以其并行处理能力与上下文捕获能力，为意图识别与语义解析任务带来了显著的性能提升。BERT模型的引入，使系统能够基于双向上下文语义理解用户输入，显著提高了复杂句式的解析能力。智能客服系统的优化实践还包括模型训练数据的多样化与特定化。通过引入高校图书馆业务领域的问答数据集，系统能够更加准确地理解与业务相关的问题。数据增强技术的应用，使模型在小样本条件下也能表现出良好的泛化能力，从而提高服务的稳定性与适用性。

智能客服系统需在高并发条件下保持稳定运行，这对系统性能与资源调度提出了较高要求。基于微服务架构的部署方式，将不同功能模块独立部署，并通过负载均衡机制动态分配资源，能够有效应对用户访问的波动。缓存技术在智能客服系统中也有重要作用。通过对高频问题及其答案的缓存，系统可显著减少对后台的调用次数，提升响应速度。此外，分布式数据库的引入，为系统的扩展性与容灾能力提供了技术支持，确保系统在复杂场景下的稳定运行。

智能客服系统的用户输入中，可能涉及敏感信息或隐私数据。系统需在设计中全面考虑隐私保护与数据安全问题。数据匿名化处理与敏感字段加密技术，是保障用户数据安全的重要手段。此外，系统需提供隐私策略声明与数据删除功能，使用户能够清晰了解数据的使用范围并拥有对数据的控制权。

（三）移动端与图书馆管理系统（LMS）的对接

在高校图书馆服务的数字化转型中，移动端与图书馆管理系统（LMS）的高效对接至关重要。REST API作为主流的接口标准，凭借其轻量化、灵活性和跨平台特性，为数据同步提供了强有力的支持。移动端服务与 LMS的联通不仅需要技术层面的深度契合，还需围绕用户需求优化服务逻辑，形成功能全面、体验流畅的数据交互体系。

REST API（Representational State Transfer 应用程序接口）以其基于 HTTP协议的设计，为移动端与 LMS的数据交换提供了高效的解决方案。其无状态特性允许每次请求均独立处理，避免了状态依赖导致的资源消耗，同时保证了请求的高并发处理能力。通过 REST API，移动端服务可实现对 LMS的多维访问，包括资源检索、用户认证、借阅操作以及账户管理等功能。REST API的灵活性体现在其支持多种数据格式，如 JSON和 XML，其中 JSON因其轻量化和可读性，成为移动端开发中的首选。移动端应用通过 GET、POST、PUT和 DELETE等标准化请求方法，与LMS实现资源的读取、新增、更新和删除等功能，从而满足复杂的业务需求。

数据同步是移动端与 LMS对接的核心目标。为了保证用户在不同平台上的一致体验，系统需实现实时的双向数据同步。移动端用户在进行资源检索或借阅操作时，系统需通过 REST API实时调用LMS的数据接口，并将操作结果同步至移动端界面。在这一过程中，数据同步的延迟控制至关重要。通过引入异步请求机制，移动端应用可在不阻塞主线程的情况下完成后台数据交换，从而提升用户的交互流畅度。此外，增量同步技术的应用，通过仅传输变更部分的数据，显著降低了网络流量和服务器负载，同时保证了数据更新的及时性。

REST API的访问权限需基于严格的用户认证机制。移动端服务需通过OAuth 2.0或JWT（JSON Web Token）等认证方式，与LMS建立安全的通信连接。用户在移动端登录时，系统将生成唯一的令牌，用于后续的 API请求验证。此机制不仅确保了用户身份的合法性，还避免了敏感数据的泄露。访问控制是用户认证的延伸，其设计需充分考虑不同用户角色的权限差异。图书馆管理系统通常包括普通读者、教师、研究人员和管理员等角色，不同角色对资源的访问范围和操作权限需在 API接口中进行严格划分。例如，普通读者仅可查询馆藏信息，而管理员则可进行资源上架与数据维护操作。这种分层式权限设计确保了系统的安全性与功能的灵活性。

REST API的接口设计需遵循清晰、统一的规范，以确保移动端开发团队与 LMS开发团队的高效协作。接口规范应包括资源路径、请求方法、参数格式和返回结果的详细定义，并以版本控制机制保证接口的稳定性与兼容性。文档管理是接口设计的重要组成部分。一份全面的API文档应包括接口的使用说明、参数示例和错误码列表等内容，方便开发者在实现过程中快速定位问题并优化实现逻辑。自动化文档生成工具（如 Swagger或 Postman）在 API开发中得到广泛应用，其直观的文档展示与测试功能，为开发效率的提升提供了技术支持。

多端协同是移动端与 LMS对接的重要目标，即确保用户在不同设备上使用图书馆服务时，获得一致的功能体验与数据视图。REST API的无状态特性与标准化设计，使多端协同成为可能。在多端协同的实现中，数据缓存与会话同步是核心技术环节。系统需在服务端维护统一的缓存机制，将高频访问的数据缓存在内存中，以减少 API请求的响应时间。同时，移动端与 LMS需通过 REST API实现会话状态的同步，确保用户在切换设备时，不会丢失操作记录与进度。

REST API的请求处理过程可能因网络中断、服务器故障或参数错误而发生异常。为保障移动端服务的连续性与可靠性，异常处理机制的设计需覆盖请求发送、响应接收与错误反馈的全生命周期。请求重试机制是异常处理的基础策略。当请求因短暂的网络中断失败时，系统应自动重新发送请求，并通过指数规避算法控制重试间隔，避免对服务器造成压力。此外，系统需在请求失败时，向用户展示明确的错误信息与处理建议，减少因信息不对称导致的用户流失。

REST API在数据同步过程中，需确保传输链路的安全性与数据的完整性。HTTPS协议是数据加密的基础，其结合SSL/TLS证书，为API通信提供了端到端的加密保护。同时，系统需对敏感数据（如用户密码与身份标识）进行单向加密存储，避免数据泄露的风险。隐私保护是数据安全的延伸，其核心在于对用户行为数据的匿名化处理。移动端服务与LMS对接时，需严格限制对用户数据的采集范围，并提供透明的隐私策略声明，确保用户对数据使用情况的知情权与控制权。

REST API的性能优化离不开对请求处理过程的实时监控与分析。系统需通过日志记录与指标监测，实时跟踪API的访问频率、响应时间与错误分布情况，为性能瓶颈的识别与解决提供依据。负载均衡与服务分片是性能优化的关键策略。负载均衡器可根据服务器的运行状态，动态分配API请求，避免单点服务器过载问题。服务分片则将不同功能模块分布至多台服务器运行，实现计算资源的高效利用。这些技术实践的结合，使REST API能够在高并发条件下，依然保持卓越的性能表现。

移动端与LMS的对接需以用户体验为核心，保证服务的稳定性与可用性。服务监控与用户反馈机制的引入，为系统的迭代优化提供了重要依据。通过分析用户反馈与行为数据，系统可针对高频使用的API接口，进一步优化响应速度与功能设计，从而提升用户满意度。REST API在移动端与LMS对接中的广泛应用，不仅为数据同步与服务协同提供了技术支持，还为高校图书馆的数字化服务创新注入了新的可能。随着技术的不断完善，其在服务质量与用户体验中的价值将得到进一步彰显。

三、移动端服务与传统服务的整合

（一）离线访问模式的开发

离线访问模式的核心在于缓存技术的合理应用。缓存技术通过在本地存储频繁使用的数据，减少对服务器的依赖，从而实现资源的快速加载与展示。现代缓存技术以其多层级与多类型的特点，为离线模式提供了坚实的技术基础。浏览器缓存是最基础的实现形式，其通过存储静态资源文件，如HTML、CSS和JavaScript，确保页面在无网络连接时依然能正常显示。与此不同，应用内缓存则更为灵活，能针对用户的个性化需求，动态调整缓存内容。数据库缓存则为更大规模的数据访问提供了支持，尤其在涉及图书馆馆藏目录或多媒体资源时，其重要性尤为突出。缓存技术的选择需根据服务场景的特点进行定制。例如，对于用户日常访问的资源或高频使用的功能，系统应优先选择持久化缓存策略，确保这些内容即使在应用关闭后依然可用。而针对临时数据，系统可采用内存缓存的方式，以提升访问速度。

离线访问模式的成功应用，离不开对弱网环境的适配能力。系统需能够根据网络状况动态调整资源的加载与展示策略。分块加载技术在此过程中起到关键作用，其通过将资源切分为若干小块，按需加载，避免因单次加载数据量过大而导致的请求失败。在弱网环境下，资源的优先级排序显得尤为重要。系统需基于用户的访问习惯与实时需求，优先缓存与加载核心资源。以高校图书馆为例，电子书章节、馆藏借阅记录与预约信息等功能应作为优先级最高的内容，保障用户的使用体验。此外，数据压缩技术在提升传输效率方面也不可忽视。通过对资源进行高效压缩与解压缩，系统能够在带宽受限的条件下，实现更多数据的传输与展示，从而优化用户体验。

缓存管理是离线访问模式的核心挑战之一。系统需在性能优化与数据一致性之间寻找平衡点。缓存数据的更新频率与策略是这一环节的关键考量。过于频繁的更新会增加服务器负载，而更新过于缓慢则可能导致用户获取到过期或不准确的数据。增量更新机制在这一问题上展现了独特优势。系统在检测到资源发生变化时，仅传输更新部分，而非整个数据集。这种方式不仅节省了网络流量，还大幅减少了更新所需时间。缓存数据的失效处理同样不可忽视。系统需设置合理的缓存过期时间，并通过后台日志与监控工具，实时跟踪缓存数据使用情况。当缓存数据被判定为过期或无效时，系统应及时触发更新操作，确保用户始终能获取到准确的服务内容。

离线访问模式的成功应用，离不开对用户体验的深度关注。系统需通过界面设计与交互优化，将离线功能的存在与操作以直观的方式传递给用户。清晰的离线标识与数据加载提示，不仅能提升用户的信任感，还能减少因网络问题导致的操作混乱。个性化缓存是提升用户体验的重要途径。通过分析用户的行为数据，系统可预测其未来的访问需求，并提前缓存相关内容。例如，用户多次查看某一书籍的详情信息后，系统可在其离线状态下，自动提供该书籍的章节目录与相关资源。同时，离线模式应具备异常处理能力。当用户尝试访问未缓存的资源时，系统需提供友好的反馈信息，并引导其在网络恢复后重新操作。这一设计不仅能减少用户的挫败感，还能提升系统的专业性与可靠性。

离线访问模式的开发需与移动端的使用场景深度融合。图书馆的移动端服务通常发生在校园内的教室、自习室或宿舍等场景中，而这些场景的网络覆盖水平可能存在显著差异。因此，系统需根据场景特点调整离线模式的功能设计。在自习室或教学楼等信号较弱的区域，离线模式需重点支持电子书阅读与借阅查询等功能。而在宿舍或校园外环境中，系统则可通过离线模式提供资源下载与学术活动预告的浏览服务。这种场景化的设计，使离线访问模式能更好地适应用户的实际需求。

尽管离线访问模式的开发已取得显著成果，其潜力仍远未被完全挖掘。边缘计算技术的引入，为缓存数据的分布式管理提供了可能。通过在用户设备与服务器之间增加中间节点，系统可实现更快速的缓存分发与同步。人工智能技术在离线模式中的应用也值得期待。通过深度学习算法，系统可进一步提升对用户行为的预测精度，并根据预测结果优化缓存策略。这不仅能提升离线服务的命中率，还能进一步降低网络资源的消耗。

（二）二维码与 NFC 技术的整合

二维码技术凭借其低成本、易生成、跨平台兼容的优势，已经成为广泛应用的数字标识工具。在图书馆服务中，二维码主要用于快速识别图书、用户和设备信息。其编码能力强，能够承载多种数据格式，从而满足复杂场景的需求。用户只需利用移动设备的摄像头，即可完成图书借阅和归还操作，简化了烦琐的传统流程。NFC 技术则以其近场通信的特点，为服务的即时性和安全性提供了保障。NFC 标签能与支持该功能的设备实现快速交互，无需用户进行复杂的操作。其点对点通信模式，不仅适用于图书借阅，还能有效支持场馆的快速预订与权限管理。通过将用户身份与 NFC 标签绑定，系统能够在极短时间内完成认证和数据更新。两种技术的结合，为实现服务的灵活性和多样性提供了可能。一方面，二维码技术适用于远距离、多用户同时操作的场景；另一方面，NFC 技术则能在短距离、高安全性需求的场景中发挥独特作用。

在图书馆借还书场景中，二维码与 NFC 的整合应用，重新定义了服务流程。用户在借阅图书时，可使用移动端扫描二维码，系统将自动记录借阅信息并更新馆藏状态。这一过程无需人工干预，大幅缩短了用户等待时间。归还操作同样实现了全程自助化。用户只需将图书靠近 NFC 读取设备，系统即可完成图书身份验证、归还记录更新及馆藏数据同步的全部操作。与此同时，设备将生成一份电子回执，发送至用户的移动端，为其提供操作确认的依据。此外，智能化借还书服务还通过数据联动实现了多层次的功能扩展。例如，系统能够根据用户的借阅历史，主动推送相关书籍的推荐信息。用户在完成归还后，还可直接通过移动端预订下一本图书，大幅提升了服务的便捷性与连贯性。

场馆预订服务是高校图书馆的核心功能之一，其需求在考试季、自习高峰期尤为突出。二维码与 NFC 的整合，为场馆管理的精细化和高效化提供了有力支持。用户在预订场馆时，可扫描场馆入口的二维码，进入预订界面，选择合适的时间段与座位。系统将在确认预订后生成一组唯一的二维码或 NFC 标签，与用户的身份信息绑定。当用户到达场馆时，只需将移动设备靠近 NFC 读取设备，系统即可验证身份并激活座位使用权限。这一过程实现了身份认证与资源分配的无缝对接，避免了人工审核的延迟。对于场馆管理方而言，技术整合的优势同样显而易见。借助二维码与NFC设备，管理员能够实时监控场馆的使用情况，掌握预约率、座位空置率等关键数据。这些信息不仅能指导场馆的日常运营，还为服务模式的优化提供了数据支持。

二维码与NFC技术生成的数据可实现实时共享与同步。图书馆能够动态调整服务策略，例如在用户行为数据的支持下，优化书籍分类与场馆资源分配。实时更新是智能化服务的核心特征之一。在借还书过程中，二维码与NFC设备可通过网络接口将操作记录即时上传至数据库，确保馆藏信息的准确性与时效性。场馆预订系统同样受益于这一特性。系统在用户完成预订后，将实时更新场馆的使用状态，并通过短信或应用通知告知用户预订结果。

在二维码与NFC的应用中，用户数据的安全与隐私保护尤为重要。二维码的公开性使其面临一定的安全风险，例如二维码被篡改或被恶意链接引导。为此，系统需在生成二维码时引入动态加密技术，使其在短时间内失效，并结合数字签名验证其合法性。NFC技术因其点对点的通信模式，在安全性上具有天然优势。然而，其可能面临未经授权的读取或写入攻击。为避免此类风险，系统应对NFC标签中的数据进行加密存储，并在通信过程中启用加密协议。此外，用户的身份信息应采用匿名化处理，并限制数据的访问权限，防止敏感信息的泄露。

二维码与 NFC的整合应用，也为用户体验的优化带来了新思路。设计原则应围绕用户需求展开，以直观、高效和人性化为核心。在界面设计方面，用户需能快速找到借还书或场馆预订的入口，并在操作过程中获得清晰的反馈。系统应为用户提供实时状态更新，例如借阅成功、归还确认或预订完成的提示，增强用户的操作信心。用户的习惯与行为模式也是设计的重要参考。系统可通过大数据分析了解用户的偏好，并据此优化界面的功能布局。例如，将高频使用的功能放置于显眼位置，并为核心操作提供快捷方式。

二维码与NFC技术的整合，不仅限于借还书与场馆预订的场景，其潜力还可延伸至更多应用领域。例如，图书馆的活动签到、图书推荐及设备租赁等功能，均可借助两种技术的结合实现更高效的服务。技术扩展的另一个方向是与物联网设备的联动。例如，系统可将NFC标签集成至自助借还设备或门禁系统，进一步简化操作流程。这些尝试不仅为用户提供了更丰富的服务体验，也为图书馆的智能化发展注入了更多活力。

（三）跨端服务的互联

物联网技术的核心在于设备的联通性与数据流的高效传递。无线通信协议是其基础，包括Wi-Fi、蓝牙和ZigBee等，不同协议根据服务场景需求分别发挥各自的优势。在图书馆中，智能化设备如自助借还机、电子书借阅终端与移动端应用，均需要依托这些协议实现无缝互联。跨端互联的实现需要依托云计算和边缘计算的协同支持。云计算负责存储和处理海量数据，而边缘计算则能够在终端设备附近完成快速计算任务。这种架构设计不仅提高了数据处理效率，还减少了系统对网络稳定性的依赖，为服务提供了坚实的技术支持。硬件设备的标准化是物联网技术成功应用的另一个关键。各类终端设备的通信接口和协议需达到一致，以保证数据在传输和解析过程中不出现偏差或损失。

图书馆的多终端服务功能需要通过物联网技术实现深度整合。以借还书服务为例，用户可通过移动端应用查询书籍信息，并在图书馆自助借还终端完成操作。这一过程无需多次登录或重新输入信息，系统在后台自动完成数据同步。预约与导航功能的整合同样是跨端互联的体现。用户可在移动端完成预约，并在到达图书馆后通过智能导航设备直接找到目标区域。导航设备与馆藏管理系统的数据联动，使导航信息实时更新，避免因馆藏位置变化导致的误导。此外，跨端服务还能够延展至学术活动支持领域。例如，用户可在移动端报名讲座，进入场馆后，通过智能终端签到并获取讲座材料。这些数据会被即时上传至云端，为后续活动的评价与优化提供支持。

数据的实时同步是跨端互联的关键所在。物联网设备在服务场景中需要频繁进行数据的采集与交换，任何延迟都可能导致用户体验的下降。以实时借阅信息更新为例，用户归还图书后，系统需即时更新馆藏状态，否则可能出现用户无法继续借阅的情况。为满足实时性要求，系统应采用分布式数据库技术。分布式数据库通过多节点协同工作，减少了数据传输的延迟。同时，数据同步策略需根据场景需求灵活调整。例如，高频更新的数据可采用主动同步策略，而低频更新的数据则可通过定时同步实现。数据同步的准确性也需得到保障。每次同步操作都需经过校验机制，以确保数据内容的一致性。多版本控制技术在这一过程中具有重要作用，其通过记录数据的每一次修改，为同步过程中的错误追踪与恢复提供了可能。

跨端互联的服务设计需以用户体验为核心。直观的操作界面与流畅的交互流程，是提升用户满意度的关键。移动端应用与图书馆终端设备的界面风格应保持一致，以避免用户因界面切换而产生的不适感。在交互设计中，系统需充分考虑用户行为模式。例如，常见的借阅和导航功能应设计为首页快捷入口，减少用户的操作路径。不同终端间的数据同步应尽量在后台完成，避免频繁的加载提示影响使用体验。多语言支持与无障碍设计是提升用户体验的另一个重要方面。系统需能够根据用户的语言偏好，自动切换界面语言，并为视障用户提供语音引导功能。这些设计不仅体现了服务的人性化，也为图书馆服务的普惠性奠定了基础。

物联网技术的广泛应用，也带来了数据安全与隐私保护的挑战。在跨端服务中，用户数据需在多个终端间传输，任何环节的疏漏都可能导致信息泄露。为此，系统需采用端到端加密技术，确保数据在传输过程中不被非法截获。用户的身份认证是安全保护的基础。多因子认证技术在这一领域得到了广泛应用，例如密码、指纹和动态验证码的组合使用。通过提高身份验证的复杂度，系统能够有效阻止未经授权的访问。系统需为用户提供隐私设置功能，让用户自主决定数据的共享范围与使用场景。匿名化技术也可在数据存储和分析阶段发挥作用，通过对敏感信息的处理，降低数据泄露的风险。

物联网技术的快速发展，为图书馆的跨端服务提供了更多可能性。例如，基于射频识别（RFID）的借还书服务，可以与物联网设备实现深度整合。RFID标签能够存储更丰富的书籍信息，并支持快速批量扫描，大幅提升了借还效率。5G技术的普及，为跨端服务的实时性与稳定性提供了强有力的保障。其超高带宽和超低延迟特性，使得多终端设备之间的数据交换更加流畅。未来，5G与物联网的结合将进一步推动图书馆服务的智能化与自动化。边缘计算的引入，也为跨端服务提供了新的思路。边缘计算通过在靠近用户的终端设备上完成计算任务，减少了对云端的依赖。尤其在网络环境较差的情况下，边缘计算能够保证服务的正常运行。

跨端互联在提升图书馆服务效率的同时，也推动了用户行为模式的转变。用户从单一终端的依赖，逐渐转向对多终端无缝衔接的需求。物联网技术在这一过程中扮演了不可或缺的角色，通过智能化设备的联动，为用户提供了更加多样化的服务选择。这种技术不仅优化了用户体验，也为图书馆的管理与运营带来了新的可能性。从设备的统一管理到服务的灵活调整，物联网技术为图书馆实现数字化转型提供了强有力的支持。

第五章
文献资源配置优化策略

第一节 基于读者需求的文献资源采购

一、需求驱动型采购模型的应用

（一）需求驱动型采购的理论基础

需求驱动型采购的本质在于将用户需求置于资源采购的核心。这一理念源于用户行为研究理论，其认为用户的行为反映了其隐性与显性需求，只有通过深刻理解需求特征，资源采购才能真正实现效益最大化。图书馆需通过构建需求采集与分析的系统性框架，确保用户需求在采购流程中被充分考量。不同于传统采购模式中以馆藏全面性为导向的策略，需求驱动型采购更注重用户的个性化需求。具体而言，其不仅关注资源的广泛覆盖，还关注资源的实用性和目标用户的具体需求，从而提升馆藏资源的使用价值。

需求驱动型采购理论在实践中强调需求的多层次性与动态性。马斯洛需求层次理论对需求的分层阐释为这一理论提供了启示。图书馆中的用户需求亦具有基础需求与发展需求之分：基础需求包括日常学习与研究所需的基本资源，而发展需求则体现在跨学科领域探索、新兴研究方向的开拓。需求分层理论在采购实践中的应用需要图书馆建立科学的需求分级体系。通过对需求的层次化划分，采购计划可以更加有针对性地满足用户的多样化需求。同时，分层采购策略能够有效缓解预算约束，为资源配置的优化提供指导。

数据驱动理念为需求驱动型采购的理论基础赋予了技术内涵。用户行为数据是需求分析的重要依据，这些数据包括借阅记录、电子资源访问频率、学术活动参与情况以及读者的直接反馈。在这一过程中，数据挖掘技术的作用尤为重要。通过数据挖掘，图书馆可以识别出用户行为中的潜在模式。数据驱动的需求分析还强调预测性，即通过分析现有数据对未来需求趋势作出合理推断。预测模型的构建需要结合历史数据与外部环境因素，如新课程设置、新学科发展的动态等，从而为采购决策提供更具前瞻性的指导。

需求驱动型采购理论中的闭环反馈理念来源于系统论，其核心在于通过不断调整和优化采购策略，实现资源配置的动态适应性。在这一模式中，资源采购的每一步都需基于反馈数据进行再评估。反馈机制的建立需要以用户的实际使用情况为依据。新增资源的使用率是反馈评价的重要指标，低使用率可能意味着需求分析的偏差，而高使用率则验证了采购策略的成功。此外，用户满意度调查也能为反馈机制提供直接数据支持。通过收集用户对资源质量与数量的评价，图书馆可以更准确地理解需求特征并优化采购计划。

需求驱动型采购还强调个性化需求的满足，这一理念与个性化服务理论相契合。在传统采购模式中，资源配置常以通用性为目标，个性化需求难以得到有效体现。而需求驱动型采购则通过细化用户群体，将个性化需求纳入采购决策的考虑范围。满足个性化需求的关键在于对用户画像的构建。用户画像是对用户特征的抽象化描述，包括其学科背景、研究方向、使用偏好等。通过结合用户画像，图书馆可以实现资源采购的精准匹配。这一理论还要求在采购过程中考虑多样化的学术环境与文化背景。例如，国际化学术交流需求的增长可能需要图书馆加大对外文资源的采购力度，而本地文化研究的兴起则可能促使对本土资源的关注增加。

从理论角度来看，需求驱动型采购模式的优势主要体现在资源利用率、用户满意度以及技术支持能力的提升。资源利用率的提高源于需求分析的精准性，这种精准性使得采购的每一项资源都能发挥其最大效用。用户满意度的提升则是因为资源更贴近用户需求，用户能够从馆藏中直接获得研究支持。学术支持能力的增强体现在资源配置与学术需求的深度契合。例如，在新兴领域研究中，需求驱动型采购能够快速响应研究热点的变化，为学术创新提供及时支持。这一优势尤其在跨学科研究领域中表现突出，体现了需求驱动型采购模式的灵活性与适应性。

尽管需求驱动型采购理论具有显著优势，其实施过程中仍面临多重挑战。首先，需求分析的准确性直接影响采购的成功率。为解决这一问题，图书馆需引入更为先进的数据分析技术，同时在数据采集阶段确保数据的全面性与可靠性。需求驱动型采购需在资源有限的情况下平衡多样化需求，这对预算分配提出了更高要求。一种可行的策略是将需求按优先级排序，优先满足高频需求与关键领域需求，同时以共享资源的形式覆盖低频需求。最后，采购流程的复杂性也可能影响需求驱动型采购的实施效果。图书馆需与供应商建立灵活的合作关系，通过按需采购协议缩短采购周期，同时在采购合同中明确退货与更换条款，以应对需求的动态变化。

（二）需求驱动型采购的实施流程

需求驱动型采购模型的实施需要一套科学严谨的流程，确保资源配置的精准性与高效性。高校图书馆作为学术资源的汇聚地，其采购流程的设计应充分考虑多层次用户需求的特点。需求驱动型采购以数据为基础，通过需求分析、采购计划制定、资源整合与反馈优化等环节形成了一个闭环机制。每一环节都在实践中逐步细化，形成了一种兼具灵活性与科学性的操作体系。

需求分析是需求驱动型采购的起点，其核心任务是深入理解用户的实际需求，并将其量化为可操作的数据模型。图书馆通过多种方式获取用户需求信息，包括直接反馈与间接数据两大类。直接反馈主要体现在问卷调查、访谈记录以及线上意见征集等渠道中，而间接数据则涵盖用户借阅行为、电子资源访问记录及学术活动参与情况等。在分析过程中，数据挖掘技术发挥了重要作用。通过聚类分析、分类算法和关联规则挖掘，用户需求的多样化特征被逐步显现。需求建模则是将分析结果转化为采购计划的基础。建模方法需结合数据特征，例如采用时间序列分析捕捉需求的动态变化，或通过层次分析法确定需求的优先级。这一环节的科学性直接决定了后续采购活动的方向与效果。

采购计划的制定需要在满足用户需求与资源预算限制之间寻求平衡。这一阶段需要综合考虑学术研究热点、读者群体分布及资源市场动态。计划的核心在于精准性，即根据需求模型分配资源采购的权重，使资源配置更加贴合用户需求。采购计划的制定通常包括三部分内容：资源类型选择、采购数量估算与时间安排。资源类型的选择以需求模型为依据，将不同类型资源按优先级排序。例如，学术期刊、核心数据库和经典文献通常优先采购。采购数量的估算需参考历史使用数据，结合预算约束，确保既能满足需求又避免资源浪费。时间安排则需根据学期周期与学术活动安排进行调整，以确保资源能在需求高峰期及时供给。

供应商的选择直接影响资源采购的效率与质量。需求驱动型采购强调与供应商建立长期合作关系，并在合作中引入更多灵活性与创新性。图书馆通常选择几家优质供应商，通过竞争性谈判与合同管理确保资源采购的性价比。在实际操作中，采购模式可分为集中采购与按需采购两类。集中采购适用于常规需求，而按需采购则专注于学术热点或突发需求的及时满足。按需采购模式的优点在于灵活性，但对供应商的响应速度与库存管理能力提出了更高要求。为此，图书馆与供应商之间需建立高效的沟通机制，并借助信息技术实现采购流程的自动化与可视化。

资源整合是需求驱动型采购流程中的关键环节，其任务在于将新增资源与现有馆藏无缝衔接，形成一个功能完善的资源体系。整合的核心在于分类与标引，即根据资源的学科属性、使用场景及用户群体进行系统化归类，以提高检索效率和用户体验。资源整合还涉及多平台的互联互通。例如，新增资源需与图书馆的在线公共访问目录（OPAC）系统集成，使用户能够在一体化平台上实现资源的检索与使用。为提高用户对资源的感知度，图书馆还可通过智能推荐系统和个性化推送服务，将用户需求与新增资源精准匹配，进一步提升用户满意度。

需求驱动型采购的闭环特性体现在反馈机制的构建上。采购效果的评估不仅是对需求分析与资源采购的验证，也是对整个流程的优化依据。反馈机制的建立需涵盖多个维度，包括新增资源的使用率、用户满意度以及学术影响力。新增资源的使用率反映了资源的实际利用情况。通过统计借阅量、访问次数等指标，图书馆可以判断某类资源是否真正满足了用户需求。用户满意度则通过调查问卷与访谈等方式获取，从主观层面反映资源采购的效果。学术影响力评价则注重资源对学术研究的支持作用，可通过引用率等指标加以量化。动态优化则是根据反馈数据调整采购策略的过程。在这一环节中，图书馆需以问题为导向，识别采购流程中的薄弱环节。

（三）技术支持与数据分析的作用

现代图书馆通过智能化系统捕捉用户行为轨迹，涵盖了资源使用频率、访问时长以及资源种类的偏好等多维度信息。数据采集技术的精准性依赖于硬件设备和软件工具的深度融合。例如，RFID技术结合自动化管理系统使馆藏资源的流通数据被实时采集，而用户访问的线上资源则借助日志分析工具生成详尽的使用记录。在数据采集的广度上，智能终端设备的普及为读者行为数据的全面覆盖创造了条件。无论是图书馆内的借阅设备，还是用户的移动端访问行为，都成为分析的素材。基于物联网的多源数据采集网络，为需求驱动型采购的全面性提供了硬件基础。

面对海量数据，传统的人工统计方式早已无法满足需求，分布式计算和云存储技术应运而生。Hadoop生态系统中的分布式文件存储机制能够将大规模的用户行为数据进行高效分片和并行处理，而NoSQL数据库则以其灵活的架构适应了多样化的数据结构。数据清洗技术确保了信息的准确性与实用性。通过对采集数据进行去重、纠错和噪声过滤，图书馆可以形成真实可信的数据分析基础。多维度的数据整合与去重策略使资源利用情况与用户需求的关联性得到优化，为后续的数据挖掘提供了可靠的前提。

挖掘算法通过对数据的深度分析揭示出用户需求的潜在规律，例如关联规则挖掘可以分析用户对资源种类的偏好组合，而聚类算法则划分了具有相似行为模式的用户群体。 此外，时间序列分析技术使得用户需求的动态变化得以捕捉，特别是学术热点或特定时段的资源需求波动，为采购计划的时效性提供了数据支持。个性化推荐算法通过预测读者的潜在需求，将数据挖掘结果转化为直观的采购建议，使图书馆采购更具针对性。

技术支持的另一个显著表现是采购管理平台的智能化。基于人工智能和大数据的系统实现了资源采购的自动化与可视化。采购平台通过接口整合供应商的实时数据，生成采购方案的动态更新，同时结合用户反馈进行实时调整。平台的智能化还体现在流程优化上，例如采用智能合约技术实现采购协议的数字化与执行过程的自动化。此类技术不仅减少了人力操作的失误，也显著提升了采购效率。

在需求驱动型采购中，数据分析的成果需要以直观的形式展现，可视化工具为决策提供了强有力的辅助。动态仪表盘、多维度图表及地理信息可视化是常见的技术手段。图书馆采购团队通过这些工具可以快速解读数据趋势和用户行为分布，形成直观的决策依据。 在多维度关联分析中，可视化技术更是不可或缺。通过关系网络图或热力图，数据间的交互性与关联性一目了然，使采购方案更具科学性与逻辑性。

用户反馈数据在采购决策中的作用不可忽视。基于人工智能的自然语言处理技术可以对用户意见文本进行情感分析与主题归纳，将反馈信息结构化后纳入需求模型中。结合行为数据，这些反馈数据进一步补充了用户需求的多样性，为采购计划注入了人性化因素。此外，基于用户反馈数据的深度学习算法可以生成资源推荐模型，使采购方案更贴合用户的实际需求。技术支持与数据分析共同构建了从反馈收集到应用优化的全流程链条。

技术的迭代与进步为需求驱动型采购注入了持续的活力。在未来，基于物联网的智能设备可能使得用户行为数据采集的精度提升至新的高度，而更高效的计算框架与算法将使得数据挖掘更加精准。同时，随着隐私计算领域的突破，用户数据的应用范围也将进一步扩大，为需求驱动型采购的精准化提供了无限可能。在需求驱动型采购模型中，技术支持与数据分析的作用贯穿始终，从数据采集、处理、挖掘到结果应用，各环节的技术实现都体现了采购流程的科学性与前瞻性。

二、读者调查在资源采购中的重要性

（一）读者调查的必要性与独特价值

高校图书馆的服务核心是精准满足读者需求，但这些需求往往因多样性和动态性而难以捕捉。通过读者调查，可以从不同维度精准把握需求的真实意图。需求并非总是显而易见，读者的潜在兴趣、未被满足的需求、特定领域的深层次期待，往往需要借助调查进行发掘。没有调查，采购策略可能在盲目中偏离真正的服务目标，而依赖读者调查的数据分析，则能够最大程度减少偏差，为采购团队提供明确的参考依据。

调查作为一种直接对话方式，不仅捕捉到用户的显性需求，还能够在数据分析的辅助下，挖掘隐藏在行为模式和偏好中的深层信息。显性需求是读者明确表达的需要，而隐性需求则需要通过细致的调查设计、问卷设计和行为数据分析逐步揭示。调查的深度决定了需求分析的全面性，过于浅显的调查形式可能难以捕获复杂的需求背景，而多维度、精细化的调查则可以更接近真实的需求结构。

高校图书馆面对的是多学科、多层次的用户群体，这种多样性对资源配置提出了巨大的挑战。文科读者通常对历史、文学、哲学等文本资源需求较高，而理工科群体则更倾向于数据、模型、专利等实践性资源的获取。在这样的背景下，读者调查的作用尤为显著。调查通过分类统计与交叉分析，可以揭示不同群体在资源使用中的明显差异与隐藏共性，使得资源采购更加符合各群体的特定需求。调查还能够揭示不同群体之间的需求重叠，为资源共享提供可能。尽管学科领域的需求有明显差异，但在某些学术热点领域，各群体可能会呈现类似的需求趋势。通过科学的数据分层与需求细分，图书馆可以在有限预算内实现资源最大化利用，既满足特定领域的需求，又能兼顾跨学科的通用性。

资源采购的成效不仅体现在其初始的采购决策上，更需要长期关注资源的实际利用情况。读者调查为资源使用的动态调整提供了重要依据。对于某些领域，虽然预算投入较多，但资源使用频率却相对较低。此时，调查可以帮助找出造成低利用率的深层原因。是否由于推广不足、资源不可用性，抑或需求被误判？这些问题通过调查得以解答，从而为后续采购策略提供了纠偏的机会。读者调查在识别高需求领域时表现出其显著优势。某些资源尽管目前利用率不高，但调查结果可能揭示其在未来需求中的潜力。这些潜力领域通过调查得以提前布局，为图书馆资源规划提供战略指导。动态调整不仅减少了资源浪费，还能持续优化馆藏结构，逐步形成需求导向的资源配置体系。

图书馆资源采购预算往往受限于学校资金政策，而需求却呈现出无止境的增长态势。如何在有限的预算内实现需求的最大化满足，是每一个采购团队都需要面对的现实挑战。读者调查通过量化需求，帮助采购团队明确需求的优先级与紧急程度。某些资源尽管高成本，但其需求的集中性或紧迫性可能使其成为采购中的优先选项，而低频使用的资源则可能被暂时搁置。预算分配不仅仅是资源采购中的技术问题，更是权衡学科间平衡的重要环节。通过调查获取的定量数据，可以为学科间预算的公平分配提供理论依据，同时避免因过于集中或过度分散而导致的资源浪费。采购团队借助调查数据，在预算分配上实现科学与合理的双重兼顾。

读者调查的意义并不限于当前需求的满足，它对馆藏结构的长期优化也具有深远影响。随着读者需求的动态变化，调查数据成为调整馆藏结构的重要参考。某些领域对资源的需求呈现下降趋势，可能意味着这些领域的学术活跃度逐步降低，而另一些新兴领域的快速崛起则需要采购策略的快速响应。调查还可以揭示馆藏资源中的冗余与不足，从而为资源的补充与更新提供清晰方向。例如，某些经典文献尽管长期未被借阅，但其不可替代的学术价值仍然需要保留，而某些过时的资源可能需要逐步淘汰。馆藏结构的调整是一项复杂的系统工程，而调查数据则为这一过程提供了科学依据，使图书馆能够以更高效、更科学的方式服务于学术研究。

读者调查的还为资源的推广与服务优化提供了宝贵的线索。某些高价值资源利用率偏低，可能并非需求不足，而是读者对其认知度较低。调查反馈的信息能够帮助图书馆调整推广策略，提高读者对资源的关注与使用。无论是线下活动还是线上平台推广，调查数据都能够精准锁定推广的目标群体与有效方式。此外，调查结果能够揭示服务流程中的潜在问题。例如，读者在获取资源时是否遇到了技术障碍或操作困惑？调查提供的反馈信息可以帮助图书馆有针对性地改进服务流程，使资源的可达性与便捷性进一步提升。这种基于调查的双向互动，使得图书馆在资源采购与服务优化之间形成良性循环。

随着技术的快速发展，传统的读者调查形式正逐步向智能化、数据化方向演进。现代调查工具不仅可以实现数据采集的高效性，还能够在分析阶段挖掘数据中隐藏的深层价值。从线上问卷设计到实时数据分析，技术的引入使得调查结果更加客观与精确。尤其是基于大数据与人工智能的分析技术，可以将调查数据与行为数据结合，实现从定性分析到定量验证的全流程优化。在调查数据的可视化呈现上，技术手段同样功不可没。通过图表、热力图等可视化工具，复杂的数据关系得以更加直观地呈现，为采购团队的决策提供了便捷支持。这种智能化的调查形式，不仅提高了效率，还降低了传统调查方法中可能出现的人为偏差，使得调查结果更加值得信赖。

（二）数据驱动的调查分析与需求挖掘

现代图书馆资源采购决策逐渐依赖数据驱动的调查分析，这一方法通过多维数据的整合与分析，实现对读者需求的科学解析。数据驱动的调查分析不仅依赖于传统的问卷调查和访谈数据，还包括对用户行为数据、资源使用记录以及社交媒体讨论等非结构化数据的挖掘。这样的分析方式使得图书馆能够在复杂的数据中发现潜藏的规律，为资源配置提供更为精确的指导。基于数据的调查分析更加强调定量与定性相结合的研究方式。传统的定性研究在理解用户需求时有独特优势，而数据驱动的分析通过对大规模数据的量化处理，将定性研究的深度与定量分析的广度有机结合。

读者的借阅记录、电子资源的下载次数、数据库访问频率以及馆内设施的使用情况，构成了一系列具体且动态的数据。这些行为数据不仅反映了用户的显性需求，还在一定程度上揭示了用户的隐性兴趣。如某些资源虽然借阅率不高，但下载次数较为集中，这可能暗示着其在研究领域中具有潜在的高价值。通过数据建模和趋势分析，读者的行为模式可以被进一步解析。某些特定的时间节点、季节性变化或学术周期对资源需求的影响，常常通过行为数据展现得淋漓尽致。如学期初可能对教材类资源需求旺盛，而在毕业季，研究生可能对学术论文的需求更为集中。这种细节上的洞察能够帮助图书馆在资源采购和服务规划中实现更精准的分配。

相比传统的结构化数据，非结构化数据如文本评论、用户反馈和学术社交平台的讨论，包含了大量潜在的用户需求信息。利用语义分析技术，图书馆可以对这些非结构化数据进行深入挖掘，将其中的需求信息转化为可执行的采购策略。语义分析不仅关注词语的表面含义，还通过上下文理解用户的真实意图，从而实现对需求的深层挖掘。以用户评论为例，当读者提到某些资源"不够全面"或"检索不便"时，这些反馈可能表明资源的种类或数量需要进一步优化。通过文本挖掘，图书馆能够更快速地将这些分散的意见整合为具体的改进建议。语义分析的引入，使得非结构化数据成为需求挖掘中的重要一环。

不同学科的资源需求往往有显著差异，而数据整合的作用在于找到这些差异中的共性与规律。数据驱动调查分析通过整合来自多个渠道的需求数据，能够在不同学科需求之间建立联系，为跨学科资源共享和协作提供依据。例如，科学技术领域可能更多依赖数据库与实验报告，而人文社科领域则更关注经典文献与多媒体资源的获取。通过多维关联分析，图书馆可以发现某些资源在多学科背景下的潜在价值。例如，文献计量学方法可以揭示某些高影响力文献在多个领域的引用情况，从而判断其采购的优先级。跨学科需求的精准识别，既避免了资源的重复配置，又为馆藏建设的科学性提供了保障。

数据驱动的调查分析不仅关注当前需求，还致力于预测未来需求趋势。基于时间序列分析与机器学习模型，图书馆可以构建需求预测模型，预测某些资源的未来使用率以及需求增长趋势。这种预测能力在快速变化的学术环境中尤为重要，特别是在新兴学科快速崛起的背景下，提前布局能够为图书馆抢占资源优势提供可能。动态调整策略则通过实时监测需求变化，及时更新资源采购计划。读者需求在不同阶段可能存在显著波动，而数据驱动的调查分析通过对实时数据的捕捉与解读，可以在资源采购上实现高效的响应能力。无论是对热门资源的补充，还是对低效资源的淘汰，动态调整的精准性都离不开数据的支持。

数据驱动调查分析的另一个核心成果是读者画像的构建。基于用户行为数据和调查反馈，图书馆能够对每位读者的兴趣偏好、学术领域、信息需求进行全面建模。这些画像不仅帮助图书馆在资源采购中更好地满足个体需求，也为个性化服务的实现提供了基础。读者画像的精准性依赖于多层次数据的整合与分析。通过对行为数据与反馈数据的交叉验证，可以更好地理解用户需求的动态变化。例如，某些读者可能偏爱某种类型的资源，但随着研究方向的调整，其需求可能发生显著变化。动态更新的读者画像确保了资源采购始终与实际需求保持同步。

资源采购预算的科学分配是图书馆面临的核心问题，而数据驱动的调查分析为预算优化提供了强有力的支持。通过数据分析，可以清晰地呈现各类资源的需求强度与使用效率，从而为预算分配提供具体依据。例如，某些高成本资源可能在需求数据中表现出明显的集中趋势，这表明这些资源对读者具有较高的使用价值，应优先考虑采购。预算优化还需要综合考虑资源的长尾效应。某些资源虽然使用频次较低，但对特定群体具有不可替代的价值。在预算有限的情况下，如何平衡高频需求与长尾需求的关系，是数据分析需要解决的重要问题。科学的预算优化策略既能满足核心需求，又能兼顾资源的多样性。

复杂的调查数据往往难以被直观理解，而数据可视化技术的引入极大地提升了决策效率。通过可视化图表，图书馆能够以更加直观的方式呈现需求分布、使用趋势与资源缺口。例如，热力图可以清晰地展示某些资源在不同时间段的需求强度，而关系图则能够揭示不同资源之间的使用关联。数据可视化不仅为采购团队提供了直观的参考，也为图书馆管理层的决策提供了强有力的支持。复杂的采购方案在数据可视化的辅助下，能够快速找到优化路径，使得资源采购更加科学化、精准化。

（三）读者反馈在采购评估中的作用

文献资源采购的科学性和实效性离不开读者反馈的全面参与。作为直接使用资源的群体，读者的反馈不仅能反映采购资源的适配程度，还能提供更为具体的改进建议，使得资源配置能够持续优化。读者反馈不仅仅是一种信息的输出，更是一种参与式的资源管理模式，能够将读者需求与图书馆服务紧密连接。与数据驱动分析不同，读者反馈包含了更多的主观评价和个性化需求表达。通过分析这些反馈信息，可以从感性层面理解文献资源的适用性和读者的满意度。无论是对具体资源的评价，还是对整体采购策略的意见，都能够为图书馆提供独特的参考价值，形成从采购到评估再到调整的完整闭环。

读者反馈的高效利用需要建立完善的反馈机制，包括收集渠道、反馈内容的分类与分析方式等环节。在现代图书馆中，反馈机制往往通过多种方式展开，如线上调查、书籍评分系统、开放意见区以及用户访谈等。这些机制的共同目标在于确保反馈的全面性与代表性。反馈机制的设计需要考虑读者表达的便捷性与多样性。针对不同群体，应提供多种反馈路径，以吸引更多读者参与。例如，对研究型用户可以通过学术社区展开深度讨论，而对普通用户则可以提供快速的打分与简短评论选项。这样，反馈机制不仅能涵盖更多需求，还能帮助图书馆精准定位不同层次的资源使用情况。

为了更好地发挥读者反馈的作用，需要对反馈数据进行有效整理和深入分析。读者的评价往往以非结构化文本的形式存在，直接使用这些数据可能面临一定的挑战。通过自然语言处理技术和情感分析算法，可以快速提取出评价中的核心观点和情感倾向，从而为采购决策提供依据。分析的维度也需要多样化，不仅要关注资源的优缺点，还需从反馈中挖掘隐藏的需求。例如，当某类书籍的负面反馈集中在内容过时的问题上，这可能暗示相关领域的更新速度需要加快，而当某些资源评价偏低但推荐度较高时，这可能意味着资源在某些特定领域具有潜在价值。对反馈数据的多层次分析，可以使图书馆在采购评估中更加主动和精准。

将读者反馈融入采购评估的决策模型中，是实现资源优化的重要途径。一方面，反馈信息可以作为采购模型的重要输入变量，对资源的选择与配置进行实时调整；另一方面，反馈数据还能与行为数据、需求预测模型相结合，形成动态的资源评价机制，使采购决策更加科学化。反馈与采购模型的结合，不仅体现了对用户意见的尊重，还能显著提升采购的准确性与时效性。例如，在需求驱动采购模型中，读者的直接反馈可以优化采购触发条件，而在传统的预算分配模式下，反馈数据可以作为调整采购比例的重要参考。

读者反馈不仅限于对单一资源的评价，还可能涉及资源的可用性、获取方式、服务质量等多个方面。这些多元化的反馈视角，为采购评估提供了更加全面的依据。特别是在资源更新周期较短的学科领域，读者对资源时效性和覆盖范围的反馈，直接决定了采购决策的合理性。此外，反馈中还包含了大量隐性信息，例如对资源使用习惯的描述、对服务满意度的评价等。通过深入分析这些信息，可以揭示出资源使用背后的行为模式和潜在需求。将这些隐性信息与显性反馈相结合，可以构建更加精准的用户需求画像，为资源采购提供全方位的支持。

不同群体的资源需求往往存在显著差异，而读者反馈为了解这些差异提供了直接的视角。对于特定学科的研究者，反馈往往集中在资源的学术深度与参考价值上，而对于普通读者，则更关注资源的易用性与趣味性。通过对这些群体特征的细致分析，可以在采购中实现更有针对性的资源配置。特殊群体的反馈，尤其是边缘学科或冷门领域的读者反馈，能够为采购评估提供重要参考。这些领域的资源需求往往容易被忽视，但读者反馈中所体现的高满意度或紧迫需求，可以成为优化采购计划的重要依据。

在采购评估中引入读者反馈，不仅能够优化资源选择，还能提升采购过程的透明度。通过反馈机制的公开化与常态化，图书馆可以增强与读者的互动，形成更紧密的合作关系。例如，定期发布反馈数据的分析报告，能够让读者了解采购资源的使用成效和改进方向，从而进一步激发他们的参与热情。透明化的反馈机制，还可以为图书馆与其他学术机构的合作提供依据。通过共享反馈数据，可以建立跨机构的资源协作机制，实现资源采购的集约化与效率最大化。反馈的公开与共享，不仅促进了资源采购的科学化，还为学术资源的长期可持续发展提供了保障。

读者反馈的高效利用，离不开对反馈机制的持续优化与实践。优化的方向包括提高反馈收集的便捷性、提升反馈数据的分析能力以及加强反馈结果的应用转化。例如，可以通过智能化的反馈系统，实时捕捉读者对资源的评价，并在系统中直接关联相关资源，为后续采购提供直接的支持。实践过程中，还需关注反馈与采购评估的双向互动。反馈的目的是服务于采购评估，而采购评估的结果又需及时反馈给读者，形成闭环的管理机制。只有实现了这种双向互动，反馈的作用才能在采购评估中得到最大化的体现。

三、资源采购与利用率之间的平衡

（一）需求精准化驱动采购决策

采购决策的精准性离不开对读者行为的深入分析。这一过程强调对读者阅读偏好和借阅习惯的系统研究，以此形成对实际需求的精准画像。通过收集并处理读者行为数据，图书馆可以全面了解不同读者群体的资源使用特征，如高频借阅的学科领域、偏爱的语言类型以及数字化资源的访问频率等。这些分析不仅帮助优化采购方向，也为图书馆资源的分配提供科学依据。行为分析的数据不仅反映了当前的资源利用现状，还揭示了潜在的需求趋势。

精准化采购的关键在于实现资源与学科需求之间的精准匹配。不同学科领域的文献需求在时间维度和内容维度上具有显著差异，这要求采购决策者结合读者学术活动特点进行针对性分析。例如，人文学科的读者倾向于经典文献的长期积累，而科技领域的读者更关注最新研究成果的获取。为了实现采购与需求的精准对接，图书馆需要构建动态的学科需求数据库，并依据学科阅读习惯进行实时更新。这一过程中，关注小众学科或新兴学科的需求是重要方向，因为这些领域的资源短缺往往直接影响学术研究的深度和广度。

数据分析技术在采购决策中扮演了关键角色。通过引入大数据分析工具，图书馆能够从海量的读者行为数据中提取有价值的信息，形成科学的采购依据。数据分析技术不仅能发现显性需求，还能挖掘出隐藏在用户行为背后的潜在需求。机器学习模型的应用尤为重要。它能够从复杂的数据中找到潜在模式，为采购决策提供更为精准的指引。例如，基于行为序列的分析能够识别读者偏好的动态变化趋势，为资源采购的时效性提供保障。数据分析技术使采购决策从经验主导逐步转向数据驱动，显著提升了资源配置的科学性。

在数字化时代，读者对电子资源的需求显著增加。精准采购不仅需要满足传统纸质文献的需求，还需紧密结合电子资源的特点展开深度分析。读者对数字化资源的需求呈现多样化趋势，不仅包括数字书籍、期刊，还涵盖数据库、音频及视频资源。针对这一特点，图书馆在采购过程中需要充分考虑数字资源的交互性和便捷性。用户偏好分析显示，能够提供即点即用服务的资源往往更受欢迎，而使用门槛较高的资源即使内容优质，也难以得到充分利用。因此，采购决策的精准化要求图书馆关注资源的形式和技术支持，确保数字化资源的便捷性和易用性。

精准化采购的核心在于及时响应需求的动态变化。读者的需求往往随着学术热点的转移、科研方向的变化而不断调整。这种动态性要求图书馆建立灵活的采购调整机制，确保资源分配始终与实际需求保持同步。为了实现这一目标，图书馆需要持续监测读者行为并结合实时数据进行分析。采购调整的灵活性体现在优先满足当前高频需求，同时对未来可能出现的新需求保持敏感。动态调整机制不仅是采购精准化的核心内容，也是资源利用率提升的重要保障。

（二）资源闲置的成因与应对策略

文献资源的闲置现象在图书馆管理中时常出现，其成因复杂且多维。首先，采购决策中对读者需求分析的不足容易导致资源分配与实际需求脱节。当缺乏针对性的需求调查时，采购行为往往倾向于以经验为主，忽视了读者兴趣和阅读习惯的动态变化，造成部分资源无法被有效利用。其次，部分资源因其学术价值较高但使用门槛较高，未能被普通读者充分理解或使用。这种现象尤为集中于专业性强或形式新颖的资源中。数字资源的闲置问题也尤为突出，部分数字化资源因技术兼容性差、操作复杂而被搁置。此外，图书馆对资源的宣传与推广力度不足，导致部分优质资源未能被读者及时发现或使用。

解决资源闲置问题的核心在于优化需求调研机制，确保采购行为与实际需求相匹配。图书馆应当建立动态化的读者行为数据收集系统，通过长期积累的数据分析读者的阅读偏好和资源需求变化。数据不仅可以提供直观的使用频率和偏好类别，还能通过趋势分析发现潜在的需求领域，为采购决策提供科学依据。此外，针对不同类型的读者群体，需求调研应具有多样性和针对性。学术研究人员与普通读者在资源需求上往往存在显著差异，因此在设计调研框架时，需要考虑不同用户群体的独特需求。精准的调研将使采购方向更为明确，从而显著降低资源闲置率。

闲置资源的另一个重要原因在于缺乏有效的推广与宣传。一些资源虽具备较高学术价值，但因宣传方式单一或缺乏及时更新，未能有效吸引读者注意。

针对这一问题，图书馆应构建多元化的资源推广模式，将资源信息以生动直观的形式呈现给目标用户。资源推荐可以结合智能推荐系统，将读者兴趣与资源特点相结合，自动生成个性化的推荐列表。此外，在图书馆活动中增加对特色资源的展示和讲解，通过线上线下相结合的方式提升读者的资源认知度与使用积极性。只有通过持续的推广与互动，才能让资源价值真正被充分挖掘。

烦琐的获取流程也是资源闲置的重要原因之一。许多资源因借阅手续复杂、数字资源登录烦琐而降低了读者的使用意愿。图书馆应当注重资源获取路径的优化，降低读者访问的门槛。例如，为高频使用的资源提供快捷访问入口，或利用一站式检索平台整合资源入口，使读者能够快速找到所需内容。技术手段的应用也能有效减少资源获取的复杂性，例如通过单点登录系统将多个数据库的访问权限整合到同一账户中，或利用二维码扫描技术直接引导用户访问特定资源页面。这些优化措施不仅能提升资源使用效率，也能显著减少因获取困难而导致的资源闲置。

资源闲置现象的改善还需依赖灵活的资源管理与评估机制。图书馆应当建立周期性资源使用评估机制，通过分析不同资源的使用率，及时发现闲置资源并进行调整。对于长期未被借阅或访问的资源，可以考虑将其转移至需求更高的领域，或通过特别的推广活动重新引导读者关注。评估过程中，应关注资源内容的相关性与实用性，避免因更新不及时或内容陈旧而造成的闲置。灵活的评估机制还能为未来采购决策提供重要参考，使图书馆资源分配更加贴合实际需求，从根本上降低资源闲置的可能性。

（三）高频资源的管理与扩展

高频资源的管理起点在于明确其核心特性及使用规律，这需要从多个角度进行深入分析。借阅频率是一项直观且可靠的指标，它能够直观地显示哪些资源受到了读者的高度关注。通过对历史借阅数据的系统性整理，可以准确绘制出资源使用的总体趋势图，从而识别出持续高需求的文献类型。此外，对于电子资源而言，访问量与使用时长同样是关键参数，这些数据不仅能够揭示资源的吸引力，还能指向特定时间段内的使用高峰。与此同时，读者反馈的分析则为高频资源的管理注入了主观评价视角。通过收集与整理读者的意见，不仅能够更全面地评估资源的学术价值，还能了解其在不同场景中的实际作用。例如，某些资源可能在专业研究中有着极高的引用频率，而另一些资源则因其工具性特点被反复使用。这些信息为高频资源的精准分类与优化提供了有力依据。此外，跨时间段的使用变化分析也能够揭示资源需求的周期性规律，为资源的动态调整奠定基础。

高频资源的管理需要以优化其使用效率为核心目标，并辅以多方面的动态调整策略。首先是纸质资源的存储位置管理。在传统图书馆中，资源的物理分布直接影响到读者的获取便捷性。高需求资源应被优先放置在显眼的书架区域，或靠近借阅服务台的空间，以缩短读者的查找路径。这种动态调度策略不仅提高了资源的使用效率，也显著提升了服务体验。此外，数字化高频资源的访问优化同样需要注重技术层面的改进。高速服务器的部署与内容分发网络（CDN）的使用，可以大幅提升资源的加载速度，减少读者在使用过程中的等待时间。对于移动端用户，还需关注不同设备之间的适配与兼容性问题，确保资源在各种终端上的访问效果一致。动态优化策略的核心在于快速响应读者需求的变化，将资源的服务能力最大化。从读者的角度来看，高频资源的推荐功能也能够显著提升利用率。基于用户行为分析的智能推荐系统可以自动将相关资源推送给潜在的目标读者。在图书馆管理中，这类技术手段的引入不仅改善了资源的分发效率，还进一步提升了用户满意度。

常见的高频资源类型包括学术领域的基础资料、社会热点相关文献，以及高实用价值的工具书与参考资源。学术基础资料主要满足特定领域的专业需求，它们通常因其权威性与高引用率而长期受到欢迎。对于此类资源，馆藏管理的重点在于及时补充最新版本，并确保读者可以轻松找到与其需求相关的配套资源。另一方面，社会热点相关的文献资源则具有较强的时效性。此类资源的需求高峰往往集中在特定时间段，例如某些热点事件发生时。这就要求图书馆管理者能够敏锐捕捉需求信号，及时采购相关资源以满足突发性需求。此外，高频资源的扩展策略还需结合读者的具体需求。例如，可以根据读者使用习惯定制主题资源包，整合相关的高频文献与配套材料。这种分类与扩展策略既能优化资源分配，又能为读者提供更全面的服务体验。

技术的介入为高频资源的智能化管理提供了可能性。大数据分析技术是实现这一目标的核心工具。通过对资源使用数据的深入挖掘，可以绘制出资源需求的时间序列图，帮助管理者识别出潜在的使用规律。人工智能算法的应用还可以实时监测读者行为，从而提前预测需求高峰期并进行资源调度。例如，系统可以根据读者的历史行为自动推荐相关资源，或在使用高峰期动态分配数字资源的访问权限。自动化的存储与检索系统是另一个关键方向。对于纸质资源，基于机械臂的智能存储设备能够显著提升书籍调取的效率。而对于数字资源，基于区块链技术的版权管理系统则可以有效防止重复采购与数据滥用。这些技术手段的结合不仅能够显著提升高频资源的管理效率，还为未来的资源扩展奠定了技术基础。

高频资源的高使用频率不可避免地导致其更容易遭受损坏与数据丢失的风险。因此，保护与备份机制在资源管理中占据着重要地位。对于纸质资源，应定期开展修复工作，特别是对封面和内页易磨损的部分进行加固。同时，优化存储环境，例如调节温湿度和避免阳光直射，以延长纸质资源的使用寿命。对于数字资源，备份机制的完善尤为关键。采取多重备份策略，可以有效防止因设备故障或数据攻击而导致的信息丢失。具体而言，可以将资源的核心数据存储在本地与云端平台中，同时配备自动备份系统以定期更新。此外，数据完整性的实时监控功能可以提前识别潜在的安全风险，从而有效避免资源的不可用情况。多层次的保护机制为高频资源的持续服务能力提供了可靠保障。高频资源的保护工作还需与读者教育相结合。在借阅高频纸质资源时，应加强读者的爱护意识，引导其合理使用资源。数字资源的使用同样需要明确版权规范，避免因滥用而影响资源的可用性。保护与备份机制的实施不仅确保了资源的长期可用性，还提升了图书馆整体管理质量。

（四）数据驱动的采购与利用平衡

在资源采购与利用之间实现平衡的核心在于动态化和数据化的需求评估。这一过程的起点是全面的数据采集与整理。读者的资源使用行为蕴含着丰富的信息，涉及借阅频次、访问时段以及跨资源类型的关联使用情况。通过大数据平台，可以实时监测这些行为并将其转化为具有参考价值的决策依据。对比不同时间段的使用数据，还能发现需求的动态变化规律，为采购调整提供支撑。此外，数据采集的范围不应仅限于馆内行为，在线资源的访问频次和下载情况同样是采购决策的重要依据。这种线上线下结合的数据获取方式能够更准确地反映资源使用全貌。值得注意的是，对数据的深入分析需结合语义分析技术，挖掘隐性需求，并通过相关性分析揭示不同资源之间的使用联系。

在资金有限的情况下，如何合理分配预算以实现资源的最大化利用，是数据驱动采购的核心议题。优化模型为这一问题提供了清晰的解决思路。以高频资源为优先，逐步分配采购资金，是目前较为通行的策略之一。但单纯的优先级排序未必能满足多样化需求，因此还需结合分类管理模式，根据不同资源类型设定预算配比。具体来说，工具性强的参考资料可能需要较高的预算权重，以满足高频查询需求。而学术性较强的文献资源则可结合专题需求，集中采购具有长尾效应的深度资料。考虑到某些资源的使用高峰可能具有突发性特点，建议预留一定比例的应急采购资金。

数据分析技术的深度应用极大地提升了采购与利用平衡的可能性。通过建立资源使用的数学模型，图书馆能够准确预测不同类别资源的需求变化。模型的核心在于数据的精准性和多维性，包括读者属性、使用场景以及资源访问趋势。对这些数据进行机器学习训练，可以实现需求预测的自我优化。例如，关联规则挖掘技术可用于识别多种资源之间的隐性联系。此类分析能够揭示读者的跨类别需求，为资源的组合采购提供依据。聚类分析是另一重要手段，通过对读者行为进行聚类，可以将采购重点放在特定用户群体所偏好的资源类型上，减少资源闲置的可能性。

采购决策的科学化离不开多元化指标的综合评估。单一的使用频率指标难以全面反映资源的价值，还需结合资源的学术影响力、读者满意度以及与图书馆发展目标的匹配程度。在此基础上，可构建一套多维评估体系，为采购决策提供可靠依据。学术资源的引文影响力是一项关键指标，尤其在高校图书馆中，这类资源的高引用率通常意味着较大的学术价值。读者满意度则通过问卷与互动反馈获得，能够直接反映资源的实际适用性。此外，资源对教学与科研活动的支持能力也是重要的考量维度。一些特定资源虽然使用频率较低，但因其在关键领域具有不可替代性，仍需优先考虑。多元化指标的整合，让采购决策从单一维度走向全局化视角。

实现采购与利用的动态平衡，离不开反馈闭环的建立。资源采购后的使用效果需要持续跟踪，通过反馈机制来验证采购决策的有效性。这种闭环体系的核心在于数据的双向流动。一方面，采购前的数据分析为资源选择提供方向；另一方面，使用后的数据反馈又为后续决策提供依据。反馈机制可以通过技术与管理相结合的方式进行优化。例如，数字化资源管理系统能够实时生成资源使用报告，并将其与采购数据进行比对，寻找差距与不足。此外，定期举办读者座谈会或开展满意度调查，可进一步完善反馈渠道。通过对反馈数据的分析，可以及时调整采购策略，优化资源分配，使采购与利用之间始终保持动态平衡。

在采购预算有限的情况下，资源共享成为实现平衡的有效策略。高校图书馆之间的联合采购与资源共享能够显著提升资源覆盖率，同时降低单馆成本。在共享机制中，分布式管理模式尤为重要，其核心在于合理分配资源存储与服务节点，避免重复建设的浪费。共享资源的配置需要依托技术平台来实现，各馆之间的资源调配需要实时同步数据，以确保共享机制的高效运行。共享机制的实施还需考虑到版权与资源公平使用的问题，合理划分共享权限，避免资源分配不均。

采购与利用的动态平衡不仅是具体实践中的重点，更为整体馆藏建设提供了理论支持。从长远来看，这种平衡机制有助于形成资源结构的动态优化，不断提升图书馆的服务能力。在馆藏建设中，平衡机制的运用体现在资源的多样性与可持续性上，既满足当前需求，也为未来的潜在需求预留空间。在资源配置优化的全局视角下，数据驱动的采购平衡不仅提高了资源利用率，也显著增强了图书馆服务的精准性与效率。

（五）共建共享机制与平衡资源供给

共建共享机制的提出不仅是一种策略，更是一种体现资源利用效率最大化的理念。各图书馆在资源采购和配置中各自为战，往往会带来资源分布不均、重复采购和使用率不平衡等问题。而共建共享机制的核心价值在于，通过集体协作和资源整合，让资源在更大范围内流通，从而实现供需的动态平衡。在实际操作中，共建共享强调以跨机构合作为基础，以资源联动为手段，构建起一个覆盖广泛的资源网络。通过集中化的采购决策，各图书馆能够以更低的成本获取更丰富的资源。

共建共享机制的高效运转需要依赖分布式管理模式的支持。分布式管理的实质是将资源的采购和分配责任分散到多个参与方，同时通过技术平台实现资源信息的实时共享。这种模式既能有效避免中心化管理可能带来的资源调配不及时问题，又能增强每个机构的资源自治能力。在资源共建中，分布式管理的一大优势在于，它能够通过对各机构资源需求的精确分析，形成采购分配的实时决策机制。例如，一些资源使用频率较高的机构可以承担主要的采购任务，而使用频率较低的机构则以借阅形式参与资源共享。这种分工不仅避免了资源的重复采购，还在很大程度上提升了资源利用效率。

共建共享机制的落地离不开技术平台的全面支持。构建一个高效的信息共享平台是实现资源流通的前提条件。该平台需要具备多层次的数据管理能力，不仅能够记录和分析各图书馆的资源数据，还需要实现资源的实时调度和分发。通过技术手段将物理资源与数字资源整合到一个统一的界面中，图书馆之间的合作能够更加顺畅。同时，信息整合的深度决定了资源共享的广度。共享平台需确保资源信息的标准化与统一化，以便各图书馆能够快速检索并调取所需资料。技术手段的参与，不仅提高了共享效率，还减少了资源调配过程中的人为干预，使整个系统更加智能化和自动化。

资源共享的公平性问题是共建共享机制中的关键议题。为了确保参与各方的权益，合作机制需要明确各方在资源采购、维护以及使用中的责任与义务。这种机制的建立可以通过协议化的方式加以规范，例如定期更新的共享规则和资源分配指南，以保障合作的透明性和稳定性。公平性的实现依赖于协作精神的培养。各方应充分认识到，共建共享的本质是为了实现资源的高效利用，而不是单一机构利益的最大化。因此，在合作中，每个机构需要积极参与资源的开放与共享，同时也应对资源的使用范围和时限加以规范，避免因过度依赖共享而削弱自身的资源建设能力。

在共建共享机制中，特殊资源的共享是一大难点，也是实践的重点。某些高价值或高敏感性的资源，如特藏文献、版权受限的电子资源等，往往因为其使用规则的复杂性而难以完全共享。针对这一问题，共享机制需引入定向供给模式，以确保资源的使用在特定范围内进行。定向供给强调对共享资源的细分与限定。以学术研究需求为导向，这类资源的共享通常以研究项目或读者身份为准入条件，从而实现精准分配。通过结合技术手段，如身份认证与访问权限管理，可以在保障资源安全的同时，实现其使用效益的最大化。

资源供需的动态平衡是共建共享机制的最终目标。为实现这一目标，合作各方需保持对资源需求变化的敏锐感知，并通过定期的资源审计与评估，及时调整共享机制的具体实施路径。这一过程中，资源使用反馈的作用尤为重要，其不仅是衡量共享机制效果的关键指标，也是优化资源供给方式的重要依据。共享机制的优化还需要探索新的协作方式。例如，将人工智能和大数据技术引入资源共享体系，能够更加高效地预测需求趋势，减少资源供需的不匹配。此外，构建跨学科的资源合作网络，也可以让共享的效益覆盖更广泛的研究领域，为多元化的学术活动提供支持。

在这一机制下，图书馆不再仅仅是服务于单一社区的机构，而是成为跨机构、跨地域的知识服务网络的重要节点。这种角色转变既为图书馆的未来发展提供了更广阔的空间，同时也为资源利用效率的提升提供了长期保障。共建共享机制的成功实施，离不开技术、管理与协作的深度融合。通过整合各方资源，建立起高效、规范和灵活的共享体系，不仅能让资源供给达到新的平衡，还能为图书馆服务注入更多创新的可能性。这种机制的意义早已超越了资源的管理范畴，为图书馆的角色拓展和学术服务的优化提供了丰富的实践依据。

第二节 数据驱动的资源整合与优化

一、数据分析在资源整合中的辅助作用

（一）数据采集与分析技术的应用场景

数据采集技术在资源整合的过程中，以智能化手段捕获分布于不同系统、平台及终端的数据，为资源整合提供坚实的基础。这些技术的广泛适用性使其不仅局限于图书馆内部的使用，也扩展至外部开放数据库及在线资源平台。在资源整合的实践中，数据采集技术需要兼具广度和深度，以全面覆盖用户行为数据、文献元数据及学术交流数据等多个维度。同时，这些技术强调高效性与准确性，确保获取的信息能够最大限度地反映用户需求的真实变化。

用户行为数据的采集是实现个性化服务的基础。在技术层面上，这一过程需要从多个交互点入手，捕获用户在借阅、检索及资源浏览过程中的关键行为。为了保证采集数据的完整性，通常采用嵌入式分析技术对用户使用的系统进行实时监测，同时辅以日志记录系统捕捉长期行为趋势。这些技术还融入了动态标签机制，能够根据用户行为模式的变化动态调整数据采集范围，从而实现更

具针对性的分析和整合。

文献资源的元数据在资源整合中扮演着基础角色，其准确性直接决定了后续数据整合与分析的效率。当前，文献元数据的采集通常依赖自动化工具与人工校验的结合。智能爬取技术可以从不同平台快速收集元数据，而基于人工智能的语义分析工具则能将这些数据自动分类并匹配到相应资源中。与此同时，标准化问题成为技术实施中的一大挑战。为了确保不同来源的数据能够无缝对接，通常采用国际通用的元数据格式，如MARC和 Dublin Core，并辅以技术协议进行定向转换。

在数据采集完成后，清洗与预处理成为必不可少的环节。由于数据来源的多样性及复杂性，常会出现冗余信息、错误数据或格式不统一的现象。数据清洗技术的核心在于实现冗余信息的高效筛除，并对不完整数据进行智能补全。基于机器学习的异常检测算法可以自动标记可疑数据点，而语义分析技术则帮助识别与主题不符的内容。此外，预处理环节还包括对数据格式的转换，以满足资源整合过程中的技术需求。

多维数据整合技术旨在将采集的用户行为数据、文献元数据及环境监测数据等进行有机融合，构建全面的资源整合视图。这项技术在实际场景中广泛应用于资源推荐、动态分配及服务优化中。整合的过程需要结合特定场景的需求进行动态优化。例如，基于主题模型的算法能够从海量数据中提取关键主题并形成关联，为用户提供最相关的资源。

随着数据技术的不断发展，数据采集的方式也在逐步创新。一方面，物联网技术的引入使得数据采集能够延展至实体资源的使用场景，进一步丰富了整合的数据维度；另一方面，学术研究平台的开放协作推动了数据采集技术在跨机构资源共享中的应用。通过构建统一的技术框架，不同机构间的数据壁垒得以逐步打破，从而为资源整合提供了更广阔的可能性。

在资源整合的过程中，数据采集技术的最终目标在于通过数据的深度利用提升用户体验。结合智能推送和个性化推荐，这些技术帮助用户在复杂的资源环境中快速找到所需内容。具体而言，它们能够动态捕获用户的搜索偏好，并在后续资源推荐中提供更高相关性的选择。此外，数据采集技术还广泛应用于服务优化中，通过采集用户在使用系统时的交互行为，识别可能存在的问题并进行实时调整。

与数据采集技术相辅相成，数据分析技术的核心在于将已采集数据转化为可操作的信息。这一过程通常以数据建模和可视化技术为依托，以便相关资源整合的决策者能够快速洞察数据背后的趋势与规律。分析技术的应用还包括对用户需求的预测与潜在资源的发现，为动态调整资源配置提供了坚实的依据。尤其是在大数据背景下，高效的分析技术成为资源整合与优化的强有力保障。

（二）用户行为数据对资源决策的指导价值

用户行为数据的多维采集为资源配置提供了综合性的参考维度。这些数据不仅包括借阅记录、检索词分析等基础数据，还延伸到访问频率、访问深度和偏好分类等行为特征，展现出用户需求的全景图。例如，通过监测用户在不同学科资源上的使用时间，可以细化出高需求的学术领域，并据此优化资源的分布策略。这些数据的多维特性，能够指导图书馆资源采购计划的方向性，同时帮助识别潜在的文献需求。此外，这种采集过程还能形成动态数据库，为后续的分析与资源整合提供持续的支持。在实际应用中，这些多维数据通过可视化技术直观呈现，为资源管理者提供了快速解读的手段。例如，行为热图分析能够揭示用户在数字资源平台上的高频点击区域，为界面优化和功能模块设计提供科学依据。通过将用户行为数据转化为直观的视觉表现，资源配置决策不仅更具针对性，同时也具备更强的说服力和可执行性。

数据挖掘技术在用户行为数据的分析过程中发挥了重要作用，其核心在于揭示行为数据的潜在模式与内在关联。例如，聚类分析技术能够根据用户的借阅偏好将其分组，使资源配置更具针对性和层次性。这种分组不仅提升了资源分配的效率，也为图书馆提供了明确的目标用户画像。此外，关联规则挖掘技术可以挖掘用户行为的潜在联系，例如常用的检索词与高点击资源之间的相关性，为文献资源的推荐提供了科学依据。值得一提的是，数据挖掘技术还在跨领域资源的整合中展现出独特的优势。例如，基于用户跨学科的文献需求，通过关联分析找出不同领域的重叠资源，为用户提供一体化的资源访问体验。同时，这些技术的应用能够帮助图书馆预测资源需求的未来趋势，进一步优化资源分配。

用户行为数据的动态采集与分析是构建需求预测模型的基础。需求预测模型通过历史行为数据的挖掘和分析，预测用户在未来某一时间段内可能产生的资源需求。时间序列分析在此过程中扮演了重要角色，它通过识别用户行为的周期性特征与趋势变化，为资源规划提供了长期战略支持。例如，高频使用的资源类型会被优先列入下一阶段的采购计划，以确保用户需求的持续满足。此外，机器学习模型通过深度学习技术优化需求预测的精确度。它能够将用户行为数据与环境变化等因素结合在一起，动态调整预测结果。这种灵活性使得预测模型不仅适用于现有数据的分析，也具备应对不可预见变化的能力，从而为资源管理提供了更强的适应性与可控性。

用户行为数据不仅在资源配置前发挥作用，其反馈分析机制也为后续的资源优化提供了关键指导。反馈机制能够全面评估资源的实际利用情况，例如借阅频率、访问次数和内容下载量等数据指标。在这一过程中，用户反馈为资源使用的有效性提供了具体的参考依据，例如哪些资源未被充分利用，哪些资源超出预期需求，这些信息可以为资源再分配提供指导。同时，反馈机制通过动态调整资源的配置方向，进一步提高了文献利用率。例如，根据用户对某类资源的高频需求，可以考虑增加该类型资源的采购比例；对于低频资源，则可以优化其呈现形式或探索其再利用路径。

用户行为数据在个性化服务中的融合应用，是资源管理迈向精细化的重要体现。通过深入分析用户的检索记录、阅读习惯和浏览路径，图书馆可以为每位用户提供高度匹配的资源推荐。例如，基于用户过去的行为数据，可以生成具有针对性的推荐列表，提升用户获取资源的效率。这种精准的推荐服务，不仅增强了用户体验，还间接提升了资源的利用效率。更重要的是，这些个性化服务在用户需求变化时能够及时调整，表现出高度的灵活性。例如，实时监控用户行为数据的变化趋势，帮助优化推荐策略，使推荐内容始终保持高相关性。

（三）多维数据关联在资源整合中的实际运用

多维数据关联技术是资源整合的重要手段，其核心在于将多层次、多角度的数据维度联系起来，挖掘潜在的价值链和逻辑关系。这一方法不仅涉及对表面数据的分析，还深入探索其背后隐藏的结构性模式，从而为资源整合提供科学依据。资源管理中多维数据关联的实际运用，旨在将不同维度的用户行为、学科需求和资源利用信息整合成一个有机的整体，以实现优化配置与高效整合。这种技术的应用具有重要的现实意义。在资源供需矛盾日益显现的背景下，多维数据关联可以帮助管理者识别资源配置中的薄弱环节。通过深入挖掘多维数据之间的相互关系，可以揭示出需求未被满足的领域和过度配置的资源类型，从而为资源调整提供依据。

跨领域资源整合是文献资源管理的重要方向，而多维数据关联技术在其中发挥了核心作用。通过将用户的行为数据与学科特点相结合，可以发现跨领域资源的潜在关联性。这一过程需要综合考虑学科交叉的实际需求，特别是在新兴学科与传统领域的融合过程中，数据关联分析能揭示新的资源需求模式。这样的资源整合方式，不仅拓宽了用户的研究视野，也为图书馆资源优化提供了新思路。在实际应用中，多维数据关联通过整合文献类型、访问频率和学科热度等维度，建立了一个动态的资源分布网络。这一网络既包含显性资源之间的逻辑关联，也涉及用户隐性需求的深度挖掘。这样的关联分析，不仅让跨领域资源的配置更加精准，还有效避免了资源的重复建设问题。

学科需求是资源配置的核心依据，而多维数据关联技术为满足学科需求提供了有力支撑。通过将学科研究趋势、用户行为数据和资源利用效率相结合，能够全面了解不同学科的资源需求特点。在这种关联整合中，数据分析工具成为重要的技术支撑，帮助管理者从海量数据中提取有价值的信息，进一步指导资源采购和配置决策。具体而言，数据关联分析可以揭示某些学科对特定资源的高度依赖性。例如，某些学科对特定类型的数据库或期刊有明显偏好，这种偏好可以通过多维数据关联清晰地展现出来。在学科需求驱动下的资源整合过程中，这种数据分析结果可以有效减少资源配置中的盲目性，从而实现资源供需的动态平衡。

在资源整合过程中，用户需求的多样化和个性化特点对资源配置提出了更高要求。多维数据关联技术通过挖掘用户行为数据与资源类型之间的潜在关系，为用户需求与资源的高效匹配提供了技术支撑。这种优化过程涉及多个层次，包括用户访问行为与资源利用效率的分析、用户偏好与资源类别的匹配，以及个性化推荐的动态调整等。通过分析用户的行为路径，可以发现资源利用过程中的潜在需求。例如，访问频次较高的资源类型可能对应某一特定用户群体的强烈需求，而低频次使用的资源则可能需要重新审视其配置方式。多维数据关联分析不仅帮助识别这些问题，还通过资源推荐系统直接优化用户的使用体验，从而提升整体资源整合的效率和效果。

多维数据关联的另一个关键作用在于支持资源整合的动态优化。随着用户需求的变化，资源配置的策略也需要及时调整。这一过程中，多维数据关联技术通过实时分析用户行为变化趋势，为资源配置的动态调整提供了科学依据。尤其在面对突发需求或热点研究领域快速增长时，这一技术能够显现出其灵活性和适应性。实时关联机制通过对资源利用情况的持续监测，实现了资源配置的动态优化。例如，基于用户实时检索记录与资源点击率的变化，可以调整资源呈现的优先级，从而确保用户在高需求资源上的获取效率。

二、学科资源整合的实践探索

（一）跨学科资源整合的原则与方法

跨学科资源整合的第一原则是学术导向性。学术研究的真实需求是资源整合的核心动力。不同学科的研究重点与研究方法各异，而跨学科资源的整合应当紧扣学术研究中的交叉点，从中寻找资源需求的契合点。学术导向不仅是整合资源的方向指引，更是对资源配置效率的最根本保障。缺乏学术导向的资源整合可能导致资源过剩或重要资源缺失，削弱了对跨学科研究的支持力度。与此同时，需求响应原则要求图书馆根据研究者的实际需求不断调整资源配置方式。在资源整合中，需求的获取和分析需要建立动态机制。例如，通过对重点领域的研究课题进行定期调查，图书馆能够清晰掌握研究者对资源的实际使用状况，并据此调整资源整合策略。这种动态响应使得资源整合更加精准，避免资源的浪费和冗余,确保每一份投入都能发挥应有的价值。

资源整合的另一个关键原则是平衡独特性与共享性之间的关系。跨学科研究通常涉及多个领域的核心资源,这些资源可能在某一学科中具有独特的价值,但在整合后需兼顾不同学科研究者的使用需求。资源独特性要求图书馆在资源配置过程中关注学科的个性化需求,而共享性则强调资源的普遍适用性。在这种平衡中,图书馆需要准确把握两者的动态关系,以避免学科间因资源配置而产生的潜在冲突。为了实现独特性与共享性的平衡,资源的层级化管理是一种可行的策略。具体而言,可以将核心资源与辅助资源进行分层管理,对学科特色资源设立优先保障机制,而对共享资源则采用开放策略。这种分层管理不仅提高了资源的使用效率,还能在一定程度上缓解学科间的资源竞争问题,为跨学科研究创造更加和谐的资源环境。

跨学科资源整合的核心挑战在于学科动态变化的不可预测性。不同学科的发展速度与研究重点变化不尽相同,而跨学科领域更是多变的研究前沿。这就要求图书馆资源整合的过程保持动态适应性,不断调整资源内容以满足学术界的前沿需求。这种动态适应性不仅体现为对学术热点的快速响应,还要求在资源配置中留有弹性空间,以应对未来可能出现的新兴需求。学科前沿性的结合需要图书馆对学术领域的敏锐观察。例如,通过对国际前沿期刊和高被引论文的跟踪分析,图书馆可以识别出学术界关注的热点问题,并将其相关资源优先纳入整合范围。

在实践方法上,跨学科资源整合需要依赖深度协作机制的建立。图书馆可通过与校内外的学术机构、科研团队展开合作,联合定义跨学科资源的建设目标,并通过共享平台的形式实现多方资源的无缝对接。深度协作不仅是资源整合的重要手段,也是提高资源利用率和科研效率的关键。没有协作支持的资源整合往往缺乏广度与深度,难以满足跨学科研究的多元化需求。合作中的一个核心要素是多方利益的平衡。通过建立清晰的合作框架和利益分配机制,各方能够在资源共享中实现共赢。例如,在跨学科数据库的建设中,各方可以根据资源的使用频率和重要程度进行投入分配,同时通过明确的协议保障资源的持续更新与维护。

数据驱动已成为现代资源整合的核心理念,跨学科资源整合同样受益于这一方法。通过分析读者的使用数据、科研项目的文献引用频率以及学术热点的动态变化,图书馆可以准确识别跨学科的关键领域,并根据数据分析结果优化整合策略。数据驱动的核心优势在于其精准性,这种精准性使得资源整合能够更好地满足个性化需求。此外,数据驱动的资源整合需要一套完善的数据分析工具支持。从数据采集到分析的全过程都需要高度自动化和智能化,以确保分析结果的科学性。例如,通过构建基于机器学习的资源推荐模型,图书馆可以根据用户行为预测未来的资源需求，为跨学科资源整合提供科学依据。

图书馆需要通过多种形式的反馈机制，充分听取研究者的意见，了解他们在使用资源中的实际需求与痛点。用户的参与不仅可以提高资源整合的针对性，还能够激发研究者对资源使用的热情，从而提升资源的整体利用效率。用户参与可以通过设立资源顾问委员会来实现。这一委员会由研究者和图书馆员共同组成，负责定期讨论资源配置的优先事项和具体需求。

实现高效的跨学科资源整合离不开技术平台的有力支撑。现代图书馆通常依赖于集成化的资源管理系统，这些系统通过整合多个数据库和检索接口，为用户提供统一的访问体验。在跨学科资源整合中，技术平台不仅需要支持资源的分类管理，还需提供跨学科搜索的智能化功能。技术的深度支持为跨学科研究提供了重要保障，是实现资源价值最大化的关键。基于平台的整合还需要强调系统的兼容性与扩展性。随着资源内容的不断增加，系统必须能够快速适应资源的变化，并通过模块化设计实现灵活扩展。例如，利用云计算技术提升系统的存储与检索能力，使得资源整合的广度和深度都能满足不断增长的学术需求。

跨学科资源整合的最终目的是提升资源的可用性，而资源呈现方式的优化是实现这一目标的重要环节。图书馆可以通过可视化技术，将资源整合后的全貌生动地展现在研究者面前。资源呈现的方式直接影响用户的体验感和对资源的使用效率，是跨学科资源整合的不可忽视的环节。在资源可视化的设计中，交互性是一个重要考虑因素。例如，通过开发动态知识图谱，研究者可以通过简单的交互操作来了解资源之间的内在联系。

跨学科资源整合不是一次性的任务，而是一个需要不断优化的动态过程。因此，建立持续的反馈与优化机制尤为重要。图书馆需要定期评估跨学科资源的使用情况，并根据反馈结果调整资源配置策略。例如，通过分析读者的资源下载记录与借阅数据，评估不同资源的利用效率，从而剔除重复或低价值的内容，为后续的资源整合腾出更多空间。持续优化机制的一个关键在于信息透明化。通过建立开放的数据共享平台，用户可以清晰了解资源的使用状态，并直接参与资源优化的建议过程。

（二）学科资源整合中的技术平台支持

技术平台在学科资源整合中的功能架构需要满足多方面的需求。一个完善的平台应具备资源采集、分类、检索和推送等核心功能，同时能够实现学科间资源的无缝连接。功能架构设计的科学性直接决定了平台的使用效率和整合深度。图书馆在选择或开发平台时，需综合考虑资源的特性、用户的需求以及技术的可扩展性，使平台成为学科资源整合的坚实基础。功能架构的设计需体现灵活性和模块化。资源整合的需求随着学术发展的变化而不断调整，灵活的功能架构能更好地适应这些变化,而模块化的设计则有助于实现平台的分步升级。例如,通过设置独立的学科模块,平台可以根据不同学科特点实现针对性支持,并在后续整合过程中逐步扩展至其他学科。

学科资源整合中的数据集成是技术平台支持的核心环节。不同学科的资源类型多样,数据格式复杂,如何实现多源数据的集成与统一管理成为平台设计中的重要议题。通过数据集成,平台可以打破学科壁垒,为用户提供统一的资源访问入口,提升资源的可得性与利用率。数据集成的实现依赖于标准化的技术接口与协议。高校图书馆需要与资源供应商、数据库提供者以及科研机构协作,制定统一的元数据标准和交换协议,使资源的整合与管理更加高效。此外,数据清洗与转换技术也是实现集成的关键环节,通过对异构数据进行格式转换与结构优化,平台能够确保资源的完整性与一致性,从而为学术研究提供可靠的数据支持。

在学科资源整合中,用户需求的复杂性和多样性使得传统的检索方式难以满足实际需求。智能化检索与语义关联技术的引入,为资源整合平台的用户体验带来了革命性的提升。通过自然语言处理和语义分析,平台能够理解用户的检索意图,提供更加精准的检索结果。语义关联技术的核心在于揭示资源间的内在联系。学科研究中,跨领域的资源关联性往往是推动创新的重要因素。通过构建语义网络,平台可以将分散的学科资源以知识图谱的形式呈现,帮助用户更直观地发现资源的关联性和使用价值。

随着学科资源整合规模的不断扩大,资源的存储与管理面临着巨大的压力。云计算技术的引入,为资源平台的存储优化提供了新的解决方案。通过云存储技术,平台可以实现海量资源的弹性管理,在提升存储效率的同时降低硬件成本。云计算的优势还体现在资源的高可用性和安全性上。传统存储方式易受单点故障影响,而云计算通过分布式存储与备份机制,确保了资源的持续可用。此外,云平台的动态扩展能力,使得资源的整合不再受到硬件限制,为学科资源的持续积累和深度整合奠定了基础。

学科资源的整合往往需要跨越单一机构的边界,开放式架构的设计成为技术平台支持的重要特征。开放式架构通过标准化的接口与协议,实现了资源在不同机构间的共享与协作。高校图书馆可以通过这一平台与其他高校、科研机构乃至国际资源库建立合作关系,扩大资源整合的范围和深度。在开放式架构的支持下,跨机构的资源整合不仅提高了资源的利用效率,还为学术界的协作研究提供了更广阔的可能性。平台可以通过统一的检索入口,为用户提供无缝的资源访问体验,降低了学科研究的资源门槛,同时推动了学术资源的全球化共享。

技术平台的另一重要功能是实现资源服务的个性化,个性化推荐系统通过对用户行为的分析，为其提供定制化的资源推送服务。用户行为数据包括资源访问记录、检索历史以及偏好设置，这些数据经过分析后可以揭示用户的潜在需求，从而优化资源的匹配效率。基于用户行为分析的推荐系统，不仅能够提高资源的使用率，还能帮助用户在多学科资源中快速找到相关内容。这种以用户为中心的资源服务模式，使得学科资源整合更加贴近研究者的实际需求，同时提升了资源平台的整体用户体验。

随着技术平台在学科资源整合中的深入应用，安全与隐私问题也愈发受到关注。用户在平台上的行为数据以及资源的知识产权保护，都是技术平台设计中不可忽视的要素。高校图书馆需要通过多层次的安全机制，确保资源和用户数据的安全。技术平台的安全设计需要结合加密技术与访问控制机制，防止数据在传输与存储中的泄露。此外，在数据隐私保护方面，平台可以通过匿名化处理技术，剔除用户身份信息，同时保留行为数据的分析价值。这种安全与隐私并重的设计思路，为学科资源整合平台的可持续发展提供了保障。

在资源整合的过程中，用户体验的优化是技术平台设计的核心目标之一。技术平台不仅是资源的管理工具，更是用户与资源之间的交互界面。通过改进界面的设计与交互功能，平台可以有效提升用户的资源访问效率和满意度。用户体验优化的关键在于简化操作流程和增强交互性。通过直观的界面设计，用户可以快速了解资源的分布与特点，而便捷的操作功能则为资源的检索与下载提供了便利。此外，通过用户反馈机制，平台可以不断完善自身的功能与服务，从而更好地满足用户需求。

技术平台在学科资源整合中的角色是动态发展的，其功能与架构需要随着学术研究需求的变化而不断升级。在这一过程中，持续创新是技术平台保持竞争力的关键。高校图书馆可以通过定期评估平台的使用效果，识别功能不足之处，并引入最新的技术成果进行改进。持续创新不仅体现在技术层面，也包括对资源整合理念的更新。例如，通过引入人工智能技术，平台可以实现更加精准的资源匹配与推荐，为用户提供更加个性化的服务。这种技术与理念的双重创新，使得技术平台在学科资源整合中始终保持高效与活力。

三、资源配置优化的动态调整机制

（一）动态评估在资源优化中的意义

传统的资源评估往往以年度或固定周期为单位进行，虽然具备一定的参考价值，但无法及时反映资源利用中的动态变化。动态评估则以实时数据为基础，能够迅速捕捉用户行为的变化，准确反映学术需求的调整方向。这种实时反馈机制让资源管理从被动变为主动，为资源优化提供了更灵活的操作空间。针对性则是动态评估的另一大优势。在资源配置中，不同学科、用户群体以及研究主题的需求差异巨大。动态评估通过对特定学科、特定用户行为数据的深入分析，能够识别不同用户群体的独特需求，从而避免资源分配的平均化或盲目性问题。

动态评估依赖于数据驱动的科学方法，其实施过程高度依赖于大数据分析技术和人工智能工具。用户在图书馆资源使用过程中产生的访问、检索、下载等行为数据，是动态评估的重要基础。评估的科学性体现在数据的多维度分析上。通过结合使用频率、用户反馈、资源利用时间段等多个变量，动态评估能够构建资源利用的全景视图。这一视图不仅反映了资源的当前使用状况，还揭示了其潜在问题。

动态评估的意义还在于它与学术需求的同步性。在高校图书馆中，学术研究需求往往随着社会热点、科技进步以及研究趋势的变化而不断更新。传统评估方法往往滞后于这些变化，而动态评估则能够通过实时监测快速捕捉需求变化，从而实现与学术发展的同步。动态评估通过对热点领域和新兴学科的资源需求进行优先分析，能够为图书馆资源配置提供前瞻性建议。更重要的是，能够及时调整资源的投放方向，避免因需求变化导致资源浪费，从而更高效地服务于学术研究。

在动态评估中，用户行为数据的分析占据了核心地位。用户的访问路径、检索习惯、资源下载量等行为数据，直接反映了资源的实际利用情况。通过分析这些行为数据，图书馆不仅可以了解资源的使用效率，还能识别用户在资源使用过程中的困难与需求，从而为资源优化提供更加具体的参考。用户行为分析的价值还体现在个性化服务的设计中。动态评估通过对用户行为的深度挖掘，可以发现用户群体的差异化需求。

高校图书馆在资源采购和配置过程中，难免会出现一些利用率较低的资源。这些资源的存在不仅浪费了有限的预算，还占用了宝贵的存储和管理空间。动态评估通过对资源使用数据的实时分析，能够迅速识别出利用率较低的资源，从而为优化配置提供方向。对低效资源的甄别并不意味着简单的淘汰，而是为其寻找新的利用方式。通过动态评估，图书馆可以发现这些资源可能在某些特定用户或学科中具有未被开发的价值。例如，通过重新归类或优化推荐算法，一些低效资源或许能在新的使用场景中发挥更大的作用。

动态评估在资源生命周期管理中的作用尤为突出。高校图书馆的资源从采购到使用、再到淘汰或更新，每个阶段都需要精细化的管理。动态评估通过对资源生命周期的全程监测，为资源的合理更新提供了科学依据。在生命周期管理中，动态评估通过识别资源的活跃期与衰退期，帮助图书馆在资源的更新过程中做出更为精准的决策。例如，某些资源可能在引入初期需求旺盛，但随着学术需求的转变逐渐失去关注度。动态评估通过数据分析可以发现这一趋势，从而为资源的更新提供及时的指引，确保资源配置始终保持高效。

动态评估在资源共享中的作用同样不可忽视。在高校图书馆的跨机构合作中，资源的共享利用是提升资源价值的重要方式。动态评估通过对资源使用数据的分析，为共享决策提供了数据支持。例如，通过分析哪些资源在本校的使用频率较低但在其他合作机构中需求较高，图书馆可以通过共享机制实现资源的再分配，从而提升资源的整体利用效率。共享协同的实现依赖于动态评估的精准分析。通过构建资源利用的网络图，动态评估可以直观展示资源的分布状况与使用关联，为跨机构资源共享提供更加科学的指引。

（二）智能调度技术在资源配置中的运用

智能调度技术的实施，首先需要明确其适用场景。在图书馆的资源配置中，不同类型的资源、用户群体和使用需求都存在显著差异。智能调度的任务是依据这些差异设计出最优的资源分配方案，以确保资源使用效率的最大化。尤其是在高峰期资源需求激增或某些资源供不应求时，智能调度可以通过实时分析实现动态调整，避免资源浪费或短缺。技术的核心逻辑在于对多维度数据的实时整合与分析。用户行为数据、资源使用频率、资源类别及分布等因素共同构成了智能调度的决策依据。这种逻辑不仅适用于纸质资源的借阅管理，还适用于数字资源的分配优化。例如，系统会分析某数据库的访问热度，根据需求变化动态调整其访问权限或带宽分配，从而在保障公平性的同时提升整体资源利用效率。

在资源需求高度集中的情况下，优先满足高价值资源的使用需求是优化资源分配的重要策略。资源优先级的判断需要综合考虑资源的重要性、用户需求的紧急程度以及资源的可替代性。智能调度通过权重模型对这些因素进行量化，从而形成动态调整的科学依据。优先级调度机制的有效性在于其对资源竞争的缓解。例如，某些核心数据库在特定时段的访问量激增可能导致其他用户的访问受限。智能调度通过优先级排序机制，确保重要研究用户的需求得到满足，同时为普通用户提供替代资源的推荐。

智能调度技术的另一重要应用是基于用户分层的资源调控。高校图书馆的用户包括本科生、研究生、教师以及外部合作机构，不同用户群体对资源的需求存在显著差异。智能调度系统通过分析用户的行为模式和资源需求，将用户划分为不同层次，并依据其学术需求的重要性与贡献度设计差异化的资源分配策略。用户分层的智能调控不仅提高了资源利用效率，还体现了图书馆服务的公平性。在高需求场景下，系统会优先保障科研人员和高年级研究生的资源使用需求，而对于普通用户则提供延迟服务或替代选项。

在智能调度技术中，时间因素与空间因素的考虑是不可或缺的。资源需求的高峰与低谷通常具有一定的时间规律，而资源的物理分布则直接影响其可用性和调度效率。智能调度系统通过对历史数据的分析，预测不同时间段的资源需求变化趋势，并结合空间布局设计最优的资源分配方案。时间维度的动态调整在缓解资源压力方面尤为重要。例如，某些高频使用的数据库在学期末的访问量往往远高于其他时间段，系统可以根据预测结果提前调整资源访问限制，避免因突然激增的需求导致系统崩溃。空间维度的调度则更加注重资源的物理可达性。智能系统通过分析资源在不同馆区的分布情况，设计出最短路径的配送方案，提高资源获取的效率。

预测模型在智能调度中的作用不容忽视。通过对用户行为模式的学习与分析，智能调度技术系统可以准确预测未来的资源需求变化，从而为资源分配提供科学依据。预测模型通常采用机器学习算法，例如支持向量机、随机森林和神经网络等，通过对历史数据的训练建立需求预测模型，并结合实时数据进行校正与优化。预测模型的优势在于其对复杂数据的处理能力和高效的预测精度。例如，在某些学科热点突然兴起时，系统可以迅速识别用户需求的变化趋势，提前调整相关资源的配置方案。

资源共享是智能调度技术的重要应用领域。在高校图书馆的跨机构合作中，智能调度通过共享机制优化资源利用效率，为学术研究提供了更加广阔的支持。共享机制的实现依赖于智能调度系统对资源分布和使用情况的实时监测与分析，并通过算法设计出最优的共享策略。协同调度的实现通常涉及多个机构间的资源协调。智能系统通过分析各机构的资源需求与供给状况，设计出动态的资源流动方案。例如，当某一馆区的资源需求已达到饱和状态时，系统会自动检测其他馆区的闲置资源并发出调配指令，从而在全局范围内实现资源的优化配置。

资源冗余与冲突问题在高校图书馆中较为常见。智能调度技术通过对资源使用情况的实时分析，可以识别出潜在的资源冗余问题，并通过优化算法设计出资源整合方案。此外，对于可能出现的资源冲突，智能调度系统也能通过动态调整及时化解，避免因资源分配不当导致的用户不满。智能消解机制的核心在于对冲突资源的优先级管理。系统通过分析资源的使用频率、用户重要性以及冲突严重程度，设计出最优的冲突解决方案。例如，在某些关键研究项目中涉及的核心资源出现冲突时，系统会优先保障项目相关用户的使用需求，并为其他用户推荐替代资源或调整访问时间。

智能调度技术的高效运用离不开技术平台的支持。一个完善的调度系统需要具备数据采集、分析、预测与执行的全流程功能，同时能够与图书馆现有的资源管理系统实现无缝对接。技术平台的设计不仅关系到调度算法的执行效率，这还决定了资源配置的灵活性与可扩展性。系统集成的意义在于实现资源调度与用户需求的动态匹配。技术平台通过对数据的深度挖掘与关联分析，设计出最优的资源分配策略，并通过智能接口实时推送给用户。

（三）调整机制的可视化与实时优化模型

可视化技术作为资源配置的表现工具，将复杂的数据信息转化为直观的图形和模型，极大地提高了数据分析和决策的效率。在资源优化中，数据往往以多维形式呈现，包括用户行为、资源利用率、分配效率等。将这些复杂的数据用图形化手段呈现，可以帮助决策者更清晰地理解资源分布情况和使用模式。图书馆资源管理中，可视化技术的核心在于揭示资源分配的不均衡性和潜在问题。通过热力图、关系网络图和趋势分析图，管理者可以快速识别资源高需求区域和低利用区域，并基于这些信息调整配置策略。图形化的呈现方式不仅提升了数据分析的效率，也为资源分配的透明化提供了保障。

实时优化模型的核心在于动态调整资源配置的逻辑。相比传统静态优化方法，实时优化模型通过对实时数据的采集和分析，能够快速响应资源使用中的变化，为优化决策提供即时支持。这一过程包括对用户行为的实时跟踪、对资源需求的实时预测，以及对配置策略的即时调整。实时优化的关键在于算法的准确性和系统的反应速度。图书馆的资源需求往往受到多种因素的影响，例如学期时间节点、科研热点以及用户群体的行为特征。通过实时优化模型，系统可以迅速捕捉这些变化，并依据设定的目标函数调整资源分配。模型的精准性直接决定了优化的效果，而系统的快速反应则保障了配置调整的及时性。

在资源优化中，需求预测是调整机制的重要环节。可视化技术通过将历史数据和实时数据结合呈现，为需求预测提供了丰富的参考信息。例如，趋势图可以反映某些资源在不同时间段的使用规律，而关联分析图则揭示了用户行为与资源需求之间的潜在联系。需求预测模型通常基于机器学习算法进行构建。通过分析用户访问日志、资源检索频率等数据，模型能够识别出用户行为的变化模式，并对未来的资源需求进行预测。

资源配置的优化过程往往涉及多个目标的权衡。例如，如何在满足高价值用户需求的同时兼顾普通用户的使用体验，如何在保障资源公平分配的同时提高整体利用率，这些都是优化模型需要解决的问题。多目标权衡机制的引入，使得优化模型能够在复杂的约束条件下实现资源分配的全局最优。优化模型的核心是目标函数的设计。在资源配置中，目标函数通常包括资源使用效率、用户满意度和分配公平性等指标。通过对这些目标进行加权，模型能够在不同的资源使用场景中找到最优解。多目标权衡机制不仅提升了优化的灵活性，也让资源配置更加贴近实际需求。

实时优化模型的实现离不开高效算法的支持。不同的优化场景需要选择不同的算法来解决资源分配问题。例如，线性规划算法适用于资源分配的确定性场景，而遗传算法和蚁群算法则在复杂的动态优化场景中具有更好的表现。算法的选择不仅取决于优化目标，还与数据特性和计算能力密切相关。在实时优化中，算法需要在有限的时间内完成计算，因此对计算效率的要求尤为严格。通过结合多种优化算法，图书馆可以根据不同场景的需求动态调整资源配置策略，从而实现资源利用的最大化。

将可视化工具与优化模型相结合，是提升资源配置效率的重要手段。通过可视化工具，优化模型的输出结果可以以直观的形式呈现，帮助管理者更好地理解优化方案的合理性和效果。例如，决策树图可以展示资源分配的逻辑路径，而动态曲线图则反映了资源需求的实时变化这种融合方式还可以提升用户的参与感和满意度。在资源配置的过程中，用户往往希望了解决策的依据和调整的理由。可视化工具通过清晰的图形化呈现，为用户提供了透明的信息渠道，增强了对资源分配过程的信任感。

通过对资源使用效果的实时监测，反馈机制能够为模型提供调整依据，从而实现优化的持续改进。在这一过程中，可视化技术为反馈机制的实施提供了重要支持。反馈优化的关键在于数据的快速采集与分析。通过可视化平台，系统可以将资源使用的实时数据呈现给管理者，并根据这些数据生成优化建议。例如，当某一资源的利用率持续低于预期时，系统会通过可视化报告提示调整配置策略。这种基于反馈的优化方式，使得资源分配过程始终保持灵活性和适应性。

实时优化模型的技术实现需要依托强大的计算平台和数据处理能力。在高校图书馆中，资源需求的动态变化和多样性对模型的计算性能提出了很高的要求。通过云计算技术，系统可以实现资源的分布式管理与调度，为实时优化提供强有力的技术支持。技术实现的难点在于对多源数据的整合与处理。不同类型的资源和用户行为数据往往具有不同的格式和特点，如何对这些数据进行标准化处理是模型设计中的重要环节。通过高效的数据处理算法和灵活的模型设计，系统可以在复杂的数据环境中实现优化目标，为资源配置的科学化提供技术保障。

高校图书馆中的资源往往分布于不同的物理区域或数字平台，如何在全局范围内实现资源的高效流动，是优化模型需要解决的问题。通过实时优化模型，系统可以根据资源的需求和分布状况设计动态的流动方案，提升资源利用的整体效率。资源流动优化的重点在于时间成本与空间成本的平衡。通过实时优化算法，系统可以在最短时间内完成资源的重新配置，同时将资源流动的空间成本控制在可接受范围内。

第三节 合作共建与资源共享模式

一、校际资源共建的策略

（一）校际合作中的资源调配与协议管理

校际合作中的资源调配需要以合理性和动态性为原则。在资源有限的情况下，合理的调配方案能够最大化满足各校的学术需求，避免因资源分配不当导致的利用率低下。动态性则强调资源调配方案应随需求的变化而及时调整，以保持高效的资源配置。合作院校在共享资源时，需全面评估各自的资源储备与使用需求，通过数据分析确定资源的优先级和调配比例。这种方式不仅提升资源的利用效率，还能够保障合作的公平性。动态性则体现在对资源使用情况的实时监测与灵活调整上。对实时监测系统的引入，各校可以快速掌握资源的使用状态，并在高峰期或需求突增的情况下，迅速调整调配方案，确保资源的充分利用。

资源共享的初衷是为了提高整体学术支持能力，但在实际操作中，不同院校的资源投入和使用需求往往存在差异。这种差异若处理不当，可能会引发合作矛盾，甚至影响合作关系的长久性。利益平衡的实现需要从多方面着手。一方面，各校需根据资源的价值与使用频率，明确各自的权利与义务。投入较多资源的一方应获得更大的使用权，而资源需求较高的一方则需要承担更高的使用成本。另一方面，合作协议中应加入利益分配的弹性条款，为资源需求的动态变化留有调整空间。

一份完善的合作协议应明确各方的权利、义务、资源调配规则以及争议解决机制。不仅有助于保障合作的透明性，也能够为资源共建的长期发展提供稳定的制度基础。合作协议中需明确资源调配的方式、时间节点以及优先级规则，同时对资源共享的范围和使用权限进行详细说明。具体性的条款设计，能够减少因理解差异导致的执行问题。可执行性则是协议管理的核心要求。协议的执行需结合实际操作流程，例如，利用智能化资源管理平台实时记录资源调配情况，并根据协议条款生成自动化执行报告，为合作院校提供清晰的操作指引。

资源使用权的分配需基于公平与效率的原则，而管理权的划分则需结合资源的类型与操作复杂度。通过明确的权责划分，各校能够在资源使用中各司其职，从而提升合作效率。某些高价值资源的使用可能涉及版权或数据安全问题，这类资源的管理权需集中在资源提供方，以确保操作的专业性。而对于使用频率较高的常规资源，其管理权限则可以适当下放至使用方，以降低操作成本。

在校际合作中，资源的分布往往具有地理和平台的多样性，传统的人工调配方式难以满足高效资源共享的需求。引入智能化技术平台，各校可以实现资源调配的自动化与精细化，为合作提供强有力的技术支持。技术支持的核心在于资源管理系统的集成化设计，整合多校的资源目录与访问接口，系统能够实现跨校资源的一键式调用与实时监测。同时，智能调度算法的引入，可以根据资源的使用频率与需求变化，动态调整调配方案。

资源调配的透明性是校际合作的基础保障。通过构建透明的资源管理机制，各校能够实时了解资源的使用状态与调配规则，从而增强校际合作的信任感。透明性不仅体现在信息的公开上，还包括调配规则的公开性和操作的可追溯性。在资源调配中，所有的调配操作都应有详细的记录，包括资源的调用时间、使用方、调用理由等。这些记录不仅能够为合作方提供明确的调配依据，还能为争议的解决提供数据支持。

在校际合作中，资源调配的争议难以完全避免。争议的产生可能源于资源需求的冲突，也可能源于对协议执行的误解。设计一套有效的争议解决机制，是保障合作顺利开展的重要手段。争议解决机制的设计需从预防与处理两方面入手。预防机制主要通过协议条款的清晰性与资源调配的透明性来减少争议的发生概率。而处理机制则需以公平与效率为原则，设置多层次的争议解决途径，例如，先由合作方内部协商解决，若无法达成一致，再由第三方机构介入调解。通过这种多层次的争议解决机制，合作方能够在资源调配中更好地维护自身权益，同时避免因争议升级影响合作关系。

校际资源调配的目标不仅是实现资源的即时共享，更在于通过合作建立长期的协作关系。在长期合作中，各校需不断优化资源调配策略，并根据实际需求调整协议条款，以确保合作关系的稳定性与持续性。长期协作关系的建立需要各方保持高度的协同性与开放性。在资源调配中，合作方应以共赢为目标，通过利益的合理分配与资源的灵活调配，为合作关系注入可持续发展的动力。同时，各校需保持对协议执行的高度关注，通过定期的合作评估发现问题并及时改进，以确保资源共建的质量与效果。

（二）校际资源共建的技术支撑与平台开发

技术支撑的核心任务在于为资源共建提供稳定、高效的运行环境。资源共享不仅涉及多类型资源的集成，还需要兼顾不同用户群体的多样化需求，因此系统的功能设计必须体现多维性和适应性。平台在设计时需要涵盖资源目录整合、实时数据处理、智能调度等功能模块，使得资源调用和分配能够更加精准。为了提升资源的可用性，系统需具备便捷的检索和操作界面，支持多语种、多格式资源的访问。同时，平台需要提供个性化功能，满足不同高校的资源偏好，例如学科导向型资源筛选或关键领域的深度服务。

在校际资源共建中，分布式系统架构为资源管理提供了更强的弹性与适应性。资源的多校分布特性决定了单一中心式管理模式难以满足实时响应的需求，而分布式架构通过多节点协同工作，能够实现资源的快速调用和高效分配。分布式架构的核心优势在于其负载均衡能力。系统能够根据资源请求的分布状况动态分配负载，避免某一节点因高频访问而出现性能瓶颈。同时，分布式架构还支持资源的本地化管理，各校可以根据自身特点对本地资源进行定制化配置，同时通过网络连接实现全局资源的共享。

由于不同高校在资源分类、元数据结构、存储格式等方面可能存在显著差异，缺乏统一的标准会导致资源整合中的诸多障碍。因此，制定统一的数据标准成为技术开发的重要环节。数据标准化的意义在于为资源调用和共享提供统一的接口。通过对元数据的格式转换与规范化处理，平台可以实现跨机构资源的无缝对接。同时，标准化的元数据结构还便于资源的深度检索与分析，为用户提供更精确的服务。

人工智能技术的引入，为校际资源共建注入了新的活力。智能推荐与检索系统通过学习用户行为模式和资源使用规律，能够为用户提供更加精准的资源匹配服务。这不仅提高了资源的利用效率，也改善了用户的使用体验。基于协同过滤的算法可以挖掘用户与资源之间的隐性关联，而基于内容的推荐算法则通过分析资源本身的属性为用户提供个性化建议。系统在实际运行中通常采用多算法融合的方式，以提高推荐的准确性与多样性。与此同时，语义分析技术的应用，使得资源检索更加智能化。系统能够理解用户输入的语义意图，并通过语义扩展功能提供更加广泛的检索结果，从而满足用户的多层次需求。

校际资源共建的动态性要求系统具备实时监测与反馈能力。通过对资源使用情况的实时监测，系统可以捕捉资源需求的变化趋势，并将这些数据传递至决策层，为资源分配的动态调整提供依据。实时监测的技术实现依赖于高效的数据采集与处理系统。平台需要对资源访问记录、检索频率、用户行为路径等数据进行实时采集，并通过流式处理技术对数据进行即时分析。这种快速响应机制，不仅提升了资源配置的灵活性，也为平台的优化提供了数据支持。同时，反馈机制的建立也让用户能够直接参与资源的改进过程，例如通过用户评分或意见反馈系统，帮助平台发现潜在的问题并及时调整。

技术接口的开发是校际资源共建中的重要环节。通过开放的接口，各校的资源管理系统可以实现互联互通，为资源共享提供技术支持。接口开发的关键在于兼容性和扩展性，即系统能够支持多种数据格式和协议，并在需求变化时快速进行功能扩展。接口的开放性还体现了资源共享的协作精神。接口标准的制定，让各校可以根据自身特点开发专属功能模块，并与其他高校共享技术成果。

区块链技术的应用，为校际资源共享提供了新的解决方案。其去中心化、不可篡改的特性，使得资源的共享过程更加透明和可信。通过区块链技术，资源的使用记录可以以分布式账本的形式存储，确保数据的真实性与可追溯性。区块链技术的另一个优势在于智能合约的应用。通过预先设定的合约规则，系统可以自动执行资源调配、访问授权等操作，减少人工干预带来的延迟或错误。这种基于区块链的资源共享模式，不仅提升了资源管理的效率，也增强了校际合作的信任基础。

技术平台的最终目标是提升用户体验。在校际资源共建中，用户体验直接决定了平台的使用效果。通过人性化的设计与功能优化，平台可以为用户提供更加便捷的资源访问途径，同时提升资源利用的满意度。用户体验的优化需要结合技术与服务的双重视角。从技术层面，平台需提供流畅的操作界面、快速的响应速度以及精准的检索结果。从服务层面，平台需要注重用户反馈的收集与分析，并根据用户需求持续改进功能。这种以用户为中心的设计理念，使得技术平台在资源共建中不仅是一种工具，更是一种服务。

技术平台的开发不仅是校际资源共建的技术载体，也是共享生态构建的重要组成部分。在平台的支持下，各校可以在资源共享的基础上进一步开展学术合作与交流，形成一种以资源为纽带的协同创新模式。共享生态的核心在于各方的共同参与和持续投入。通过定期的技术交流与合作评估，各校可以共同推动平台的迭代与优化，使其更好地适应不断变化的资源需求。

（三）校际资源共建机制的典型模式

联合采购模式是高校图书馆资源共建中最为普遍的一种形式。通过多所院校共同出资采购图书、期刊、数据库等学术资源，合作方不仅能够降低单位成本，还能够获取更多样化的资源。联合采购模式的核心在于分摊成本与扩大资源覆盖范围，这使其成为校际合作中最具吸引力的选择。这一模式的有效性在于协议的清晰性和分工的明确性。联合采购需要各合作方根据自身需求设定资源优先级，并制定合理的出资比例。通常情况下，资源需求较多的院校承担更高的成本，而需求较少的院校则以较低的成本参与。这种机制的灵活性既尊重了各校的差异性，又实现了资源利用的公平化。同时，资源的集中采购使得图书馆能够在与供应商的谈判中占据更有利的位置，从而获得更优质的资源。

资源交换模式是基于高校间学科资源的差异性而形成的一种机制。在这一模式中，各校根据自身的学科优势提供特色资源，并与其他合作院校交换所需的资源。这种以资源互补为基础的共建方式，不仅提升了各校资源的多样性，还促进了学术交流的深入开展。资源交换的成功实施需要对各校资源的特点和使用需求进行全面分析。通过建立跨校资源目录，各方能够清晰了解合作方的资源种类和覆盖范围，并以此为依据设计交换策略。此外，资源交换的实施离不开统一的调配机制和标准化的使用协议。只有在明确资源使用权限、交换方式和管理流程的前提下，资源交换模式才能真正发挥其优势，避免因操作混乱或利益分配不均而引发矛盾。

联合馆藏模式是高校图书馆合作中一种相对复杂但极具潜力的资源共建方式。在这一模式下，合作院校通过联合管理部分馆藏资源，实现对纸质图书、特藏文献以及其他实体资源的共享使用。联合馆藏模式的独特性在于资源的物理集中化管理与使用的网络化调配，这对资源利用效率的提升具有重要意义。该模式的运作需要依赖于先进的物流支持和信息技术平台。纸质资源的联合管理往往需要设置区域性或专题性的联合书库，以集中存放各校共享的实体资源。同时，资源调配的网络化管理系统则确保了资源的快速调用和动态分配。此外，联合馆藏模式还可以为高校提供一种解决馆藏资源有限性问题的创新途径，通过跨校合作优化实体资源的使用效率。

区域联盟模式是基于地理邻近性和区域发展需求而形成的一种校际资源共建方式。区域内的高校通过建立资源共享联盟，将各自的资源整合为一个统一的平台，为区域内的学术研究和教育发展提供支持。这种模式尤其适合地方高校，通过整合区域资源，弥补单一院校资源不足的局限。区域联盟的实施需要以资源的集中化管理为基础，通过构建区域性资源数据库实现资源的一体化检索与使用。同时，区域联盟模式还需要充分考虑区域内各院校的发展水平和需求特点，在资源分配和管理上体现灵活性与公平性。联盟内的定期会议和协商机制为合作方提供了沟通与调整的平台，使资源整合和利用能够更加高效。

学科导向模式以支持特定学科领域的研究为目标，通过多校合作共建面向学科的专题资源库，为特定领域的学术需求提供精准支持。这种模式的核心在于资源建设的专业化和使用群体的集中化，因而对资源的选择和管理要求较高。学科导向模式的实施需要由相关领域的专家和学者共同参与。通过整合各校在该学科领域的优势资源，建立一个覆盖全面、内容深度丰富的专题数据库，为学术研究提供针对性支持。同时，为了确保资源的持续更新和高效管理，学科导向模式通常需要设立专门的管理机构或委员会，负责资源的审核、更新和服务支持。

资源共享平台模式以技术为基础，通过构建一个开放的资源共享平台，连接合作方的资源管理系统，实现资源的统一检索与动态调用。这一模式的突出特点在于技术的驱动性，它通过智能化的平台设计，将资源的获取与使用变得更加便捷和高效。共享平台模式的关键在于平台的技术架构设计。一个高效的平台应具备资源集成、实时数据分析和用户行为监测等核心功能，同时提供直观的操作界面和个性化服务选项。为了提高资源的利用效率，平台需要支持多种检索方式，例如关键词检索、学科分类检索和语义关联检索等。此外，资源共享平台还需要建立健全的权限管理机制，确保资源使用的安全性与合法性。

国际合作模式是校际资源共建中具有广泛影响力的一种形式。通过与国外高校或研究机构合作，共同建设和共享学术资源库，各方能够在国际化的学术交流中实现资源的开放共享。这种模式不仅扩大了资源的覆盖范围，还为国内高校引入了更多国际前沿资源。国际合作模式的核心在于协议的制定与技术的兼容性。不同国家或地区在资源管理和版权保护上的规定可能存在差异，因此合作协议需充分考虑法律与文化因素。此外，为了实现跨国界资源的无障碍共享，平台需支持多语言界面和跨区域数据传输技术，确保资源的访问与使用能够符合各方的需求。

二、区域性资源共享平台的建设

（一）区域资源共享平台的技术架构

模块化架构是区域资源共享平台设计的基础。模块化设计的优势在于将复杂的系统功能分解为独立的模块，既增强了系统的灵活性，又便于后续的维护与升级。在平台建设中，各功能模块可根据区域内高校的实际需求进行定制化开发，如资源检索模块、资源调用模块和权限管理模块等。区域资源共享平台需面对多样化的资源类型和用户需求，模块化架构能够根据实际使用场景灵活调整。例如，对于文献资源，平台可设置基于元数据的多维检索模块；对于多媒体资源，则可以开发专属的流媒体播放模块。

区域内高校的资源通常分布在不同的物理节点上，分布式架构通过将数据和计算任务分配至多个节点，能够实现资源的快速调用与动态调配。分布式架构的核心在于实现负载均衡与数据同步。平台通过实时监测各节点的资源使用情况，动态分配资源请求以避免单节点过载问题。同时，分布式数据同步机制确保了各节点数据的一致性，使用户能够无缝访问区域内的所有资源。此外，分布式架构还支持资源的容灾备份功能，通过多个节点的冗余存储减少因硬件故障导致的数据丢失风险，为平台的稳定运行提供了可靠保障。

不同高校在资源分类、元数据描述和存储格式上可能存在差异，这对资源的整合和共享构成了技术挑战。通过统一的元数据标准与高效的管理系统，平台能够实现跨校资源的无缝对接。元数据管理系统需具备标准化和集成性。标准化指的是对资源的分类、描述和索引方式进行统一规范，以确保数据在不同节点之间的兼容性。集成性则要求系统能够对多来源、多格式的资源进行整合，通过数据清洗与转换技术，将异构数据转化为统一的可检索格式。这种标准化与集成性的结合，为资源共享平台的构建提供了坚实基础。

区域资源共享平台的核心功能之一是资源检索，而智能检索与语义分析技术的引入，为用户提供了更高效和精准的检索体验。传统的关键词检索往往难以满足多样化的用户需求，而基于语义分析的智能检索能够通过理解用户意图提供更相关的检索结果。智能检索系统的设计需要结合语义扩展和关联分析技术。例如，系统可以基于用户输入的查询语句，生成与语义相关的扩展词汇，并结合知识图谱识别资源间的隐性关联。这种智能化检索方式不仅提升了资源的利用率，还为用户提供了更加直观的资源发现途径。同时，智能检索系统还需具备多模式检索能力，支持全文搜索、标题检索和作者检索等多种方式，以满足用户的个性化需求。

在区域资源共享平台中，由于资源调用请求的随机性和突发性，平台需具备快速响应和动态调整的能力，以应对高频次的资源访问需求。数据预处理机制依赖于高效的实时计算框架。平台通过流式处理技术对实时数据进行分析与决策，能够在毫秒级时间内完成资源的调度与分配。例如，当某一资源的访问量突然激增时，系统可以自动识别该趋势，并根据调度规则分配额外的带宽或存储资源，确保用户的访问体验不受影响。

在资源共享中，不同用户的访问权限往往存在差异，例如教师、研究生和本科生对资源的使用范围和优先级可能不同。通过细化的权限管理机制，平台能够根据用户身份和需求精准分配资源访问权限。访问控制机制需结合认证与授权技术实现。认证技术用于识别用户身份，通常包括账号密码验证、多因素认证等方式。授权技术则根据用户身份分配相应的资源访问权限，确保资源的合法使用。

区域资源共享平台需具备弹性扩展能力，以应对资源需求的动态变化。弹性扩展指的是平台能够根据访问负载和数据规模的变化，动态调整计算和存储资源的分配。云计算技术的引入，为平台实现弹性扩展提供了技术支持。容错设计则是平台稳定运行的保障。在复杂的网络环境中，硬件故障和网络中断是不可避免的。通过容错设计，系统能够在故障发生时快速恢复并保持数据的完整性。例如，平台可以通过分布式存储技术对关键数据进行冗余备份，并在节点故障时自动切换至备用节点，确保资源服务的连续性。

区域资源共享平台的技术架构不仅是单一系统的设计，还需体现多方协作的特性。通过开放的接口与标准化协议，平台能够与区域内各高校的资源管理系统实现无缝对接，形成一个统一的资源共享网络。协作机制的构建需要考虑各方的实际需求与技术能力。平台可通过设立技术支持小组，为合作院校提供接口开发和系统集成的技术指导。同时，通过定期的技术交流会，各校可以分享资源管理经验并共同优化平台的功能设计。

（二）区域性资源共享的管理规范与模式设计

区域资源共享的管理规范需要以公平性、透明性和可操作性为核心原则。这些原则的确立是为了协调区域内不同高校之间的利益关系，保障资源分配和使用的平等，同时降低合作中的摩擦和矛盾。公平性体现在资源调用规则的公正性上，透明性则要求所有资源共享活动均在清晰的规则下进行，而可操作性则是确保规范能够被有效执行的基础。实施管理规范需要构建清晰的框架体系，包括资源登记、共享流程、权限管理等关键环节。资源登记规范应明确资源的分类标准、元数据描述和更新周期，以确保资源目录的完整性与一致性。共享流程规范则需详细规定资源申请、审核、调用、反馈等步骤，避免因流程不明导致的效率低下或责任不清。权限管理规范需结合用户身份与资源性质，划分出不同的访问级别和操作权限，保障资源使用的安全性与合法性。

在区域内高校资源储备和需求差异显著的情况下，如何设计一个兼顾公平与效率的分配机制，是管理规范制定中的重要议题。资源分配机制应以需求导向和价值优先为原则，既满足高价值需求的优先性，又兼顾普通用户的基本需求。积分制根据各高校的资源贡献度、使用频率和共享活跃度等因素，为其分配相应的资源调用额度。共享模式可以包括直接调用、跨校借阅、专题资源服务等形式。直接调用适用于数字资源，通过平台的技术接口实现资源的即时下载与在线访问。跨校借阅则主要针对纸质资源，通过物流支持和调配流程实现资源的快速配送。专题资源服务则为某些特定学科领域或研究项目提供定制化的资源整合服务。这些模式的灵活设计，使得资源共享能够更精准地对接用户需求。

操作流程的标准化是管理规范的重要组成部分。区域资源共享平台的复杂性决定了各高校在资源使用中的行为需要有章可循，避免因流程模糊导致的操作冲突或资源浪费。标准化流程不仅能提高资源调配的效率，还能为用户提供清晰的使用指引。在操作流程的设计中，责任分配是一个不可忽视的部分。资源调用的责任应结合操作行为与资源性质进行划分。例如，资源申请方需对调用的合理性与合法性负责，而资源提供方则需保障资源的质量与可用性。通过责任分配的细化，各方能够在资源共享中明确自身的角色和义务，从而提升合作的顺畅性。

用户行为监测是区域资源共享管理中的技术手段。通过对用户访问、检索、下载等行为数据的实时采集与分析，平台能够动态调整资源分配策略，为资源的高效利用提供依据。监测机制的核心在于数据的及时性与准确性，通过流式数据处理技术，平台能够在毫秒级时间内捕捉行为变化并生成调控建议。

区域性资源共享平台的运行离不开区域协调机制的支撑。协调机制的核心任务在于调和各高校之间的利益冲突，促进合作关系的稳定。利益平衡的实现需要依赖于共享规则的透明性和分配机制的公平性，同时还需设立专门的协调机构对冲突进行调解。协调机制的实施可以通过定期协商会议和利益分配协议实现。协商会议为各高校提供了沟通和调整的渠道，利益分配协议则通过明确的条款规定了资源使用的权益分配与责任承担。

用户反馈机制是资源共享管理的重要组成部分。通过反馈机制，平台能够及时获取用户在资源使用过程中的问题与建议，为规范的优化与服务的改进提供依据。反馈机制的设计需要注重信息的收集与分析方式，同时保证用户参与的便捷性和积极性。用户反馈的处理应结合自动化与人工干预两种方式。自动化处理通过分析大量的反馈数据提取共性问题，而人工干预则对个性化需求进行深入分析与解决。

管理规范的有效性需要通过定期的评估与优化得以体现。区域资源共享平台的复杂性决定了规范在实施过程中需不断根据实际情况调整和完善。评估工作应覆盖资源利用效率、用户满意度、合作关系稳定性等多个维度，以确保规范的全面性和适应性。评估结果应作为规范优化的直接依据。通过对资源调用数据的分析，可以发现某些共享模式的不足之处，并据此调整相关规则或流程。

（三）区域平台的用户体验优化策略

用户界面是用户接触平台的第一窗口，其设计直接影响用户对平台功能的理解和使用效率。在区域资源共享平台中，界面的简洁性与直观性至关重要。复杂的功能应通过清晰的导航结构和友好的操作提示呈现，让用户能够快速找到所需的资源或服务。界面设计需充分考虑用户的使用习惯和认知特点。例如，检索栏应放置在显眼位置，并配备常用功能的快捷入口。同时，界面元素的布局应遵循逻辑性和层次感，使用户能够自然地完成资源查询、调用和反馈等操作。

在区域资源共享平台中，检索功能需要同时满足多样性和精准性的要求，以适应不同用户的学术需求。多层次的检索选项，如关键词检索、学科分类检索和高级检索，应作为基础功能提供给用户。筛选功能是检索系统的重要补充。通过对检索结果的进一步分类和过滤，用户能够快速定位最符合需求的资源。例如，筛选条件可以包括资源类型、发布日期、作者背景等多个维度。

通过分析用户的检索行为、资源调用记录和偏好设置，平台能够为用户提供高度相关的资源推荐。推荐服务的核心在于算法的精准性和推荐内容的多样性，既要满足用户当前需求，也应鼓励用户探索更多潜在有价值的资源。平台可以利用机器学习算法构建用户画像，通过深度分析识别用户兴趣点和学术方向。同时，推荐内容应避免单一化，结合多元化的资源维度进行动态优化。例如，将学术论文与相关数据集、工具书或视频资源结合推荐，能够为用户提供更加全面的学术支持。

资源调用的快速响应是用户体验优化的基本要求。在区域资源共享平台中，用户对调用效率的期望较高，尤其是在高频访问的场景下，平台需具备即时响应能力，确保用户能够以最短的等待时间获取资源。为了实现这一目标，平台需在技术架构上配置高效的调度系统，并通过智能缓存技术减少重复调用的时间成本。平台需要提供便捷的反馈通道，使用户能够随时报告资源使用中的问题或提出改进建议。反馈数据的收集和处理应以用户为中心，确保所有反馈都能够得到及时回应。

随着移动设备的普及，用户对多终端访问的需求日益增强。区域资源共享平台需具备跨平台兼容性，确保用户无论是在电脑端、手机端还是平板端都能享受到一致的服务体验。多终端支持不仅提升了平台的灵活性，也为用户在不同场景下的资源使用提供了便利。跨平台兼容性的实现需注重响应式设计和技术接口的标准化。响应式设计能够根据终端设备的屏幕尺寸自动调整界面布局，确保内容的清晰可见与操作的便利性。标准化的技术接口则保障了资源调用的稳定性和一致性，使得不同终端能够实现无缝访问。

用户体验优化离不开人性化的服务支持。在区域资源共享平台中，用户难免会遇到操作困难或功能疑惑，此时平台需提供及时有效的服务支持，以减少用户因技术障碍而流失的风险。服务支持可以采用在线客服、智能问答和帮助文档相结合的形式，为用户提供多渠道的解决方案。交互体验是人性化服务的延伸。平台在设计交互功能时，应注重与用户的互动感和参与感。例如，在用户完成资源调用后，系统可自动生成使用记录或推荐相关资源，为用户后续操作提供指引。

在提供便捷服务的同时，用户隐私的保护和数据安全的保障不可忽视。区域资源共享平台需在技术和管理上制定严格的隐私保护措施，确保用户数据不会因技术漏洞或操作失误而泄露。同时，平台应注重数据使用的透明性，向用户明确告知数据的采集范围和使用目的。隐私保护的技术手段包括数据加密、匿名化处理和访问权限管理等。平台可通过多层次的安全机制，为用户的个人信息提供全面保护。此外，隐私政策的公开化和透明化能够增强用户对平台的信任感，让用户在使用过程中感受到平台的责任感与专业性。

用户体验的优化是一个持续改进的过程，需要平台在实际运行中不断根据用户反馈和使用数据调整策略。持续改进机制的核心在于数据驱动和用户导向，确保所有优化措施都能以实际效果为导向，真正提升用户的满意度。平台在运行过程中需定期开展用户满意度调查，了解用户在使用过程中的痛点和需求。通过分析用户的使用行为和反馈数据，平台可以发现现有功能的不足，并结合技术手段进行改进。

三、国际资源共享合作的挑战与对策

（一）国际化资源共享的法律与版权问题

国际资源共享的法律障碍首先体现在不同国家的法律体系之间的差异。各国在知识产权保护、版权法执行以及资源使用许可方面的规定往往存在显著差异，这些差异直接影响了跨国资源共享的合规性。某些国家对学术资源的版权保护较为严格，甚至要求资源使用方获得单独授权，而另一些国家则在公共领域资源开放性上具有较宽松的政策。这种法律多样性对共享平台的建设和运行提出了巨大挑战。平台需要在不同法律环境中协调资源调用和使用的合法性，避免因某一国家的法律冲突导致合作的中断。此外，跨国法律适用的复杂性也使得资源共享的协议设计更加困难。共享协议不仅需要满足参与国家的法律要求，还需在法律冲突中寻求平衡。

版权保护是国际资源共享中的核心问题。学术资源的生产和流通通常涉及多方版权主体，包括作者、出版商和机构用户。跨国资源共享需在满足各方版权权益的前提下实现资源的流通，这一过程往往面临复杂的利益博弈。版权保护与共享需求之间的矛盾集中表现为资源的开放性与限制性的对立。一方面，国际学术界对知识开放共享的呼声日益强烈，认为学术成果应作为人类知识的公共财富被广泛使用。另一方面，版权方基于经济利益和权利保护的考虑，往往对资源的流通设置严格的限制条件，例如仅允许授权用户访问或限制访问次数和下载量。这种矛盾使得资源共享平台在实际运行中不得不平衡多方利益，通过协商、分级授权等方式寻求解决路径。

在国际资源共享中，数据隐私保护法规的影响同样不可忽视。共享平台不仅需要应对版权资源的合规性问题，还需处理用户数据的隐私保护。特别是在涉及用户检索记录、资源使用习惯等敏感数据时，各国的隐私保护法规可能对数据的跨国流通设置严格限制。欧洲的《通用数据保护条例》（GDPR）是隐私保护的典型代表，其对数据的采集、存储和使用提出了高标准要求。共享平台在欧洲范围内运行时需遵循该条例的规定，确保用户数据的安全性和匿名化处理。然而，这种高标准的隐私保护措施在其他法律相对宽松的国家可能并不适用，这进一步增加了平台操作的复杂性。

面对法律与版权的复杂性，资源共享协议的设计成为解决问题的关键环节。协议需明确参与方的权利与义务、资源的使用范围、版权责任的分配等核心条款，确保资源共享的合法性与可操作性。协议还应为可能出现的法律争议设定解决机制，以降低因法律风险导致合作中断的可能性。共享协议中的法律协调需要特别注重平衡各方利益。例如，协议可通过设立版权费分成机制，保障版权方的经济利益，同时为资源使用方提供多样化的授权方式。对于开放获

取资源，共享协议还需结合国际开放获取政策，例如《布达佩斯开放获取倡议》（BOAI）和《柏林宣言》，以确保开放资源的合法性与共享范围的透明性。

跨国资源共享不可避免地面临法律纠纷的风险。版权争议、数据使用权限问题以及共享协议的履行差异，都是引发法律纠纷的潜在因素。解决这些纠纷需要在共享协议中预设纠纷解决机制，同时借助国际仲裁机构或法律框架化解冲突。仲裁机制是解决跨国法律纠纷的常用方式。通过选择中立的仲裁机构，各方能够以相对公平的方式解决争议，而无需通过复杂的跨国诉讼程序。此外，共享平台还可参考国际法律框架，例如《伯尔尼公约》或《世界知识产权组织版权条约》，以确保纠纷解决过程符合国际法准则。这种多层次的纠纷解决机制，为跨国资源共享的稳定运行提供了法律保障。

在国际资源共享的实际操作中，参与方的法律意识和版权知识水平对合作的顺利推进具有重要影响。某些法律风险往往源于对版权规定的不充分理解或操作中的无意识违规。因此，在平台建设与合作过程中，加强版权教育与法律意识的普及显得尤为必要。版权教育应涵盖资源共享的全流程，包括资源选择、授权签署、使用范围界定等关键环节。同时，平台需为用户提供清晰的法律指引，例如通过操作提示和警告信息告知用户可能存在的法律风险。

（二）多语言、多文化环境下的资源协调策略

不同语言的资源在表达方式、语义结构和分类标准上存在显著差异，这些差异直接影响了资源的发现和使用效率。例如，在资源检索过程中，用户往往受到语言障碍的限制，无法全面了解非母语资源的内容。这种语言鸿沟使得跨语言资源的共享和使用面临诸多困难。针对语言差异的协调策略，需要从技术与管理两个层面入手。技术层面可引入多语言支持系统，例如通过自然语言处理技术实现多语言的资源检索与翻译。管理层面则需推动参与方在资源建设时采用双语或多语的元数据描述，降低因语言差异导致的资源使用门槛。通过技术与管理的结合，多语言环境下的资源共享效率可以得到显著提升。

现代语言技术通过自然语言处理、语音识别和机器翻译等手段，能够有效缓解因语言差异带来的障碍。例如，机器翻译技术可以为用户提供即时的资源内容翻译服务，使用户能够在不熟悉目标语言的情况下快速理解资源内容。这种技术不仅提升了资源的可达性，也为用户的学术研究提供了便利。此外，跨语言检索技术的应用为资源协调提供了更多可能性。通过语义匹配和知识图谱构建，系统能够理解不同语言表达下的语义关系，从而实现跨语言资源的精确检索。

文化因素对资源共享的影响远不止语言层面。不同国家和地区在资源管理理念、学术文化以及使用需求上存在显著差异。例如，西方国家更倾向于强调

资源的开放性与共享性，而某些国家则可能基于文化传统或法律限制对资源的开放性持保留态度。平台应结合各方文化背景设计灵活的资源共享机制，例如允许各国根据本地文化和法律特点设定资源使用的特殊规则，同时为跨文化的交流与合作提供支持。这种文化敏感性的设计，不仅能够减少文化冲突，也为国际资源共享的稳定性提供了保障。

文化差异常常导致合作方在资源使用规则、数据隐私和利益分配等方面产生误解，这种缺乏信任的关系可能导致合作的效率下降甚至中止。信任建设的关键在于透明的规则和持续的沟通。平台应为资源共享制定清晰的操作规范和利益分配机制，同时通过定期的国际交流活动增进合作方之间的相互理解。例如，定期举办资源管理与共享的跨文化培训，为参与方提供一个探讨合作策略和分享实践经验的平台。

用户界面是跨文化资源共享的重要触点，其设计需充分考虑文化差异对用户行为和偏好的影响。例如，不同文化背景的用户可能对界面布局、色彩搭配和功能呈现有不同的偏好。一个在某些国家被视为直观友好的设计，可能在其他国家不符合用户习惯，甚至产生文化冲突。文化适配的用户界面设计需结合文化心理学和用户行为研究，通过界面定制化和本地化优化提升用户的使用体验。例如，系统可以根据用户的文化背景动态调整界面语言、导航方式和显示风格，为用户提供一种熟悉感和信任感的同时，也提升了操作效率。这种以文化为导向的用户体验设计，是跨文化资源协调的有力支撑。

（三）跨国资源共享技术与协作机制的优化

跨国资源共享的技术优化首先需解决平台间的互联互通与兼容性问题。不同国家和地区在技术标准、资源格式以及数据管理系统上可能存在较大差异，这些差异往往导致资源调用效率下降，甚至出现资源无法访问的情况。为了克服这些障碍，构建统一的技术接口和兼容性标准显得尤为重要。技术接口的统一需基于国际公认的技术规范，例如开放档案计划（OAI）协议。通过这一协议，参与方可以实现元数据的标准化交换和跨系统检索。此外，平台需要支持多种格式的资源访问与使用，例如文献的 PDF 格式、音视频的流媒体格式等。这种兼容性设计确保了资源在跨国调用中的顺畅性，同时为用户提供了多样化的资源体验。

通过引入人工智能与大数据分析，平台能够实现资源的动态管理与优化。例如，通过对资源使用数据的实时分析，系统可以识别高需求资源并自动调整访问权限或分配带宽，从而缓解高峰期的资源压力。动态优化还包括资源的智能推荐与分级管理。平台可以根据用户的学术背景、检索行为和使用习惯，为其推荐相关资源。这不仅提升了用户的访问效率，也提高了资源的利用率。分级管理则针对资源的重要性和使用频率制定不同的调配规则。

在数据传输过程中，资源共享平台需应对潜在的网络攻击和数据泄露风险，尤其是涉及敏感学术信息和用户隐私的情况下。平台需通过加密技术和访问控制机制确保数据传输的安全性。数据存储的安全性同样不可忽视。在多国合作中，数据存储的法律合规性是一个重要考量。例如，某些国家的法律要求学术数据需存储在本地服务器，而非通过云存储方式托管至其他国家。为了满足这些要求，平台需结合分布式存储技术，将数据分散存储于各参与方的本地节点，同时通过区块链技术记录数据调用与修改的全生命周期，确保数据存储的透明性与可靠性。

跨国资源共享的协作机制优化需要建立在清晰的权责分配基础之上。参与方需根据各自的资源贡献度、用户需求以及管理能力明确自身的职责与权限。在跨国合作中，因法律、文化或利益分歧而引发的冲突不可避免。平台可通过设立多方协商机构或引入第三方仲裁机构解决合作中出现的争议。为避免冲突的进一步扩大，协调机制需具备高效的决策能力和公平的仲裁原则，同时确保所有参与方的权益能够得到充分保障。

资源共享协议是跨国合作的基础，其设计需体现灵活性与规范性的平衡。灵活性指的是协议需适应不同国家的法律环境和文化习惯，允许参与方根据自身特点设定个性化条款。规范性则要求协议对核心合作内容做出明确规定，包括资源的调用规则、数据使用范围和版权责任分配。共享协议的优化可采用模块化设计，将核心条款与可调整条款分离。例如，核心条款可涵盖资源共享的技术标准与访问权限，而可调整条款则允许参与方对资源使用的时间、频率和费用分配进行协商。这种模块化设计既保障了协议的统一性，又为跨国合作的多样化需求提供了操作空间。

某些国家或地区可能因技术资源不足而难以参与高水平的资源共享合作，这种差异既影响了合作的效率，也对共享平台的公平性构成了威胁。为了缩小这一差距，平台需在合作中提供必要的技术培训与能力建设支持。技术培训可涵盖共享平台的操作规范、技术标准的实施以及数据管理的具体方法。同时，能力建设需注重参与方的技术设备升级和基础设施改造，确保其能够与平台的技术架构实现无缝对接。这种技术支持不仅促进了跨国资源共享的均衡发展，也为合作的长期稳定性奠定了基础。

跨国资源共享的技术与协作机制优化需以动态评估为基础。平台需定期对资源调用效率、用户满意度以及协作机制的运行效果进行评估，并根据评估结果及时调整相关策略。这种动态改进机制不仅确保了共享平台的持续优化，也为跨国合作的灵活性提供了技术支持。动态评估可结合用户行为数据与参与方的反馈信息，从技术和管理两个维度发现问题并提出改进方案。例如，通过分析资源使用数据，平台可以发现某些技术模块的功能冗余或协作流程的效率瓶颈；通过采集合作方的意见，平台可以识别共享协议中的操作难点并提出针对性调整。这种评估与改进的闭环机制，为跨国资源共享的健康发展提供了保障。

第四节 可持续文献资源管理体系构建

一、资源管理的环境友好型策略

（一）数字资源优先化的环境效益分析

数字资源优先化的首要环境效益体现在对自然资源的节约上。传统的纸质资源管理需要耗费大量的木材、水资源和能源，用于造纸、印刷和运输等环节。对资源消耗造成了森林资源的减少，还带来了显著的生态破坏和环境污染。数字资源的应用能够有效减少对纸质资源的依赖，从源头上降低资源消耗。这一替代效应尤为明显地体现在图书馆的馆藏建设中。以电子书籍、在线期刊和数据库为核心的数字资源，能够满足用户对学术内容的广泛需求，同时避免了因大规模采购纸质资源导致的浪费现象。此外，数字资源的共享特性还进一步放大了单一资源的使用价值，使得数字资源在被调用的每一次使用中都体现出更高的环境效益。

传统纸质资源的生命周期涵盖了从纸浆生产、印刷加工到物流配送的多个环节，这些环节中均涉及大量的碳排放。相比之下，数字资源的生产与传播主要依赖电子设备和互联网技术，其碳排放水平显著低于纸质资源。此外，数字资源的能源使用具有更高的效率。以在线数据库为例，其通过集中化的云服务器提供服务，能够利用先进的数据中心技术优化能源消耗。例如，采用节能技术的现代数据中心，能够在提供高效计算能力的同时减少能源浪费，从而实现更低的环境负荷。

纸质资源的使用不仅在生产过程中造成环境负担，其在生命周期结束时也会产生大量的废弃物。这些废弃物的处理需要耗费额外的能源和资金，同时可能对环境造成长期污染。而数字资源由于不存在实物形态，在使用结束后不会产生废弃物，从而有效缓解了废弃物处理的压力。以高校图书馆为例，过时或损坏的纸质图书需要定期淘汰，这一过程不仅占用大量的管理资源，还对废弃物处理设施提出了额外要求。数字资源则完全规避了这一问题，其更新与淘汰过程只需在系统中完成，无需额外的物质处理步骤。

数字资源的另一个显著环境效益在于其低成本的流通特性。传统纸质资源的流通需要依赖复杂的物流体系，而物流运输是导致碳排放增加的重要因素之一。数字资源的流通则完全依赖于电子传输技术，这种技术不仅速度更快、效率更高，其环境成本也远低于传统物流。在区域性和国际性的资源共享中，数字资源的优势更加突出。通过高效的网络传输，用户能够在短时间内获取所需资源，而无需等待物理介质的配送。无论是在时间成本还是环境成本上，数字资源都展现了优于传统纸质资源的优势，为构建更加环保的资源共享模式提供了有力支持。

数字资源优先化策略不仅改变了资源使用方式，还推动了图书馆资源管理流程的环境友好化。在传统管理模式中，纸质资源的分类、编目和存储均需要大量的物质资源支持，例如印刷标签、纸质记录和物理空间等。而数字资源的管理通过电子化系统完成，这些流程的虚拟化大幅减少了对物质资源的依赖。此外，数字资源的集中管理与远程调用功能，还减少了用户对实地访问的需求，从而降低了与资源获取相关的交通排放。

（二）环境友好型资源采购与管理流程

在资源采购阶段，确立明确的环境友好型采购原则是关键。采购决策需综合考虑资源的环境影响、生命周期成本以及学术价值，从而确保所选资源符合可持续发展的要求。例如，在选择纸质资源时，可优先考虑由可持续森林认证（FSC）提供的产品，以保障纸张生产过程中减少对森林生态系统的破坏。此外，采购标准的制定需涵盖资源的生产过程、运输方式和包装材料等多个环节。例如，优先选择生产过程中采用清洁能源和环保工艺的出版物，同时避免使用过度包装和不可回收材料的产品。这些标准的实施，不仅提升了资源采购的环境友好性，还在一定程度上促进了绿色供应链的形成。

相比纸质资源，数字资源在生产、运输和管理过程中对自然资源的消耗显著减少，同时其无形化特性使得物流和存储成本大幅降低。通过扩大数字资源的采购比例，图书馆能够以更少的环境代价满足用户的多样化需求。这一策略的实施还需注重数字资源的质量与覆盖范围。在采购数字期刊和数据库时，可优先选择涵盖多学科、具有长期访问权限的产品，以提高资源的利用效率。此外，为保障资源的长期可用性，图书馆应与供应商签署明确的长期授权协议，并确保数据备份和迁移的技术支持，这一系列措施进一步巩固了数字资源采购的环境效益。

环境友好型采购离不开对供应商环境绩效的严格审查。供应商在资源生产和流通过程中的环保实践直接影响着采购资源的环境足迹。因此，在供应商选择时，应将其环境绩效作为重要评估指标，优先与具有绿色认证和环保承诺的出版商和资源供应商合作。这一评价过程可结合多维度的指标，例如供应商是否采用可再生能源，是否在生产过程中减少了温室气体排放，是否支持资源的回收利用等。同时，图书馆还可通过定期的供应商审计和合作反馈，动态评估其环境绩效表现，从而保障环境友好型采购策略的有效实施。

资源运输过程中的能源消耗与碳排放是资源管理对环境影响的重要来源。为减少这一环节的环境负担，图书馆在采购和物流管理中需注重低碳运输方式的选择和运输流程的优化。例如，优先采用铁路或水路运输代替高排放的航空运输，同时鼓励供应商通过集中配送和绿色包装材料减少运输过程的资源浪费。此外，图书馆还可通过资源共享和区域性联合采购的方式优化物流路径。

在图书馆运营中，不可避免地会产生废弃或过时的资源，例如因使用损耗而失去价值的纸质书籍、淘汰的旧设备等。通过循环利用和再生处理，这些资源的环境负担可以被大幅降低。在具体实践中，图书馆可与回收机构合作，对废弃资源进行分类和循环处理。例如，将不可再用的纸质资源交由环保纸浆厂进行回收再生产，同时对仍具有一定使用价值的资源开展捐赠活动，为其他机构或社区提供服务。

（三）绿色技术在文献资源管理中的应用

传统管理系统在设备运行和人力操作中往往伴随着高能耗和冗余流程，引入绿色智能化技术后，这些问题得以有效缓解。例如，通过物联网技术实现资源全生命周期的动态监控，图书馆能够精准掌握资源的使用频率、位置变动和存储状态，从而减少重复操作带来的资源浪费。智能化管理系统的节能设计同样不可忽视。基于人工智能的算法优化能够实时调整资源的调用策略，使能源消耗随需求动态变化。此外，系统硬件的低功耗设计与自动休眠功能也在一定程度上减少了设备运行的能耗。这种从技术到设备的全面绿色转型，使文献资源管理过程更加环保高效。

文献资源的存储是管理体系的重要环节，而绿色存储技术为这一环节的能耗降低提供了新的路径。随着数字资源比例的不断提高，数据存储中心的能源消耗问题愈发凸显。通过采用高效节能的存储设备和数据压缩技术，绿色存储技术能够显著减少存储过程中的能源使用。模块化存储技术是绿色存储的重要体现。这种技术通过将存储单元设计为可独立运行的模块，根据数据访问频率调整模块的工作状态，从而减少闲置模块的能耗。此外，利用自然冷却技术取代传统的空调制冷方式，数据中心的运行能耗也得以大幅降低。绿色存储技术的创新，不仅优化了文献资源的存储效率，也为减少碳排放提供了可靠保障。

文献资源的物流环节同样蕴含着可观的绿色优化潜力。传统物流在运输、装卸和配送过程中存在高能耗与高排放问题，尤其在跨区域资源调配中更为显著。绿色技术的引入为低碳物流体系的构建奠定了基础。电动物流车辆的应用是低碳物流的重要一环。这些车辆以清洁能源为动力来源，减少了运输过程中的温室气体排放。此外，基于大数据的物流路径优化技术能够通过分析运输需求和道路状况，为每次配送任务制定最优路径，从而降低燃料消耗和运输时间。与此同步，智能分拣系统的使用提升了物流中心的操作效率，减少了因人工失误导致的重复作业。这一系列技术的协同应用，为文献资源物流环节的环境友好性提供了强大支持。

数据分析与优化技术在文献资源管理中的绿色潜力不容忽视。这些技术通过对资源使用数据的深入挖掘，帮助管理者识别高能耗环节与低效流程，为节能优化提供科学依据。例如，资源使用的热图分析能够直观呈现用户的资源访问热点，帮助管理者合理分配系统资源，避免因盲目扩容造成的不必要能源消耗。此外，预测性分析技术为文献资源的采购与存储策略提供了指导。例如，通过分析历史借阅数据与学术趋势，系统可以预测未来的资源需求，从而避免因过量采购而导致的存储压力。

二、长期保存资源的管理实践

（一）数字资源长期保存的策略与工具

1.数字资源长期保存的策略

(1)分布式存储策略的弹性设计

数字资源的分布式存储策略通过将数据存储在多个地理位置，实现了高可靠性和容灾能力。这一策略能够有效降低单一硬件或网络节点失效对资源完整性的影响。分布式存储还允许根据资源访问的实时需求调整数据分布，从而提高整体存储效率。例如，在区域性学术资源共享项目中，不同节点的存储可以互为备份，当某一节点因故障无法访问时，其他节点的副本能够即时接管资源提供服务。这种策略增强了数字资源的可用性，同时分散了管理压力，为长期保存提供了坚实的基础。

(2)元数据的标准化管理

规范化的元数据描述不仅能够为资源检索和使用提供便利，还在长期保存中起到明确资源属性、版本信息和技术要求的作用。如都柏林核心元数据标准（Dublin Core）为数字资源的描述提供了广泛接受的通用框架。通过为资源创建详尽且符合国际标准的元数据，管理者能够在技术变迁中保持资源的可访问性。元数据的版本控制同样至关重要，它确保用户能够区分资源的不同更新记录，从而维护数据的学术可信度。

(3)格式迁移与技术更新策略

在数字资源长期保存中，格式老化和技术更新带来的访问障碍是普遍问题。制定清晰的格式迁移策略可以避免数据因技术不兼容而失效。资源管理方需定期评估所使用的文件格式是否符合行业标准，同时在必要时将资源迁移至新的格式。格式迁移的实施需确保数据内容的完整性与一致性。例如，将老旧的多媒体文件转换为现代支持度较高的格式时，需保留原始文件的所有功能特性。通过制定长期的格式更新计划，管理者能够在技术变化中保持资源的可用性。

(4)多版本与冗余存储策略

多版本存储策略通过同时保存资源的原始版本和更新版本，为长期保存提供了更高的灵活性。这种策略能够在技术或法律环境发生变化时提供多种选择。例如，在版权纠纷中，原始版本的保存可以为资源的合法性提供重要支持。冗余存储是多版本策略的延伸，它通过多重副本的存储方式防止因单点故障导致数据丢失。这一策略在云存储和本地存储的结合中得以广泛应用，为长期保存提供了双重保护。

(5)访问权限与法律合规性管理

长期保存的资源需严格遵循法律法规，同时兼顾资源的开放性与保密性。例如，某些学术资源可能受到特定版权条款限制，这需要通过访问权限管理来确保合法使用。在策略设计中，需对资源的开放等级进行细化，并根据用户类别赋予不同的访问权限。同时，在长期保存的过程中需定期审查资源的法律状态。通过对版权到期、开放获取政策等的持续监测，管理者能够在合规的前提下最大化资源的学术价值。

2.数字资源长期保存的工具

(1)LOCKSS (Lots of Copies Keep Stuff Safe) 系统

LOCKSS系统是一种分布式的长期保存解决方案，它通过多个节点的存储副本实现资源的高可用性和抗灾能力。每个参与节点独立存储一套完整的资源，确保即使部分节点失效，其余节点仍能提供完整服务。这一工具的优势在于其去中心化特性和强大的容灾能力。资源的副本分布于不同的地理区域，使其不受局部性灾害的影响。同时，LOCKSS系统还支持自动化校验与修复，能够主动检测数据损坏并恢复完整性。

(2)DuraCloud云存储平台

DuraCloud是一种基于云的长期保存工具，专为学术资源管理设计。它通过与多个云服务商的合作，提供跨平台的资源存储和备份服务。在实际应用中，DuraCloud支持多副本存储、实时访问和动态迁移，为数字资源的长期保存提供了灵活性。这一工具的独特之处在于其集成化管理界面，用户能够方便地监控资源状态、调整存储策略以及执行格式迁移。此外，DuraCloud还具有内置的审计功能，帮助管理者实时追踪资源的存取记录。

（3）Preservica数字保存平台

Preservica是针对机构级数字资源保存而开发的工具，它结合了自动化的保存策略与强大的访问管理功能。通过Preservica，用户能够制定精细的保存计划，包括资源的格式迁移、元数据更新和访问控制。Preservica的核心功能在于其兼容性与扩展性。平台支持多种文件格式和数据标准，并能够与现有的管理系统无缝集成。

（4）Rosetta数字保存系统

Rosetta是一种综合性的数字资源保存工具，广泛应用于图书馆、档案馆等学术机构。其主要特点在于多层次的保存策略和自动化的校验机制。例如，系统会根据资源的重要性和使用频率调整保存优先级，同时通过定期校验确保资源的完整性。此外，Rosetta还支持用户定义保存政策，使管理者能够根据实际需求灵活调整系统的操作参数。这一功能在处理大规模异构资源时尤为重要，为复杂环境中的长期保存提供了解决方案。

（5）Archivematica开源保存平台

Archivematica是一种开源的数字保存平台，以其灵活的配置能力和强大的社区支持著称。平台通过模块化设计支持多种长期保存策略，包括格式迁移、元数据管理和数据压缩等。Archivematica的开放性使其能够适应不同机构的特殊需求。例如，用户可以通过插件开发定制功能，从而扩展平台的应用范围。这种高度灵活的工具为数字资源保存提供了更多选择。

（二）特藏资源的保护与数字化转化实践

1.数字化保护的评估与资源优先级划分

在特藏资源数字化转化中，全面的评估是起点，也是保障数字化实践高效实施的关键环节。评估需涵盖资源的学术价值、物理状况、使用频率和潜在数字化复杂性等多方面因素。对这些因素的分析不仅决定了数字化工作的优先次序，还为技术和预算的合理分配提供了依据。物理状况评估特别重要，因为某些资源可能因年代久远或保存环境恶劣而面临严重的退化风险。此类资源在数字化过程中需要特别的处理程序，例如低接触扫描或修复后再数字化。

2.数字化技术方案的定制化选择

特藏资源的数字化保护需要定制化的技术方案，以应对不同资源类型的独特需求。纸质文献的数字化通常采用高分辨率扫描技术，而针对音频、视频或多媒体资源，则需要不同的数字化设备和流程。技术方案的选择不仅影响数字化结果的质量，也直接关系到资源的长久可用性。针对纸质资源，平板扫描仪与非接触式扫描仪是主要选择。平板扫描仪适用于结构稳定的资源，而非接触式扫描仪在保护易损资源方面具有优势。对于多媒体资源，数字化过程涉及音频清理、格式转换和视频画质优化等环节，这些技术需求需要专业设备和软件的支持。此外，资源的数字化分辨率与色彩深度需根据原件特性精心设定，以在细节还原与文件大小之间取得平衡。

3. 图像处理与元数据管理的质量控制

图像处理与元数据管理是特藏资源数字化转化的核心环节，其质量直接影响数字资源的可用性和检索效率。图像处理不仅包括基本的裁剪与旋转，还需对色彩、亮度和对比度进行精细调整，以确保数字化结果的真实再现。同时，去污处理和增强技术能够显著提升资源的可读性，尤其是对年代久远的手稿和文献。元数据管理贯穿于数字化工作的始终，为每一份资源提供标准化的信息描述。这些信息包括资源的标题、作者、出版年代、物理特性和扫描技术参数等，确保资源在长期保存中的可定位性与完整性。基于国际元数据标准，例如Dublin Core或MODS，资源管理者可以建立一致的描述体系，为未来的资源共享与扩展奠定基础。

4. 数字化资源的存储与访问机制

数字化转化后的资源需要稳定、安全的存储机制以确保其长期可用性。存储解决方案的选择需结合资源的规模、访问频率和法律规定进行优化。对于高频访问的资源，云存储提供了灵活的访问方式和强大的计算能力，而对于需长期归档的资源，离线存储和多副本备份则是更可靠的选择。访问机制的设计需考虑用户需求和资源的权限管理。特藏资源因其特殊性，常受到版权或隐私的限制，因此需通过多级权限体系控制资源的使用范围。例如，某些资源的高分辨率版本可能仅对研究人员开放，而低分辨率版本则供公众浏览。此外，用户友好的在线访问平台是保障数字化成果广泛应用的基础，其检索功能和界面设计需注重细节，为用户提供便捷、直观的体验。

5. 跨领域合作与资源共享的机制构建

特藏资源的数字化保护是一个复杂而多学科交叉的过程，其成功实施离不开跨领域的合作与资源共享。图书馆需与技术团队、学术机构、文化遗产保护部门等建立长期合作，利用各方的专长提升数字化工作的整体水平。技术团队可提供高精度扫描和数据处理方案，而学术机构则为资源的背景研究与使用场景提供重要支持。资源共享机制是数字化工作的延续，也是扩大特藏资源影响力的关键手段。通过与区域或国际数字化项目合作，图书馆能够将本地资源纳入更大的知识网络中。例如，参与联合数字化计划或开放获取项目，为全球用户提供无障碍访问的同时，也实现了文化资源的跨区域传播。

（三）长期保存与资源更新的平衡机制

长期保存需要明确的资源筛选策略，以确保保存对象与更新计划的科学性与合理性。资源筛选需基于学术价值、使用频率和保存难度等综合因素进行细致分析。具有历史或文化意义的珍贵资源，往往是长期保存的优先对象，而受技术限制较大的资源则需要更快速的更新与迁移。资源优先级的制定需要与保存目标紧密结合。

对于纸质资源，保存的主要目标是延续其文化价值，数字化能够显著缓解实物保存中的退化风险；对于多媒体资源，保存目标则侧重于技术可行性，因此需定期检查文件格式的兼容性，并优先更新已接近技术淘汰的文件类型。此外，筛选与优先级制定的过程中还需结合资源的法律状态。受版权保护的资源在保存与更新过程中需要符合法律法规，而进入公共领域的资源则可获得更广泛的数字化与传播支持。这一策略为实现长期保存与资源更新之间的平衡奠定了基础。

数字化更新是长期保存中的核心技术环节，其重点在于优化资源的存储方式、增强资源的可访问性，并通过技术升级消除因格式或设备淘汰带来的风险。在实施数字化更新时，需基于资源特性与使用场景选择适宜的技术方案。随着技术标准的变化，某些文件格式可能不再被支持，资源因此面临失效风险。为了应对这一问题，资源管理者需要定期对保存格式进行评估，并通过迁移至现代化、兼容性更高的格式来延长资源的生命周期。

在迁移过程中，需确保数据的完整性与一致性，技术实施还需注重资源更新过程中的自动化与智能化。人工智能技术能够根据资源的使用频率与技术状态，动态生成更新计划，确保有限资源的优化分配。例如，通过分析文件访问记录与存储硬件的使用寿命，系统可自动判断需要优先更新的资源并启动相应操作。这种智能化的技术应用，不仅减少了管理者的工作负担，也提升了资源更新的精准性。

存储与调用机制是长期保存与资源更新平衡中的比较重要环节，其核心在于实现资源的动态管理与高效调用。长期保存需通过多副本存储与分布式架构，确保资源的稳定性与可用性，而资源更新则需通过实时监控与预测分析，优化存储资源的使用效率。动态存储优化能够为长期保存与资源更新的协调提供有效支持。例如，通过云存储与本地存储的结合，管理者可以将访问频率较高的资源放置于云端，以满足用户的快速调用需求，而将低访问频率或归档资源存储在成本较低的本地硬件中。这种差异化存储策略既节约了存储成本，又提升了用户体验。

资源调用的动态管理同样需要智能化手段的支撑。调用系统应具备实时监测与调整能力，通过分析用户的访问行为，动态分配带宽与资源路径。例如，当某一资源因用户需求激增而出现访问压力时，系统可自动调整存储节点与缓存分配，确保资源的稳定提供。这种灵活的调用机制，不仅为资源的长期保存提供了稳定保障，也为资源更新过程中避免资源不可用提供了支持。此外，调用机制还需注重用户体验与权限管理的平衡。长期保存中的部分资源可能因版权或学术敏感性受到访问限制，因此需通过多级权限体系，确保合法用户的优先访问权，同时对不符合权限的用户提供适度的低分辨率或部分内容预览。这种用户导向的权限管理策略，使长期保存与资源更新的动态平衡更加符合实际需求。

三、可持续性管理与高校发展目标的契合

（一）高校发展战略中的资源管理定位

高校的核心任务之一是推动学术研究的发展，而文献资源管理作为知识生产的重要支持体系，需紧密围绕研究需求进行定位。资源的选购、整合与管理必须符合研究导向，为教师和学生提供覆盖广泛、深度优越的学术支持。资源的学术价值评估成为管理过程中的首要考量，其结果直接决定了馆藏结构的科学性和有效性。在科研驱动的资源管理中，动态调整机制显得尤为重要。高校的学术研究领域和方向不断发展，新的学科和跨学科研究需求不断涌现，这要求资源管理能够快速响应这些变化。通过实时监测研究热点与资助方向，资源管理者能够确保资源配置的科学性，使其能够在学术生态中发挥最大价值。同时，资源管理的开放性和合作性也是其支持学术研究的重要体现。高校之间的文献资源共享机制，通过跨校际合作扩大了学术资源的覆盖范围，减轻了单一高校的资源压力。这种共享模式的有效实施，不仅优化了资源的利用效率，也体现了高校在推动学术研究中的社会责任。

教学作为高校的基本功能，对文献资源管理提出了直接需求。资源配置需在满足学术研究需求的同时兼顾教学资源的全面性与适应性，为不同层次的教学活动提供支持。从基础课程到前沿专题，每一阶段的教学活动对资源的需求都具有明显差异性，资源管理需要根据教学计划和课程设置的特点实施针对性配置。在资源配置优化中，教学辅助资源的多样化是方向之一。除了传统的图书和期刊，数字化课程资料、教学视频以及实验数据等新型资源也逐渐成为教学活动的重要组成部分。对于一些快速变化的领域，例如技术创新和应用学科，教学资源的时效性显得尤为重要。通过建立资源使用反馈机制，收集师生对教学资源的实际需求与改进建议，资源管理者能够不断优化资源结构，提升其对教学活动的支持能力。

高校文献资源管理不仅面向校内教学与研究，还承担着重要的社会服务职能。这一职能要求资源管理在满足内部需求的基础上，积极探索资源的外部利用价值，为社会公众提供知识共享的机会。高校的学术资源，特别是特色馆藏和高质量的学术期刊，在社会知识传播与教育普及中具有不可替代的作用。资源管理在社会服务中的定位需要平衡开放性与保护性。一方面，资源的开放性是其服务社会的核心特征，通过公共访问平台实现资源的广泛传播，使更多用户能够从中受益。另一方面，对于一些稀缺性资源或版权受限资源，资源管理则需要制定科学的开放策略，避免因过度利用导致资源损耗或版权纠纷。

在全球化的学术环境中，高校的资源丰富度和管理水平直接影响其在国际学术界的声誉。资源的高质量管理能够为高校吸引优秀师资、招收高水平学生以及获取更多科研资助提供强有力的支撑。高校竞争力的增强需要资源管理的全方位优化。除了资源数量的积累，管理效率的提升同样是不可忽视的因素。通过智能化的资源检索系统与精准化的资源推荐服务，用户的访问体验得以显著提升，资源的使用效率也随之提高。此外，资源管理的国际化视角也是高校提升竞争力的重要策略，国际合作项目与开放获取政策的结合，能够进一步增强高校在国际学术资源生态中的话语权。

文献资源管理与高校整体战略目标的协同机制，是实现资源价值最大化的关键。协同机制的核心在于资源管理过程的规划性与前瞻性，确保其发展方向能够与高校的整体目标保持一致。在推进学科建设的过程中，资源管理需要针对重点学科提供精准支持，为其人才培养和科研产出创造条件。协同机制还体现在资源管理与其他职能部门的联动上。通过建立信息共享与协同决策机制，资源管理能够更好地融入高校的发展框架中。例如，与科研管理部门的合作能够为科研资源的优先配置提供数据支持，与教学部门的联动则能够优化教学资源的使用效率。

（二）可持续管理体系对学术发展的推动作用

1.科研资源的持久供给与支持

科研活动的持续性依赖于高质量文献资源的支持，而可持续管理体系的核心在于保证资源供给的稳定性。资源的持久可用性是科研顺利进行的基础，无论是理论研究还是应用创新，都离不开与之匹配的学术文献作为支撑。管理体系通过对资源生命周期的全面规划，实现了从采购到存储再到调用的动态平衡，使资源能够持续满足科研需求。在新兴学科领域的研究中，管理体系需要快速响应资源需求的变化，及时引入高质量的学术期刊、数据库等，从而确保学术研究的前沿性和竞争力。同时，在传统学科中，对经典文献的长久保存和优化管理则为基础研究提供了不可或缺的支持。此外，资源的跨领域配置能力也是可持续管理体系的优势之一。通过系统整合不同学科的文献资源，科研工作者能够更高效地获取跨学科的知识支持。

2. 学术交流的深化与效率提升

学术交流是知识传播与思想碰撞的方式，而可持续管理体系通过优化资源的可获取性和共享性，深化了高校学术交流的广度与深度。在资源的管理与分配中，体系将优先关注其对交流活动的支持力度，确保资源的开放性与可用性满足学术会议、专题研讨和国际合作的需求。而资源的开放性使学术交流得以深化，管理体系通过建立高效的共享机制，使学术资源的传播超越地域和机构的限制，为学术合作创造了更多机会。特别是在数字化文献的管理中，在线数据库的便捷性，使得跨地域的学术讨论能够围绕同一批资源展开，显著提升了学术讨论的效率。同时，资源的共享机制不仅服务于学术交流的"量"，更关注其"质"。管理体系在配置资源时，注重通过数据分析了解学者的需求，精准匹配最适合的文献支持。

3. 知识再生产的持续推动力

学术资源的核心功能在于知识的生产与再生产，而可持续管理体系则通过确保资源的可追溯性与可复用性，为这一过程提供了长期保障。知识再生产的过程不仅依赖于现有文献资源的挖掘，更需要新的资源不断加入以丰富研究的视角与方法。管理体系通过动态更新机制，实现了经典资源与前沿资源的有机结合。可持续管理体系通过完善的元数据管理与文献索引体系，保障了资源在学术网络中的定位清晰，使研究者能够快速获取相关研究的背景与依据。无论是对经典理论的重新阐释，还是对创新方法的验证与延伸，可追溯的资源管理方式为学术创新提供了可靠的路径。在此基础上，资源的可复用性进一步提高了知识再生产的效率。管理体系通过合理授权与标准化数据格式，使资源能够在不同的研究项目和学术环境中被广泛使用。

4. 学术环境稳定性的保障

学术发展的可持续性需要稳定的学术环境作为基础，而资源管理体系的科学性和规范性直接影响着这一环境的构建。可持续管理体系通过资源的平稳流动与优化配置，为学术活动提供了可靠保障，无论是科研工作、教学任务，还是公共服务，都能够在这一体系下获得高质量的支持。管理体系通过分布式存储与动态调配机制，确保资源在使用高峰期间依然保持高可用性，有效避免了因资源匮乏或调用冲突导致的研究中断，为学术活动的顺利进行提供了保障。在资源的采购、存储与更新过程中，管理体系通过明确的标准和流程，减少了资源管理中的不确定性。这种规范化的管理方式不仅提升了资源管理的效率，也为学术环境的长期稳定奠定了制度基础。

5.高校学术生态系统的完善

可持续管理体系不仅为学术活动提供直接支持，也通过优化高校的学术生态系统，为长期学术发展注入活力。这一体系在资源配置中注重多样性与公平性，使得不同学科、不同层级的研究者均能够获得与其需求相符的支持，从而促进了高校整体学术水平的提升。资源的多样性为高校学术生态注入了创新因子。管理体系通过广泛采购和合理配置，使不同领域的学术资源在高校内部得到充分利用。资源的公平性则体现了体系在优化学术生态中的责任感。通过智能化的分配机制，资源管理能够避免因学科地位或资金分配不均导致的资源分配不公现象。每一位研究者，无论所属学科的强弱或自身研究阶段，均可通过这一体系获得必要的资源支持。这种公平性不仅提升了学术研究的参与度，也为高校营造了更具包容性的学术环境。

（三）高校与社会资源协作的可持续性模式

资源共享是高校与社会协作的核心内容，合理的共享框架为协作的可持续性提供了基础。高校通过与社会机构建立合作，能够实现文献资源的双向流动，为教学、科研和社会服务提供多样化的支持。这一框架的建立，需要明确参与方的权利与义务，通过规范的协议设计保障合作的长效性。资源共享中的关键是开放性与安全性的平衡，高校作为知识传播的重要节点，需要在满足学术需求的同时，确保资源的使用范围与权限符合相关规定。合作框架需对资源调用的频率、用途和保密性提出明确要求，既维护资源的安全性，又促进其社会价值的最大化。

高校与社会资源协作的可持续性离不开科学的机制设计，而利益分配与运行规则是其中的核心要素。资源协作的复杂性决定了多方利益需要在合作机制中被合理协调，以确保协作的长期稳定性和实效性。利益分配机制需以公平为基础，同时兼顾参与方的投入与贡献。高校在文献资源管理中的优势主要体现在高质量的学术资源和先进的管理技术，而社会机构则可能提供更多资金支持或技术设备。在协作机制中，通过建立清晰的操作流程和评估标准，高校与社会能够实现资源的快速调用与分配，避免因沟通不畅或责任不清导致的效率下降。运行规则还需体现灵活性，以适应资源需求的动态变化。高校与社会机构之间定期的沟通与评估，有助于及时调整协作策略，确保合作始终保持在最佳状态。

协同效应是高校与社会资源协作的目标，也是其可持续性的核心动力。通过资源整合，双方能够在现有基础上创造更多价值，这种协同效应不仅体现在资源利用效率的提升上，还表现为学术创新和社会服务能力的增强。资源整合是协同效应的基础。高校与社会机构各自的资源优势不同，但通过协作，可以实现优势互补。在文献资源的联合建设中，高校提供学术研究中的核心文献，而社会机构则引入技术支持和应用场景，使资源的覆盖面更广泛、内容更丰富。资源整合的成功关键在于对参与方需求与能力的精准匹配，这需要高校与社会机构在合作中保持密切沟通与协调。协同效应还推动了创新的产生。高校与社会的资源协作为跨领域学术研究提供了更多可能，特别是在应用型研究领域，社会资源的引入为研究成果的落地提供了支持。高校与社会机构通过联合开发和共同推广，使文献资源从单纯的知识积累转化为实际应用，为社会发展注入新的动力。

技术平台是高校与社会资源协作的工具，其建设水平直接影响协作模式的效率与可持续性。通过技术平台的应用，资源共享和管理的流程得以大幅简化，同时资源的安全性与调用速度也得到了显著提升。技术平台的设计需满足多方需求。高校在资源管理中强调学术性与规范性，而社会机构则关注资源调用的便捷性与多样性。一个高效的技术平台，应能够在这两者之间找到平衡点，为不同用户提供差异化服务。智能化的资源检索系统和动态化的权限管理机制，是技术平台在协作中最具价值的功能。

政策支持和文化认同是高校与社会资源协作模式得以持续发展的重要保障。政策的制定为资源协作提供了法律依据与操作规范，而文化认同则增强了合作方的参与感与责任感，为协作的深化创造了良好环境。政策支持的核心在于明确协作模式的合法性与规范性。高校与社会机构的合作常涉及资源的所有权与使用权问题，而清晰的政策规定能够有效减少合作中的潜在纠纷。在政策设计中，高校需联合政府部门和行业机构，共同制定符合学术和社会需求的协作准则，为资源管理的合法性与有效性提供保障。文化认同则通过价值观的共享提升了协作的凝聚力。在资源协作中，参与方的文化背景和目标可能存在差异，而通过定期的交流与培训，这些差异能够被逐步弥合。文化认同的建立，使高校与社会机构能够以共同的目标和理念开展合作，从而为资源协作模式的可持续性提供深层动力。

第六章
高校图书馆个性化服务案例分析

第一节 国内外高校图书馆个性化服务案例

一、国内高校的个性化服务典范

北京大学图书馆的"学科情报订阅"服务自推出以来，以精准化和个性化为核心理念，为校内师生提供高效的学术支持。服务的形式涵盖系统自动推送、微信公众号订阅、个人或单位定制等模式。以下通过几个典型案例，展示服务的内容和实施过程。

ESI高被引论文是学术界衡量研究质量和影响力的重要指标，因其动态更新的特性，获取最新的高被引论文信息成为教师的重要需求。在这一背景下，北京大学图书馆开发了基于机构知识库的高被引论文推送服务。

首先，图书馆情报研究小组针对校内教师提出的需求，展开了细致的调研和测试工作。机构知识库中覆盖了被SCI和SSCI收录的期刊论文信息，包括作者机构和邮箱数据，这为实现精准推送奠定了基础。情报研究小组联合计算服务中心和数据资源服务中心组建分析团队，每两个月从ESI数据库下载更新的高被引论文数据，并利用机构知识库的作者信息完成与推送对象的匹配。服务的实施过程包括搭建高被引论文推送平台，设计推送邮件模板，和确保邮件内容的准确性。邮件中包含论文的全文链接、Web of Science链接以及机构知识库文章链接，便于作者查看与认领自己的文章，同时引导用户了解更多"学科情报订阅"服务。邮件还设置了退订功能，以尊重教师的意愿。测试结果表明，该平台完全满足了校内教师的需求，推送服务得到广泛认可。尤其是邮件中的ESI检索证明提醒，帮助教师及时开具证明材料，提高了服务的实用性。经过团队的多次沟通与优化，该服务已成为"学科情报订阅"中备受欢迎的模块。

自2020年9月起，图书馆在多个学科领域启动了热点前沿分析订阅服务，覆盖社会学、空间科学、生物学、地理学等领域。该服务的设计旨在帮助研究人员掌握学科的前沿动态和研究热点，为科研方向的制定提供科学依据。热点前沿报告以前瞻性、多维度和定量与定性分析相结合为特点，采用引文分析法、热度分析法、关键词分析法和成果追踪法等技术工具。情报研究小组不仅通过文献计量分析明确研究热点，还结合馆员的学科背景对聚类结果进行修正，确保分析结果的准确性和参考价值。报告内容涵盖热点研究领域的动态变化、新兴研究主题以及研究成果的分布特点。这些信息为教师提供了对未来发展趋势的深入理解，有助于其抓住研究重点并跟上国际研究潮流。此外，这项服务也为学校的"双一流"建设提供了数据支撑。

2021年，北京大学图书馆受北京市社会科学界联合会委托，开展了对北京市属高校和在京"双一流"高校工商管理学科学术产出与影响力的分析。这一项目聚焦于工商管理学科的发展现状，覆盖北京市内 75所高校，深入研究了学术论文发表及其学术影响力。图书馆情报研究小组在分析中运用了多种文献计量方法，全面揭示了各高校在工商管理学科领域的表现和特色。通过数据统计与对比，该报告详细呈现了京内高校在工商管理学科的发展现状，为地方学科建设提供了可靠依据。项目的成果不止于学术分析，还体现了图书馆在智库服务中的社会化功能。这一案例展示了高校图书馆如何以专业的学术情报分析能力，为地方决策提供支持，从而促进区域内学术和教育资源的优化发展。

为进一步扩大服务影响力，图书馆通过微信公众号定期发布"学科情报订阅"服务的案例。截至2022年6月，"学科情报订阅"相关话题共发布推文 35篇，平均每篇阅读量达到711次。这些推文详细介绍了服务的内容和流程，并通过成功案例展示了服务的实际效果。推文的发布不仅起到了推广服务的作用，也为校内外师生提供了服务指引。一些学校和院系的科研管理部门在看到推文后，主动联系图书馆咨询并提交委托。服务推出以来，共开展推送服务 76项，充分体现了用户的需求驱动模式。

二、国际高校服务案例的借鉴价值

康奈尔大学图书馆于2000年推出了MyLibrary服务，通过个性化的资源管理和信息推送功能，为师生提供便捷高效的图书馆资源服务。该系统由两大功能模块构成：MyLinks（我的链接）和MyUpdates（我的更新）。

MyLinks模块为用户提供了一个集中管理的"私人空间"，用户可以将个人感兴趣的学术资源链接保存到该模块中，并且能够在任何设备上无缝访问这些链接。这一设计打破了传统信息管理的局限性，为用户提供了高度灵活的资源使用体验。MyUpdates模块则通过自动化技术为用户提供动态更新的资源信息。当图书馆目录中新增资源且符合用户预先设定的兴趣范围时，系统会自动通知用户。研究者无需主动检索，即可获得最新的研究资料。这种服务模式显著提高了用户的信息获取效率，同时有效减少了因信息过载带来的困扰。

MyLibrary服务的推出源于康奈尔大学图书馆对用户需求的深入研究。

1998年，图书馆成立研究小组，对用户使用图书馆资源的满意度和个性化需求展开调研。结果显示，用户希望在图书馆资源中拥有更多个人定制空间，并期望图书馆能够通过智能化工具优化复杂信息的导航方式。这一调研为MyLibrary的开发提供了清晰的方向。研究小组的任务不仅局限于设计一个简单的工具，而是希望打造一个能够深度整合传统与数字资源的综合平台，支持研究者在知识获取与管理中的多样化需求。MyLibrary的开发思路由此逐步成形，其核心目标是以用户为中心，简化复杂信息的获取流程，同时增强用户与图书馆之间的互动。

MyLibrary系统的开发团队由图书馆员和程序员共同组成，覆盖康奈尔大学的多个分馆资源。该团队通过对多种技术手段的集成，确保系统能够满足不同用户群体的个性化需求。

用户身份认证是MyLibrary服务的基础，通过Kerberos鉴定系统，用户的身份信息与个性化资源配置相匹配，确保数据安全和访问精准性。每位用户在首次登录系统时，系统会为其生成默认的"文件夹"，分别链接至图书馆服务与主流搜索引擎。这一设计不仅方便用户快速上手，也为其个性化定制提供了指导。在技术实现方面，MyLibrary采用了强大的数据库支持，如Oracle语言，用以管理和存储大规模用户信息及资源数据。系统会动态监控图书馆目录中的新增资源，并根据用户设定的主题范围，通过电子邮件或其他形式及时推送最新信息。这种自动化更新功能使用户能够随时掌握相关领域的研究进展。

MyLibrary的一个显著特点是，其服务内容针对学术需求进行了深度优化，与商业网站的普适性服务形成鲜明对比。商业网站如MyYahoo通常满足用户对新闻、天气或金融数据等日常信息的需求，而MyLibrary则定位于知识型服务，专注于为研究者提供长周期的学术支持。MyLibrary通过个性化路径为用户构建持续的学术支持体系，使其能够在较长时间内高效追踪研究领域的发展动态。研究者不仅可以通过系统管理已获取的信息，还能够探索新资源的潜在价值。这种高度针对性的服务，显著提升了用户的知识获取能力。

自推出以来，MyLibrary已成为康奈尔大学图书馆的重要服务项目，其模式逐渐扩展到其他高校和机构。截至2002年，美国、加拿大、新西兰等地的七所高校已经建立了类似系统，如美国华盛顿大学的MyGateway、加州工艺州立大学的MyLibrary服务平台等。这些系统通过借鉴MyLibrary的功能设计，结合自身特点实现了多样化的服务模式。例如，加州工艺州立大学图书馆的服务平台专注于为学生提供学术资源整合服务，而得克萨斯州西南医学中心图书馆则重点链接电子期刊资源，进一步提升了医学领域用户的研究效率。

第二节 个性化服务在不同院校中的应用

一、理工类高校的服务需求特色

理工类高校对资源的需求不仅集中于高质量的数据库和实验数据，还包括对学术趋势的持续跟踪。研究者在规划课题时，需要参考领域内的热点话题与关键突破，这些内容往往隐藏在大量文献的细节之中。为此，图书馆可以组织学术信息提炼与综述工作，生成可直接应用的学术综述报告。这些报告能够将海量的文献信息提炼为结构清晰、重点突出的参考资料，帮助研究者快速定位研究方向，同时节省了筛选信息的时间成本。

实验数据的价值不仅体现在当前研究阶段，更影响到未来的学术积累与应用。为确保数据的长期可用性，图书馆需设计科学的数据生命周期管理方案，包括数据的采集、处理、存储、共享及销毁。通过构建符合国际标准的数据管理系统，研究者可以随时更新和扩展其实验数据，而不会因数据格式不统一或存储平台变更而导致数据丢失。此外，图书馆还可引入版本控制技术，帮助研究者清晰记录实验数据的更新历史，为后续研究的可重复性和结果验证提供有力保障。

前沿信息推送的关键在于其时效性和准确性。为了提升信息服务的质量，图书馆需要与国内外知名出版机构和数据库提供商建立深度合作关系，从而获取最新的研究动态。通过这些合作，图书馆能够第一时间获取尚未广泛传播的学术成果，并借助内部算法快速分发至目标用户。与此同时，图书馆还可整合多种信息来源，如学术会议报告和行业动态新闻，将这些信息与用户的兴趣偏好进行匹配推送。通过这种深度整合和快速分发机制，用户可以始终保持与学术前沿的紧密联系，在学术竞争中占据主动。

技术创新过程中，研究者不仅需要了解当前技术发展的最新情况，还需借助图书馆的专业支持分析专利布局与市场潜力。为此，图书馆可成立专门的技术分析团队，结合用户需求定制产业技术路线图，揭示学术研究与产业应用之间的关联。与此同时，图书馆可组织专利申请的指导工作坊，从文献检索、专利撰写到提交流程全程支持用户。这一过程不仅提升了高校专利转化的效率，也帮助研究者更好地理解知识产权的意义，从而增强学术研究的实际影响力。

实验室与图书馆的协同不仅限于资源共享，还可以延伸到学术活动的全方位支持。图书馆可以联合实验室开发针对特定学科的在线学习平台，整合实验技术、理论资源以及虚拟实验环境，使研究人员和学生能够随时随地获得专业指导。此外，图书馆还可以参与实验室项目成果的推广与展示，利用自身的学术网络资源,帮助研究者与国际同行建立联系。这种多维度的协作模式不仅提升了研究活动的效率,也在一定程度上强化了高校的整体科研实力。

为满足研究人员对计算资源的高需求,图书馆可以通过搭建专属的高性能计算接口,为科研团队提供无缝对接的计算能力支持。同时,图书馆可以引入先进的并行计算技术和多节点集群架构,为复杂数据集的处理提供更加高效的解决方案。为提升服务深度,图书馆还可开设高性能计算应用的专项培训课程,涵盖数据结构设计、算法优化以及模型验证等内容。这种结合技术支持与教育的服务模式,不仅提升了研究人员的数据分析能力,也增强了高校在科研领域的综合竞争力。

图书馆在整合工程案例的同时,还需关注案例资源的多样性和层次性,满足不同用户群体的需求。为此,图书馆可以设计基于行业特征的案例分类体系,将资源细分为基础知识、关键技术、应用实践等多个层面,便于用户快速定位需要的内容。同时,为了提升资源的实用性,图书馆可以邀请行业专家对工程案例进行深度解析,形成教学参考材料。这种多层次的案例资源支持体系,既满足了实践教学的需要,也为学生提供了深入理解工程项目的机会。

用户教育的个性化不仅体现在内容设计上,也需体现在教学方法的创新中。为提升教育效果,图书馆可以借助虚拟现实技术,为用户构建沉浸式的学习环境,使其能够在虚拟空间中探索复杂的学术概念或实验过程。此外,图书馆可以通过在线测评系统对用户的学习进度进行跟踪,并根据其薄弱环节定制后续课程内容。这种动态调整的教育模式,能够显著提升用户的学习效率,同时强化其在科研活动中的实际应用能力。

数据隐私保护不仅是技术问题,更是服务理念的重要体现。在数据安全方面,图书馆应持续引入最先进的加密算法和身份验证技术,确保用户数据在存储和传输过程中的安全性。同时,图书馆可以建立透明的隐私政策,明确数据的使用范围和权限,使用户能够放心参与到个性化服务中。此外,图书馆还应设立专门的隐私保护委员会,对所有服务流程进行定期审查,确保服务过程符合最高的数据保护标准。这种以用户为中心的安全机制,不仅增强了服务的可信度,也为服务的长期发展创造了坚实的基础。

二、文科类高校的服务适应策略

文科类高校的学术研究往往涉及多语言和多文化的深度探索,这使得对多元化学术资源的需求尤为迫切。图书馆在服务策略上,需要通过广泛的资源采购和馆藏结构调整,增加多语言文献的比例,同时保证不同文化背景的研究资料得到均衡覆盖。这不仅包括传统纸质资源,还需注重电子资源、影像资料以及多媒体内容的采集。为适应文科研究中复杂的语言需求,图书馆还可以设置专门的语言学资源区域，将多语言词典、语言学文献以及相关数据库整合到一个易于使用的空间，为师生提供便捷的多语言学习与研究支持。为了更有效地满足研究人员的需求，图书馆可以与国际知名大学的文献资源共享平台建立合作关系。通过这种国际协作模式，用户可以访问更多特定区域和文化背景的研究资料。此外，馆员可以在资源采购阶段与文科研究团队保持沟通，及时了解其最新研究方向和资源需求，确保资源采购的针对性和时效性。

文科类高校对历史与文化资源的需求尤为突出，这不仅是学术研究的基础，也是传承文化的重要方式。图书馆在服务策略上应充分挖掘校内外的珍贵文献与历史资料，并通过数字化技术进行系统化整理和呈现。通过搭建数字资源平台，研究者能够便捷地获取高清扫描件、历史档案和专题数据库，避免因实体资源稀缺而影响学术进展。在数字化资源基础上，图书馆还可以设计专题整合服务。例如，针对某一特定时期或文化主题，图书馆可整合图书、期刊、档案和多媒体资源，形成专题资源包。这些资源包不仅为研究人员提供完整的学术资料支持，还能通过可视化的技术工具，让用户快速了解该主题的核心内容和研究脉络。同时，图书馆还可以举办与专题资源相关的学术讲座或展览，进一步提升专题资源的学术和社会价值。

文科类研究者通常需要面对复杂且大量的文本资源，而资源导航的效率直接影响其研究成果的质量。图书馆可以通过设计学术资源导航工具，将学术文献、数据资源以及研究方法文献以主题化的方式呈现给用户。导航工具应具备高度的用户友好性，并结合人工智能技术实现个性化推荐，确保用户能够快速找到最相关的资源。此外，为帮助研究人员深入解读文本内容，图书馆还可以引入高级文本分析工具。这些工具能够通过自然语言处理技术，对大规模文本进行词频统计、情感分析、语义网络构建等深度分析操作。结合这些功能，研究人员不仅能够高效整理数据，还可以从复杂的文本中提取隐藏的信息和关键见解。这些技术的引入，使文科研究者能够从单纯的信息获取者转变为深度信息加工者。

人文社会科学领域的数据不仅来源于文献资料，还包括调研数据、统计数据和地理数据等多种形式。为了满足用户的研究需求，图书馆需要从数据的收集、整理到开放共享提供全流程支持。在数据收集阶段，图书馆可以协助研究人员建立规范的数据采集流程，并提供标准化的数据管理工具。在数据共享方面，图书馆可以依托开放数据平台，将馆藏数据与用户研究数据相结合，为研究者提供多样化的数据来源。数据共享的同时，图书馆需要特别关注数据隐私与伦理问题。通过建立数据使用许可和匿名化机制，图书馆可以在保护数据提供者隐私的同时，促进数据在更大范围内的学术共享与应用。与此相辅相成，图书馆还可定期举办数据管理与使用的专业培训，帮助研究人员掌握数据清洗、分析与可视化等关键技能。

文科研究日益呈现出跨学科融合的趋势，研究主题往往涉及文学、历史、哲学、社会学等多个领域。为了应对这一挑战，图书馆需在资源整合上发挥主动作用，设计以研究主题为核心的跨学科资源包。资源包内容涵盖不同学科的经典文献、新兴研究成果以及与之相关的工具和方法论资料。在资源整合之外，图书馆还可以组织跨学科研究工作坊，为研究人员提供一个多学科交流的空间。在这些工作坊中，图书馆员可以通过引导式讨论，帮助研究者发掘不同学科资源之间的关联性，并探索新的研究方向。

文科类研究通常需要深入的文献综述作为研究的基础。图书馆可以为用户提供定制化的文献综述服务，通过整理、分析和归纳海量文献，为研究人员提供高质量的学术综述报告。这些报告不仅涵盖当前研究主题的最新进展，还会深入分析研究领域的发展趋势和潜在问题，为用户的研究设计提供参考依据。学术咨询服务是文科类高校图书馆另一项重要的个性化支持。馆员可以通过一对一咨询、在线交流等形式，帮助研究者解答在文献检索、研究方法选择以及论文写作中遇到的问题。同时，馆员还可在科研项目申报的文献支持方面提供帮助，为研究人员寻找具有参考价值的资料和数据。

文科类高校的研究与地方文化资源紧密相关，图书馆在服务中应注重本地特色资源的保护与推广。通过建设数字化本地文化资源库，图书馆能够保存地方文献、口述历史、传统工艺记录等宝贵资料，同时为地方文化研究提供重要的基础数据支持。为了进一步推动地方文化的传播，图书馆可以与地方文化机构合作，举办学术论坛、文化展览和读书会等活动。这种服务形式不仅加深了本地文化与学术研究之间的联系，也在一定程度上提升了图书馆在地方社区中的社会影响力。

文科类研究者需要具备较高的信息素养与研究技能，以应对复杂的研究课题。图书馆在服务中应全面提升用户的文献检索、资源整合、数据分析和学术写作能力。通过设计多样化的培训课程和学习资源，图书馆能够满足不同层次用户的需求。此外，图书馆可以开发在线学习平台，为用户提供随时随地的学习机会。这些平台不仅涵盖文献管理、研究工具使用等基础技能，还应结合当前研究热点和用户需求，提供高级学术技能的深度培训。通过持续的用户教育，图书馆能够有效增强文科研究者的学术竞争力和创新能力。

学术成果的传播是文科类高校图书馆服务的重要环节。图书馆可以为研究人员提供成果展示的平台，包括数字化的学术成果库、研究者主页以及在线研讨会系统。通过这些平台，研究者的学术成果不仅可以被校内外用户访问，也能吸引更多潜在的学术合作伙伴。为了进一步促进学术交流，图书馆可以定期组织研究主题分享会和学术沙龙，为研究者提供一个互动交流的场所。在这些活动中，研究者不仅能够分享最新研究进展，还可以从同行和专家的反馈中获得新的研究启发。

三、综合性高校的服务集成实践

综合性高校以其学科的多样性和复杂性而闻名，因此在图书馆服务中，如何整合多学科资源成为核心任务。图书馆需要以学科交叉的研究需求为导向，通过跨领域资源的系统整合，搭建多学科资源的聚合平台。这一平台不仅需要涵盖不同学科的经典文献、期刊和数据库，还应整合学科间的研究工具、实验数据和前沿资讯。这样的资源体系能够有效降低研究者在跨学科领域中获取信息的时间成本，为深度探索提供坚实基础。此外，多学科资源的整合需要考虑资源的动态更新和用户的个性化需求。图书馆可以通过智能推荐系统，根据用户的阅读历史和研究方向，为其推送相关领域的高价值资源。

综合性高校的教学与科研活动呈现出多样化的特点，这要求图书馆在服务设计中既要满足教学活动的基础需求，又要支持科研活动的深入开展。为实现这一目标，图书馆需要为教学提供高质量的学术资源库，涵盖基础课程所需的教材、辅助阅读材料以及案例分析。同时，为增强教学资源的实用性，图书馆还可引入多媒体教学资源，为课堂教学提供更丰富的素材。科研支持方面，图书馆应以研究项目的生命周期为切入点，从课题设计、文献综述到研究数据的分析和管理，提供全流程服务。这包括定期为科研团队组织文献检索培训、数据分析工具使用培训以及论文发表指导等服务。

在综合性高校中，数字资源平台的建设是图书馆服务的重要组成部分。图书馆需要通过搭建一体化的数字资源管理系统，将各学科的电子书籍、期刊、数据库和科研成果纳入其中。这一系统应具备良好的用户交互界面，使用户能够便捷地浏览和检索所需资源。此外，通过引入全文检索技术和语义分析功能，系统可以帮助用户快速定位核心文献，极大提升了文献获取的效率。数字资源平台的运行还需要与国际主流数据库实现无缝对接，以确保资源的时效性和权威性。为了保障资源的使用公平性，图书馆可以根据用户的权限等级，设计灵活的访问模式。

图书馆不仅是资源获取的枢纽，也是学术成果展示的重要平台。图书馆可以通过建立线上和线下相结合的展示渠道，为研究人员提供多样化的学术成果推广服务。这些展示渠道包括学术论文数据库、研究者主页以及校内学术动态的推送平台。在成果展示过程中，图书馆可以采用数据可视化技术，将学术成果以图表、网络结构等形式生动呈现，使其更加直观和易于理解。同时，为了增强成果的社会影响力，图书馆可以组织校内外学术交流活动，为研究人员搭建分享与讨论的平台。这种展示与交流的结合，不仅提升了学术成果的传播效率，还在一定程度上促进了高校间的科研合作。

综合性高校的用户群体由教师、研究生和本科生等多个层次的人员构成，其学习和研究需求各异，这使得图书馆的用户教育服务需要更加灵活和差异化。在设计教育内容时，图书馆应根据不同群体的学术背景和研究能力，制定分层次的培训方案。例如，对于研究生和青年教师，图书馆可以重点提供学术论文撰写与发表的专题培训；而对于本科生，则应以文献检索和学术诚信教育为主。用户教育的形式也需要多样化，既包括面对面的讲座和研讨会，也应涵盖在线课程和学习资源的开发。通过多渠道的教育服务，用户能够根据自身需求选择适合的学习方式，从而在学术能力和研究技能上得到全面提升。

综合性高校图书馆不仅服务于校内用户，也在社会服务中扮演重要角色。图书馆可以结合自身的资源优势，为地方政府、企业和社区提供学术咨询、教育培训等服务。这些服务不仅有助于提升图书馆的社会影响力，也在一定程度上增强了高校与外界的联系。此外，图书馆还可以通过开放部分馆藏资源，为社会公众提供知识获取的渠道。在资源开放的同时，图书馆应加强对用户使用行为的规范管理，确保资源的合法使用。

技术的快速发展为综合性高校图书馆的服务创新提供了广阔空间。在服务实践中，图书馆可以通过引入人工智能和大数据技术，实现资源推荐的智能化和服务流程的自动化。例如，通过分析用户的资源使用记录，图书馆可以精准预测其潜在需求，从而提前设计相应的服务内容。此外，虚拟现实和增强现实技术的应用，使用户能够以沉浸式方式探索知识资源，从而提升了学习和研究的趣味性与效果。服务创新的同时，图书馆还需要建立完善的技术支持体系，确保新技术的稳定运行和可持续应用。通过定期进行系统升级与功能优化，图书馆可以始终保持服务的先进性和用户体验的优质性。

综合性高校图书馆的用户群体复杂多样，其服务需求也具有高度个性化的特点。为了满足这种需求，图书馆需要将个性化服务嵌入到所有服务模块中。从资源推荐到学习支持，再到学术成果展示，图书馆都应根据用户的个人兴趣和研究方向，提供定制化的服务内容。个性化服务的实现需要依赖精准的用户画像和高效的服务算法。图书馆可以通过大数据技术，分析用户的行为模式和兴趣偏好，为其设计独一无二的服务方案。这种以用户为中心的服务模式，不仅提升了服务的针对性和满意度，也使图书馆在用户心中成为不可或缺的学术伙伴。

第三节 成功经验与创新实践

（一）北京大学图书馆的"学科情报订阅"服务创新

北京大学图书馆的"学科情报订阅"服务是国内高校图书馆个性化服务的

典范，以精准化和个性化为核心理念，为校内师生提供高效、定制化的学术支持。该服务通过系统自动推送、微信公众号订阅以及个人或单位定制等多种模式，覆盖了不同用户群体的学术需求。其成功实践为高校图书馆的服务创新树立了标杆。

1.ESI高被引论文推送的成功经验

在满足学术需求方面，北京大学图书馆推出的 ESI高被引论文推送服务是一项突出案例。由于 ESI高被引论文动态更新的特性，研究人员对实时获取最新数据的需求十分迫切。图书馆情报研究小组通过详细的需求调研，基于机构知识库的完善信息体系，与计算服务中心

数据资源服务中心协作，设计并实现了高效的推送平台。该平台通过两个月一次的 ESI数据库更新，结合用户定制化需求，自动推送包括论文全文链接和检索证明等在内的综合信息。推送服务的精准性和高效性不仅受到校内师生的普遍欢迎，也为个性化服务的实现提供了宝贵经验。

2.热点前沿分析订阅的创新实践

热点前沿分析订阅服务是另一成功创新。自2020年起，北京大学图书馆开始在社会学、生物学等多个领域提供学科热点报告，以帮助教师把握学科前沿动态和未来发展趋势。这一服务通过结合引文分析、热度分析等多种方法，生成具有前瞻性和高参考价值的定量与定性分析报告。这种以数据驱动为基础，结合馆员学科背景修订的服务模式，使研究人员能够精准定位热点主题，制定更有针对性的科研计划。

3.服务推广与用户驱动的机制

在推广方面，北京大学图书馆通过微信公众号等数字平台广泛传播"学科情报订阅"案例，每篇推文平均阅读量达700余次。推文不仅详细展示服务的内容和成效，还引导更多用户积极参与。这种用户驱动的模式体现了图书馆在服务设计中将需求放在核心位置的理念，使服务更贴合用户的实际需要。

（二）康奈尔大学的MyLibrary系统创新

康奈尔大学图书馆的MyLibrary服务是国际高校图书馆个性化服务的杰出案例，其功能设计和实施过程展现了以用户为中心的服务创新理念。通过MyLinks和MyUpdates两大核心模块，康奈尔大学图书馆实现了个性化资源管理和动态信息推送，为全球范围内的图书馆个性化服务提供了重要参考。

1.个性化资源管理的创新

MyLinks模块通过为用户提供集中管理学术资源的"私人空间"，解决了传统信息管理中资源分散的问题。用户可将个人关注的学术资源链接保存到该

模块中，并在任意设备上无缝访问。这种设计显著提升了用户管理资源的效率和便利性，为用户提供了前所未有的灵活性和自由度。

2.动态信息推送的优化实践

MyUpdates模块则通过系统的自动化技术，将符合用户兴趣范围的新资源以电子邮件形式实时推送给用户。这种服务模式不仅帮助用户节省了主动检索的时间，也有效缓解了信息过载带来的困扰。通过对新增资源的动态监控与精准推送，MyLibrary在提升用户体验方面取得了显著成效。

3.系统设计与技术集成

MyLibrary系统的成功离不开其先进的技术支持和用户需求驱动的设计理念。通过Kerberos鉴定系统的用户身份认证，确保数据访问的安全性和精准性；借助Oracle语言管理大规模用户信息和资源数据，使系统在处理多用户并发访问时依然高效流畅。此外，MyLibrary的"文件夹"功能为用户提供了个性化服务的直观入口，使用户能够快速上手并持续使用。

（三）国际借鉴与服务模式扩展

MyLibrary的成功不仅局限于康奈尔大学，其服务模式已被多个国际高校借鉴并创新应用。例如，美国华盛顿大学的MyGateway系统延续了个性化资源管理和动态推送的核心理念，同时在用户界面设计上做了进一步优化；加州工艺州立大学的服务平台则专注于为学生提供学术资源整合服务，尤其在跨学科研究支持方面表现突出。得克萨斯州西南医学中心图书馆通过链接电子期刊资源，将MyLibrary的服务扩展至医学研究领域，有效提升了用户的研究效率。这些服务模式的多样化发展表明，MyLibrary的核心理念具有高度的可扩展性和适应性，不同高校可以根据自身特点调整服务的功能模块，以满足特定用户群体的需求。

（四）成功经验的核心要素

通过对北京大学图书馆和康奈尔大学图书馆的案例分析，可以总结出高校图书馆在个性化服务中取得成功的几个核心要素：

1.用户需求驱动

无论是北京大学的"学科情报订阅"服务，还是康奈尔大学的MyLibrary系统，都以满足用户需求为核心目标。通过深入调研和需求分析，确保服务内容与用户需求精准匹配。

2.技术支持与创新

先进的技术手段是实现个性化服务的基础。用户身份认证、数据存储与管理、动态更新等技术的集成应用，为服务的高效运行提供了保障。

3.数据驱动的服务设计

以文献计量分析、引文分析等数据工具为基础，优化服务流程和资源推荐方式，使服务更加精准和科学。

4.多渠道推广与用户教育

通过数字平台的推广，扩大服务的影响力，同时通过用户教育提升用户对服务功能的理解和使用效率。

（五）创新实践的未来启示

北京大学图书馆和康奈尔大学图书馆的成功实践表明，高校图书馆的个性化服务不仅需要在技术上持续创新，还需在服务模式和用户关系上深入探索。这种以用户需求为核心、以数据与技术为驱动的服务模式，正在成为高校图书馆个性化服务的主流方向。通过持续优化和创新，高校图书馆可以进一步提升用户体验，为学术研究和教学活动提供更强有力的支持。

第七章
图书馆资源配置与服务的未来趋势

第一节 图书馆资源配置与服务的未来

一、资源配置的智能化方向

（一）数据驱动的配置优化

数据的采集与分析是图书馆资源配置智能化的基础。馆藏资源的利用效率、用户行为模式以及学术需求趋势等，都需要通过精确的数据分析来揭示隐藏的规律。这一过程不仅提升了图书馆资源配置的科学性，也为个性化服务提供了重要支撑。在资源采购中，数据能够帮助图书馆识别使用频率较高的数据库和文献类型，同时发现被忽视的潜在需求。这种基于数据的决策，避免了传统经验主义带来的资源浪费，使图书馆的资源配置更加精准。

为了实现数据驱动的配置优化，图书馆需要构建全面而系统化的数据收集机制。这一机制需要覆盖多种数据来源，包括用户访问记录、资源下载频次、学术主题热度等。同时，数据收集的实时性也是至关重要的，它能够反映当前的资源使用动态，为即刻的调整提供依据。通过使用现代化的数据监测工具，图书馆可以随时获取并更新资源使用的全景数据，从而快速识别资源利用中的不足，为及时调整提供支持。

在数据收集的基础上，科学的分析方法决定了数据价值的发挥程度。数据分析技术在资源配置优化中起到了关键作用。通过引入数据挖掘和机器学习等先进技术，图书馆能够对大量用户行为数据进行模式识别，揭示用户的潜在需求和学术兴趣。数据可视化技术为分析结果的理解提供了直观的工具，使图书馆能够更清晰地掌握资源使用的分布和趋势。同时，语义分析技术可以对用户检索行为进行深入解析，为资源配置的内容结构调整提供指导。

数据驱动的另一个重要成果在于资源动态调整的实现。传统的资源配置多以固定预算为基础，而数据驱动的动态调整模式则可以根据资源的使用情况灵活分配预算。例如，当某些学科的研究活动出现阶段性集中时，图书馆可以通过数据分析发现这一现象并调整采购重点。同时，资源动态调整的另一个关键环节在于资源淘汰决策。对低频次使用资源的数据分析，图书馆可以更科学地制定淘汰策略，优化馆藏结构。

用户需求的多样化是图书馆资源配置的核心驱动力，数据在需求分析中的作用不可忽视。图书馆通过追踪用户的资源访问路径、搜索记录以及阅读偏好，可以构建详细的用户画像。这些数据帮助图书馆预测用户的资源需求，并提前做好相关资源的准备。此外，用户需求的深度结合还体现在学科服务的个性化定制上。分析学科领域的研究热点和发展动态，图书馆能够为不同学科的用户提供高度匹配的资源配置。

人工智能技术为数据驱动的资源配置优化提供了新的可能性。在图书馆的资源管理中，人工智能不仅可以提升数据处理效率，还可以在资源推荐中实现更高的个性化水平。例如，通过深度学习算法，系统可以从用户的长期行为数据中挖掘出深层次的学术需求，提供精准的资源匹配。此外，人工智能在数据异常监测中的应用也不容忽视，它能够帮助图书馆快速发现资源利用中的异常模式，为资源调整提供预警。

图书馆资源配置不仅要满足用户需求，还需要在有限的预算中寻求平衡。数据驱动的成本控制是实现这一目标的重要手段。通过分析资源采购的历史数据，图书馆可以评估不同资源的投资回报率，从而优先选择高效益资源。同时，数据驱动的成本控制还体现在对资源共享模式的优化上。通过分析馆际互借和跨校资源使用的数据，图书馆能够发现共享资源的潜在价值，合理分配预算以支持更广泛的资源共享。

数据驱动的资源配置优化不仅需要技术支持，也离不开图书馆内部的协作机制。图书馆的不同部门需要围绕数据共享和分析结果的应用展开协作。例如，资源采购部门可以根据分析结果调整采购清单，而服务部门则可以结合用户需求数据改进服务策略。同时，为了确保协作的效率，图书馆需要建立跨部门的数据流转机制，使每一环节的操作都以数据为依据。

尽管数据驱动为资源配置优化带来了巨大可能性，但其实施过程中也面临诸多挑战。数据收集的完整性、分析技术的复杂性以及人员能力的匹配度都是潜在问题。为了应对这些挑战，图书馆需要加强对相关人员的培训，提升其数据分析能力。同时，在技术层面上，图书馆可以通过引入专业化的外部技术支持，弥补自身技术资源的不足。这种内外结合的方式，可以有效提升数据驱动模式的可操作性。

（二）智能推荐系统的应用

智能推荐系统的核心在于通过算法和数据分析，将最符合用户需求的资源呈现在用户面前。图书馆作为知识服务的重要平台，通过智能推荐能够极大地提升资源配置效率和用户体验。系统通过捕捉用户的资源检索行为、阅读偏好和学术需求,构建多维用户画像,并据此匹配馆藏资源。推荐的精准性,不仅让用户快速获得所需资源,还避免了信息过载导致的效率低下问题。智能推荐的实施使得图书馆的资源配置从"广覆盖"转向"深匹配",更加贴近用户实际需求。

用户行为数据是智能推荐系统运作的基础。通过分析用户的点击记录、借阅历史和访问路径,系统能够识别出用户的兴趣点和学术方向。这种基于数据驱动的模式,为资源推荐提供了科学依据。在算法选择上,协同过滤和基于内容的推荐是最为常见的两种方式。协同过滤通过分析相似用户的行为,为目标用户推荐相关资源,而基于内容的推荐则通过识别资源之间的特征相似性,完成匹配过程。随着技术的不断进步,混合推荐算法的引入进一步提高了推荐的准确性和多样性。

在学术研究中,信息的及时获取往往直接影响研究进程。智能推荐系统通过快速筛选和精准匹配,为研究者节省了大量时间和精力。对于跨学科研究者而言,推荐系统的意义尤为显著。系统能够基于用户的多维兴趣点,自动推荐与其研究方向相关的资源,包括核心期刊、参考书目和数据库链接。同时,推荐系统还具备发现潜在关联的功能,帮助研究者拓宽视野,接触到原本可能被忽略的关键资料。

智能推荐的动态调整功能使其在资源更新中占据优势地位。随着图书馆资源的不断丰富和用户需求的变化,系统通过实时更新推荐逻辑,使推荐结果始终与最新的资源和用户需求相吻合。实时推荐机制的核心在于快速响应能力,系统通过对用户行为的即时分析,动态调整推荐模型,确保用户获取的信息始终处于当前最优状态。这一特点使得推荐系统不仅适用于长期学术需求,也能满足短期研究任务中的高效信息获取需求。

智能推荐系统以个性化为导向,在服务过程中强调用户体验的优化。系统能够根据用户的学术背景、兴趣领域和行为偏好,为每位用户提供高度定制化的资源推荐。个性化的实现不仅增强了用户与图书馆之间的黏性,也提升了服务的满意度。图书馆还可以通过设置用户偏好调整功能,让用户自主控制推荐的内容范围和频率,使推荐结果更加贴合个人需求。这种双向互动的推荐模式,建立了用户与图书馆之间更加紧密的联系。

推荐系统的运行离不开强大的技术架构与数据支持。系统需要依赖高性能的计算平台和大规模的数据存储环境,以应对多用户并发访问和海量数据处理的需求。数据方面,推荐系统需要构建完善的知识图谱,将资源特征、用户行为和学术领域关联起来,形成一个多层次的关联网络。此外,系统还需整合图书馆内外部数据资源,通过引入更多维度的数据,进一步提升推荐结果的准确性和多样性。

智能推荐系统在为用户提供便利的同时，也面临着数据隐私与伦理问题的挑战。图书馆需要通过严格的加密技术和访问控制机制，保护用户行为数据的安全性。此外，系统在设计过程中，应避免算法偏见带来的推荐结果失衡问题，确保所有用户在服务中享有平等的资源获取机会。通过透明的数据使用政策和开放的反馈渠道，图书馆可以增强用户对推荐系统的信任，从而促进其广泛应用。

同时系统通过深度学习技术，能够识别资源之间的隐性关联，并将这些潜在的知识网络展现给用户。这种功能不仅拓宽了用户的学术资源视野，也在一定程度上促进了学术研究的创新。图书馆可以通过推荐系统，为用户提供跨学科的研究资源链接，助力其发现新的研究方向和领域交叉点。

在教育方面，智能推荐系统可以根据课程大纲和学生学习进度，推荐与教学内容相关的资源，为个性化教学提供支持。在科研方面，系统能够针对科研团队的需求，定期推送相关领域的最新研究成果和会议动态。通过这些场景化的应用，推荐系统成为教学与科研不可或缺的助力工具。

二、服务模式的跨领域融合趋势

（一）图书馆与多学科协同服务

多学科协同服务的基础在于资源的有效整合。图书馆需要对现有的文献、数据库和工具进行重新分类，以便形成跨学科的资源聚合。这不仅要求资源分类标准的调整，还需要建立一个开放的资源共享平台，将不同学科的资源整合到统一的框架下。平台的设计应注重交互性和开放性，使研究者能够便捷地访问多个学科的资源，并通过系统提供的分析工具挖掘资源之间的内在联系。

为了更好地服务于跨学科研究，图书馆需要为研究者提供定制化的学术支持服务。这种服务不仅包括基础的资源推送，还应涵盖研究方法指导、数据分析支持以及文献综述协助等方面。通过深度挖掘用户的研究需求，图书馆可以设计针对性的服务方案，帮助研究者在多学科领域中找到适合的研究路径。

技术在多学科协同服务中的作用不可忽视。图书馆可以通过引入人工智能技术，实现资源推荐的智能化和服务流程的自动化。通过大数据分析，图书馆可以识别出不同学科资源之间的潜在关联，并将这些信息呈现给用户。此外，语义分析技术的应用，使得跨学科文献的理解和分析变得更加高效，为研究者提供了新的研究视角。技术的驱动不仅提升了服务效率，也为多学科协同的进一步发展奠定了基础。

多学科协同的实现离不开用户的积极参与和有效利用。图书馆需要通过多种形式的用户教育，帮助研究者了解和掌握跨学科资源的使用方法。培训内容可以涵盖资源检索技巧、跨学科数据分析工具的使用以及跨领域学术写作指导等方面。此外，图书馆还可以通过举办学术沙龙和跨学科研讨会，为研究者提供交流与合作的平台。

图书馆还需要在机构层面建立促进合作的机制，以便更好地支持多学科研究，这包括与校内外学术机构的合作协议、资源共享框架以及跨学科研究项目的支持政策等。通过与科研团队和学科带头人的密切合作，图书馆可以深度参与到跨学科研究的全过程，从而更好地为研究提供资源和服务支持。这种机制的建立，不仅提高了资源的利用效率，也在一定程度上推动了学术研究的开放与共享。

数据在多学科协同服务中的地位尤为重要。图书馆需要通过构建多学科数据整合平台，将不同学科领域的数据资源进行统一管理和展示。这种整合不仅包括文献数据，还应涵盖实验数据、统计信息和研究成果等多种形式。在实际应用中，图书馆可以通过可视化技术，将复杂的数据结构转化为直观的图表和模型，为研究者提供便于理解和分析的工具。这种基于数据的多学科协同，不仅拓展了研究的广度，也提高了学术研究的深度。

多学科协同服务的另一个关键点在于资源的开放与共享。图书馆可以通过建立资源共享网络，与其他学术机构共同构建多学科服务体系。这种共享模式不仅包括传统的馆际互借，还涵盖了数字资源的在线共享和合作开发。通过共享，图书馆可以在有限的资源条件下，满足更多用户的学术需求，并通过资源的充分利用，实现服务价值的最大化。

（二）公共服务与社会资源共享

实现社会资源共享需要建立多维度的共享路径。从传统的书籍借阅到数字资源开放，再到知识服务的深度定制，每一层次的共享都对应着不同的社会需求。在传统服务中，图书馆通过区域联合，建立了图书馆之间的资源互借机制，使跨地区的资源共享成为可能。在数字时代，图书馆通过云端平台将资源上架，实现全天候在线获取。同时，图书馆还可以结合社会需求，设计专题资源服务，如特定领域的数据共享和专业咨询，为社会机构和个人用户提供更为精细的支持。

数字化技术的进步，使资源共享模式进入了新的阶段。通过信息化手段，图书馆可以整合各类资源，为社会用户提供多样化的信息服务。数字化馆藏和虚拟访问平台的搭建，使资源突破了时间和空间的限制，变得触手可及。通过人工智能技术，图书馆能够根据用户的行为数据，提供精准的资源推荐，从而提高资源的利用效率。同时，云计算的引入，也为社会化资源共享提供了技术支持。分布式存储与访问模式的结合，不仅降低了资源管理成本，也增强了资源的抗风险能力。

社会用户的多样性决定了图书馆服务模式的多元化。面向学生和教育机构，图书馆可以提供学术资源支持和教育资源共享；面向企业和创业团队，则可以开放技术数据和行业报告；而对于普通公众，文化资源的普及性服务则显得尤为重要。为了满足多元群体的需求，图书馆需要构建灵活的服务体系，通过分层设计，覆盖各类用户的核心需求。同时，为了提升用户的参与感和归属感，图书馆还可以设计用户参与项目，如开放日活动和主题展览等，拉近图书馆与公众之间的距离。

在资源共享的过程中，数据安全和版权保护问题不容忽视。图书馆在开放资源时，需要通过加密技术和访问权限管理，保障数据的使用安全。同时，对于版权资源，图书馆需要严格遵守法律法规，在授权范围内提供服务。这不仅是对知识产权的尊重，也是对图书馆自身声誉的维护。此外，图书馆还可以通过与版权方合作，建立可持续的资源共享机制，使社会资源开放在合法合规的前提下进行。

社会合作是资源共享的关键环节之一。图书馆需要与政府、企业和社会组织建立合作关系，共同推进知识资源的开放共享。政府的政策支持和资金投入，可以为资源共享提供必要的基础设施和运行保障；企业的技术支持和数据贡献，可以丰富图书馆的资源类型；社会组织的参与，则能够帮助图书馆更好地对接社会需求。这种多方合作模式，不仅提升了资源共享的效率等，也使图书馆的公共服务功能得以深化。

资源共享对社会教育的促进作用是显而易见的。图书馆通过开放教育资源，弥补了传统教育形式中的知识盲区，为社会成员提供了终身学习的机会。特别是在信息更新迅速的时代，资源共享模式为个体获取前沿知识提供了便捷途径。这种教育支持不仅体现在学术领域，也覆盖了技能培训、文化素养提升等多方面。通过资源共享，图书馆在社会教育中发挥了不可替代的作用。

用户反馈机制是公共服务质量提升的重要保障。图书馆需要通过多种渠道收集社会用户的意见与建议，并以此为依据优化服务内容。反馈机制不仅包括简单的满意度调查，还应涵盖用户行为数据的深入分析。通过与用户的双向互动，图书馆能够更加精准地定位服务中的不足，并做出相应调整。同时，用户反馈也有助于图书馆发掘潜在需求，为服务创新提供灵感。

资源共享的实施不仅是图书馆服务能力的体现，也是一种社会责任的担当。通过知识资源的开放，图书馆在一定程度上缩小了社会的知识鸿沟，促进了文化公平和社会进步。这种责任感驱动着图书馆不断优化公共服务模式，在满足社会需求的同时，也为自身的发展注入了新的动力。通过与社区、学校和企业的深度合作，图书馆的社会责任在多领域得到了具体实践。

为了确保资源共享的可持续性，图书馆需要在实施路径上不断优化。这包括资源更新机制的完善、用户体验的提升以及服务流程的简化等方面。资源共享模式需要与时俱进，通过引入新技术和新理念，不断提升共享效率和用户满意度。同时，图书馆还需要在共享模式中体现文化传承和知识创新的价值，使资源共享成为社会发展的重要推动力。

三、图书馆角色的未来定位

（一）从资源管理到知识创造支持

图书馆的传统角色长期聚焦于资源的收藏与管理，以满足用户的信息需求。然而，知识经济的到来使得这一角色必须进一步深化，转向知识创造支持的新维度。数字化和全球化带来的学术环境转变，使得图书馆不仅是知识的保管者，更应成为学术创新的重要推动者。这一角色转型要求图书馆不仅要精通资源管理，还需熟悉科研流程、技术支持和学术传播等多领域的实践。

支持知识创造的核心在于为研究者提供系统性的资源、工具和服务，帮助他们从信息中提炼知识，并推动新知识的生成。这一过程需要图书馆突破单纯的资源提供职能，将自身定位为研究者的战略伙伴。在知识创造的支持体系中，图书馆需要建立从数据采集、分析到知识整合的全流程服务，确保研究者能够以最低的时间成本和最高的效率获得所需支持。

数据在知识创造支持中占据关键位置。图书馆需要通过构建数据驱动的知识服务体系，确保用户能够在海量信息中高效获取有效资源。这一体系的核心在于数据的组织与分析。通过语义分析、自然语言处理和大数据挖掘技术，图书馆能够从分散的数据中提取出隐含的学术价值，为用户提供更为精准的支持。同时，图书馆还需积极参与科研数据的管理与开放，确保研究数据的长期保存和共享利用。

知识创造成果的实现离不开高效的学术支持平台。图书馆需要整合多种资源和技术，搭建学术服务一体化平台，为用户提供从资源获取到科研成果管理的全方位服务。平台的功能应包括文献获取、数据分析、学术写作指导、成果发表支持等内容，同时注重用户体验的优化。通过这种集成化的服务模式，图书馆不仅提升了服务效率，也为用户在复杂学术环境中的工作提供了可靠支持。

图书馆在知识创造过程中的另一个重要角色是科研工具与方法的推广者。许多研究者虽然对其学科领域的资源相当熟悉，但在数据分析工具的使用、跨学科方法的应用等方面可能面临挑战。图书馆可以通过培训、工作坊和个性化指导，帮助用户掌握先进的科研工具和方法。这不仅提升了用户的研究能力，也拓展了图书馆在科研支持中的服务深度。

知识创造的一个重要特点是基于网络的协作与共享。图书馆需要在这一领域发挥核心作用，通过搭建跨学科、跨机构的知识网络，促进研究者之间的合作。知识网络的构建不仅包括资源的互通，还应涵盖研究者之间的联系、科研数据的共享以及学术成果的协作传播。通过知识网络，图书馆将知识孤岛整合为高效的知识生态系统，从而助力科研创新。

传统图书馆服务多以用户需求为导向，采取被动响应模式。然而，在知识创造过程中，这种模式显然无法满足复杂的学术需求。图书馆需要主动介入科研过程，通过深度挖掘用户需求，设计定制化的服务方案。无论是科研选题阶段的数据支持，还是成果发表前的版权咨询，图书馆都应展现其作为科研战略伙伴的价值。通过这种从被动到主动的服务模式转变，图书馆将更深地嵌入学术体系。

物理空间的重新设计也是图书馆角色转型的重要一环。在知识创造支持的背景下，传统的阅读空间已无法满足用户需求。图书馆需要打造以协作和创新为核心的空间，为研究者提供创意讨论的环境和技术支持。开放式的团队工作区、高性能计算设施和多功能的学术交流中心，都是促进知识创造的重要空间设计元素。这些空间不仅提升了用户体验，也强化了图书馆作为知识创造中心的角色。

在支持知识创造的过程中，图书馆需要注重伦理问题和社会责任。数据隐私、知识产权保护以及学术公平性，是图书馆服务过程中必须关注的核心议题。图书馆通过制定并执行严格的服务标准，确保知识创造支持的合法性和合规性。此外，图书馆还需积极参与社会公益，通过开放教育资源和公共文化项目，履行其促进知识公平分配的社会责任。

支持知识创造对图书馆工作人员提出了更高的专业要求。传统的馆员培训内容已不足以应对新兴服务模式的复杂性，图书馆需要通过多渠道的能力建设计划，培养兼具学术背景与技术能力的复合型人才。这些人才不仅能够提供高质量的知识服务，还能在图书馆与学术界、产业界的合作中发挥桥梁作用。人员能力的提升，是图书馆实现角色转型的重要基础。

（二）图书馆在教育与社会中的延展功能

图书馆在教育中的角色早已超越传统的文献提供，逐步成为教育资源的整合者与知识传播的重要节点。其功能已不再局限于被动满足学术需求，而是积极参与到教育体系的构建之中。通过提供多样化的学习资源、跨学科的研究支持和专业化的技能培训，图书馆为教育发展提供了强有力的支撑。特别是在推动自主学习和终身教育的过程中，图书馆的作用不可替代。通过构建资源丰富、形式多样的学习环境，图书馆使学习者能够在资源获取、知识整合和能力提升中实现自我发展。

图书馆在支持学生学术成长方面，展现出综合性与多样化的服务能力。通过设计专项培训、提供研究指导和开设学术写作课程，图书馆不仅在学术技能培养中发挥了关键作用，也为学生搭建了通往专业研究的桥梁。此外，图书馆的学术资源为学生提供了跨学科视角和创新思维的可能性。无论是本科生的初步科研尝试，还是研究生的深度课题探索，图书馆都在知识资源与学术支持中提供全方位的保障。通过这些服务，学生在学术发展中的信心与能力得以显著提升。

图书馆在社会中的作用，已经从知识保存和文化传承扩展到社会文化建设的多个层面。作为公众接触知识的重要场所，图书馆不仅是学术资源的中心，也是社区文化活动的重要空间。通过举办读书会、文化沙龙和专题展览等活动，图书馆连接了公众与知识，激发了社会对文化的认同与参与。同时，图书馆通过推广数字资源和在线服务，为远程用户提供了平等的知识获取机会，在弥合数字鸿沟、推动社会文化公平方面发挥了不可替代的作用。

图书馆在公共教育资源的开放中，体现出高度的社会责任感。通过与学校、社会组织和地方政府的合作，图书馆整合多方资源，为社会提供普惠性教育支持。这种合作形式不仅满足了传统教育机构无法覆盖的需求，也在提高社会整体文化素养方面发挥了积极作用。尤其是面向青少年和弱势群体的教育服务，图书馆通过资源共享和技能培训，为他们提供了拓展知识和提升能力的机会，从而增强了社会的整体教育能力。

技术的发展为图书馆在教育与社会中的延展功能注入了新的活力。通过人工智能和大数据分析，图书馆能够根据用户的兴趣和需求，提供更加精准的资源推送和服务推荐。这种技术驱动的模式，不仅提高了资源的利用效率，也使服务更加个性化。与此同时，虚拟现实和增强现实技术的应用，为图书馆开展互动性强、体验感丰富的教育活动提供了可能性，使学习与社会文化体验变得更加生动有趣。这些技术手段的融合，使图书馆在教育和社会服务中展现出更强的适应性与创新性。

图书馆在社区支持中的价值日益凸显。作为社区活动的中心，图书馆通过提供公共空间和多样化的资源，为社区居民搭建了一个学习与交流的平台。社区内的学习计划、文化活动和技术培训，不仅提升了居民的知识水平和文化素养，也加强了社区内部的凝聚力。图书馆作为知识与文化的纽带，在构建和谐社区、促进社会融合中起到了不可替代的作用。通过这些活动，图书馆将自身的社会价值延伸到更加多元化的场景中。

图书馆在教育公平方面的贡献尤为重要。通过开放资源和免费服务，图书馆在很大程度上为不同社会阶层的群体提供了平等获取知识的机会。这种开放性不仅缩小了教育资源分配的不平等，也在某种程度上改变了社会的知识结构。同时，图书馆通过开展公益项目和参与社会合作，进一步履行了自身的社会责任。特别是在教育资源稀缺地区，图书馆通过提供远程学习支持和流动服务，将知识传播的边界不断延展，为社会进步注入了更多可能性。

用户体验是图书馆延展功能成功的重要因素。通过服务模式的多元化设计，图书馆能够满足不同用户的需求。在教育领域，图书馆通过定制化服务和专题支持，为师生提供精准的学术帮助。在社会服务中，图书馆通过文化活动和资源共享，为公众创造了广泛参与的机会。这种多层次的服务模式，不仅提高了用户满意度，也使图书馆的社会影响力得以显著增强。

为了更好地履行教育与社会功能，图书馆需要加强数据与资源整合能力。通过建立统一的资源管理系统，图书馆能够将分散的数据和资源集中在一个平台上，方便用户访问和使用。同时，图书馆还需通过数据分析技术，识别社会需求的变化趋势，为服务优化提供依据。这种整合能力的提升，不仅提高了服务的效率和质量，也使图书馆在教育与社会中的角色更加立体和多元。

第二节 新技术对个性化服务的推动作用

一、区块链技术在服务中的潜在应用

（一）区块链与资源管理透明化

区块链技术以其去中心化、不可篡改和透明的特性，为图书馆的资源管理提供了一种全新的技术手段。资源管理的核心在于信息的可靠性和操作的可追溯性，而区块链技术通过将所有资源记录加密存储在分布式账本中，确保了每一项资源的记录都具有高度的安全性和可信度。这种技术特点在图书馆资源的采集、使用和流通过程中具有重要意义，不仅解决了传统管理模式中的数据孤岛和不透明问题，还提高了资源利用的效率。

区块链技术的分布式特性使得资源记录能够在多个节点实时更新并保持同步。图书馆可以通过这一特性，将资源的采集、借阅和归还等操作记录在链上，从而实现资源状态的动态可视化。每一条记录都经过加密处理并实时更新到区块链网络中，使得资源管理过程对馆员和用户更加透明。这种技术不仅提高了资源管理的效率，还增强了用户对图书馆服务的信任感，因为用户可以随时查看资源的实时状态和完整记录。

在资源管理中，数据安全和权限控制是两个重要的技术难点。区块链技术通过智能合约实现了权限的精准分配，确保只有被授权的用户或系统才能访问特定的数据。图书馆可以基于区块链技术设计分级权限管理系统，不同的用户群体根据其身份和需求，获得相应的资源访问权限。同时，区块链技术能够对所有操作进行记录，防止未授权的访问和数据篡改，从而为图书馆的资源管理提供了一种高度安全的技术保障。

通过区块链技术，图书馆的资源管理流程可以实现更高程度的自动化。例如，在资源的采购和审核环节中，图书馆可以利用智能合约进行自动化审批。当采购订单满足预设条件时，区块链网络会触发相应的操作，无需人工介入。这种自动化机制在提高效率的同时，减少了人为错误的可能性，使资源管理更加精确和高效。此外，在资源的归还和延误管理中，区块链也可以通过智能合约自动发送提醒或计算相关费用，提升服务质量。

区块链技术的不可篡改性，为资源流通的透明化管理提供了技术基础。图书馆可以利用区块链记录每一项资源的流通路径，包括借阅、归还、损坏和修复等操作。每一笔记录都可追溯，且记录中的信息无法被篡改。这不仅使资源流通变得更加透明，还为用户和馆员提供了一种信任保障。例如，在馆际资源共享中，区块链记录能够清晰展示资源从采集到使用的完整生命周期，为多机构间的协作提供可靠依据。

区块链技术为图书馆实现数据整合提供了新的可能性。在传统模式下，资源数据通常分散在不同的系统中，导致资源利用效率降低。通过区块链技术，图书馆可以将资源数据整合到一个分布式网络中，形成统一的资源管理平台。这种整合不仅优化了资源的分配，还为数据分析提供了基础。通过对链上数据的分析，图书馆可以更准确地了解用户需求，从而调整资源采集策略，提高资源的使用率和服务的精准度。

在资源协作方面，区块链技术具有显著优势。图书馆可以与其他学术机构、公共图书馆和科研机构建立基于区块链的资源共享网络。在这一网络中，所有参与机构都可以查看和共享资源，同时确保共享过程的透明性和数据的完整性。这种模式不仅降低了资源管理的成本，还为用户提供了更广泛的资源选择。此外，区块链技术能够记录共享过程中的所有操作，为协作机制的优化提供了可靠的数据支持。

图书馆的资源管理模式直接影响用户的服务体验。区块链技术通过提升管理的透明性和安全性，增强了用户对图书馆的信任感。当用户能够清晰地看到资源的使用记录、状态更新以及操作日志时，对服务质量的认同感和满意度会大大提高。此外，区块链技术还可以在用户与图书馆之间建立直接的互动机制，例如基于区块链的用户反馈系统，使用户能够更便捷地参与到图书馆服务的改进中。

（二）用户隐私保护与数据安全的提升

在传统的数据管理模式下，用户信息通常直接与其身份信息绑定，这增加了数据泄露的风险。而区块链技术通过引入匿名化机制，有效隔离了用户身份与数据操作之间的关联。匿名化机制通过生成唯一的数字标识替代用户的真实身份，使用户的隐私信息不直接暴露在系统中。分布式存储是区块链技术在数据安全中的核心特性之一。通过将数据分布存储在多个节点中，区块链避免了单点故障和集中化存储的安全隐患。即使某个节点遭到攻击或破坏，链上其他节点仍能保持数据的完整性和可用性。

区块链技术通过智能合约实现了对数据访问权限的精准控制。智能合约是一种自动执行的程序，能够根据预设规则动态分配用户的访问权限。在隐私保护的应用场景中，智能合约通过验证用户的身份和操作需求，决定是否允许其访问某一数据块。在数据共享场景中，如何在满足共享需求的同时保障隐私，是一个复杂的技术问题。区块链通过零知识证明技术，实现了数据共享与隐私保护的平衡。零知识证明允许数据提供者在不暴露数据内容的前提下，向数据需求方证明其信息的真实性。

区块链的透明性和不可篡改性，使其在安全事件的监控和响应中具有显著优势。链上每一笔操作都被完整记录，这为追溯安全事件提供了清晰的证据链。当发生数据泄露或非法访问时，系统能够通过区块链记录迅速定位问题节点并采取相应措施。在传统模式中，用户的隐私数据通常由平台集中管理，用户难以掌控数据的使用范围。而在区块链系统中，用户可以通过加密密钥直接管理和授权其数据的访问。在隐私保护的同时，数据合规性也是区块链技术需要解决的重要问题。区块链通过分布式存储和操作记录，为合规性审查提供了全面的技术支持。例如，在满足隐私保护的前提下，系统能够为合规部门提供数据操作日志和授权记录。

尽管区块链在隐私保护中具有显著优势，其技术复杂性也为用户隐私管理带来了新的挑战。加密算法的选择、智能合约的设计以及链上数据的分布式存储，都对系统的稳定性和易用性提出了更高要求。为应对这一问题，图书馆和相关机构需要通过技术优化和用户培训，提高系统的易用性，确保用户能够高效、安全地管理其隐私数据。

用户隐私保护的实现离不开用户自身的意识与能力。区块链技术的广泛应用需要用户了解其基本原理和操作方式。通过定期的培训、宣传和技术支持，图书馆能够帮助用户树立隐私保护意识，并掌握基本的区块链操作技能。在跨机构数据共享与协作的场景中，区块链技术为隐私保护提供了全面支持。通过建立基于区块链的协作网络，不同机构之间可以在不暴露敏感信息的前提下实现数据共享。每一个共享操作都由链上智能合约验证并记录，确保操作的透明性和安全性。

二、虚拟现实技术的服务延展

（一）沉浸式资源体验的可能性

虚拟现实技术以其高度沉浸的交互方式，正在改变图书馆资源的使用体验。传统图书馆以实物为主的资源形式限制了读者的想象力，而虚拟现实通过构建三维虚拟环境，让用户可以在虚拟空间中浏览、操作，甚至"触摸"数字资源。无论是文献档案的立体化展示，还是多学科知识的动态呈现，虚拟现实都使资源体验更加多维和直观，为读者提供了前所未有的深度参与感。技术让学习和科研的环境从物理场所延伸至虚拟空间，消除了时间和空间的局限。在沉浸式的虚拟环境中，用户不仅可以获取静态信息，还可以动态参与内容的生成和互动。例如，文学作品的虚拟场景再现使读者身临其境感知历史背景，科学实验的虚拟模拟则为研究者提供了真实实验无法实现的环境控制。

传统资源展示通常局限于文字和图片，而虚拟现实技术将信息的呈现方式拓展到视觉、听觉、触觉等多感官领域。这种多感官交互使资源的抽象概念更加具体化，尤其在复杂数据的理解中具有显著优势。例如，地理信息的三维展示不仅使地形、气候等数据更加直观，同时也能动态呈现数据变化的趋势和影响。虚拟现实技术通过多感官的深度参与，使得资源体验更加全面。在虚拟现实环境中，用户不再是被动接受信息的个体，而是积极参与信息建构的主体。无论是通过虚拟手柄对场景中的资源进行操作，还是通过虚拟探针深入探索知识的内部结构，用户的主动性得到极大释放。

文献资源的立体化再现，让历史档案、珍贵手稿等资源能够以更加直观的形式展示其原始结构和文化价值。在虚拟环境中，用户可以模拟翻阅古籍，观察每一页的文字细节，甚至感受古籍装帧的艺术特色。在虚拟知识空间中，资源的排列和分类可以超越传统的物理书架形式，依据主题、内容关联度或用户兴趣进行动态调整。用户进入这一虚拟空间后，可以通过虚拟路径自由探索知识领域，实现对资源的全面理解和灵活应用。虚拟知识空间的构建不仅优化了资源管理，还为用户提供了个性化的学习路径。

虚拟现实技术将教学与资源体验深度融合，为教育模式带来了新可能。通过虚拟现实的场景化教学，用户可以在真实与虚拟交互的环境中更直观地理解教学内容。例如，在虚拟环境中学习天文学，可以亲临太阳系行星轨道，观察行星的运行规律。在虚拟环境中，多个用户可以同时进入同一场景，进行实时互动和资源共享。例如，在跨学科研究项目中，不同领域的研究者可以在虚拟空间内共同分析数据，分享观点。这种沉浸式协作方式打破了学科界限和地域限制，为科研与教育提供了高度灵活的合作平台。

同时用户对设备的易用性、交互界面的友好性，以及虚拟场景的真实性都有较高要求。图书馆可以通过引入先进的渲染技术和人机交互系统，提升虚拟现实环境的流畅度和稳定性，同时根据用户反馈不断优化资源展示形式，使沉浸式体验更贴合用户的需求和期待。在虚拟环境中，用户可以同时浏览和操作多个资源，不受物理环境的制约。

（二）教学与科研支持中的虚拟技术应用

虚拟现实技术为教学环境的重塑提供了丰富的可能性，其嵌入式应用使传统课堂焕发新的活力。在虚拟技术构建的场景中，教学活动不再局限于文字和图像的传递，而是通过三维互动的方式将抽象知识直观化。学生在虚拟环境中不仅能够观察动态的知识模型，还能通过触觉和动作深刻理解知识结构。虚拟技术将理论与实践相结合，让学习者在情境体验中掌握复杂的知识点。虚拟环境的构建使得教育资源的共享更加灵活，无论是实验课程还是理论课程，都可以通过虚拟空间实现无缝衔接。教育者在虚拟环境中能够实时调整课程内容，适应不同学生的学习进度和理解能力。虚拟技术赋予教学过程以更多的灵活性，为教育者提供了更大的创造空间。教育资源在虚拟环境中的优化配置，也让更多学生能够公平地享受优质教育资源。

虚拟实验室作为虚拟现实技术的应用之一，为科研活动开辟了全新的场景。虚拟实验室能够模拟多种实验条件，研究人员无需担心物理环境的限制，可以在虚拟空间中反复验证假设，调整变量，观察结果。在虚拟实验中，研究者可以精准操控实验的各项参数，探索在现实条件下难以实现的研究方向，为创新性研究提供了广阔的空间。虚拟实验室的应用不仅提升了科研效率，还降低了研究成本。在传统实验中，高昂的设备费用和实验材料成本是科研的主要限制因素。而虚拟实验室通过数字技术实现设备和材料的虚拟化，减少了资源的浪费。研究人员在虚拟环境中积累的经验和数据，还可以进一步转化为可共享的资源，为其他研究团队提供重要的参考。

在科研活动中，复杂的数据关系往往难以通过二维图表准确呈现，而虚拟技术的三维建模能力将数据间的复杂交互变得清晰可见。在虚拟现实环境中，研究者可以从多角度观察数据的变化趋势和内部联系，实时调整分析维度，从而获得更全面的洞察。研究团队可以将实验数据和分析结果转化为动态的可视化模型，与其他学者进行直观的交流。数据可视化的动态展示方式不仅提升了科研的传播效率，也为学术讨论提供了更加具体的依据。

在虚拟环境中，学术资源不再以孤立的文档形式存在，而是通过动态的三维展示与交互方式，为用户提供了全新的资源体验。在这一过程中，研究者可以上传自己的研究成果，将其转化为虚拟模型，与全球范围的学术社区共享。虚拟技术使资源的共享不再局限于传统的文献传递，还包括实验场景和动态数据的直接共享。研究团队可以通过虚拟现实平台实时协作，共享实验数据和分析工具。

虚拟现实技术在跨学科科研合作中的应用，展现了其整合资源和推动创新的巨大潜力。在虚拟环境中，不同学科的研究者能够实时协作，共同探索复杂的学术问题。虚拟技术通过整合多学科的研究方法和资源，为跨领域的研究提供了一个高效的平台。研究者能够在虚拟空间中同时调用多个学科的资源，快速验证跨学科假设，推动知识的深度融合。在传统的协作模式中，不同学科的研究者常常因语言和方法的差异而面临沟通障碍。而虚拟现实技术通过视觉化的互动场景，使研究者能够更直观地表达自己的想法，减少了因语言和文化差异带来的理解偏差。

三、前沿技术对服务创新的驱动

（一）人工智能优化服务流程

1.服务需求的精准识别

通过自然语言处理和机器学习算法，系统能够从用户的查询记录、借阅习惯、资源浏览路径中提取行为特征，构建用户兴趣模型。这种个性化的需求分析，使图书馆能够提前预判用户可能的需求并提供定制化的资源推荐。相比传统依赖人工筛选的方式，人工智能能够在数据量大、用户需求复杂的场景下高效处理信息，显著提升服务的响应速度。为了提高需求识别的精确性，系统会不断自我优化。随着用户与系统交互频率的增加，算法能够动态调整兴趣模型的参数，使预测更加贴合用户的真实需求。这种动态优化的过程不仅提升了服务的精准度，也增强了用户的参与感与满意度。

2.服务资源的自动匹配

在用户需求识别完成后，人工智能技术通过资源自动匹配功能，将需求与馆藏资源进行高效对接。通过构建资源标签体系和知识图谱，系统能够实现资源的深度关联和语义匹配。例如，用户提出的复杂学术问题可以通过知识图谱快速定位到相关的文献、数据集或学术工具。资源匹配的过程中，人工智能算法还会评估匹配结果的相关性和权重，以确保推荐结果的质量。对于多维度的用户需求，系统能够自动生成多样化的资源推荐路径，满足不同用户的使用偏好。资源匹配功能的智能化，使图书馆的服务从被动响应转向主动引导，为用户提供了更高效的知识获取方式。

3.信息分类与整合

在资源匹配完成后，人工智能技术通过深度学习算法对馆藏资源进行分类，结合领域知识建立多层次的分类框架。资源整合的过程中，系统能够根据用户需求，将不同来源的资源进行有机组合，并生成结构清晰的知识地图，帮助用户快速了解相关领域的全貌。人工智能在信息整合中的应用还包括数据的去冗余处理和内容质量评估。系统会自动剔除重复性强、内容质量较低的资源，并优先推荐权威性高、引用广泛的学术成果。这一过程不仅提高了资源利用率，也优化了用户的阅读体验。

4. 实时交互与智能响应

在用户使用过程中，人工智能技术的实时交互与智能响应功能进一步优化了服务流程。智能客服系统通过自然语言处理技术，能够实时回答用户的问题，为用户提供资源检索、借阅服务、学术指导等全方位的支持。相比传统的人工客服，智能客服系统响应速度更快，服务时间不受限，同时能够处理多用户的并发请求。实时交互的优势还体现在问题复杂度的自动分级处理上。对于常见问题，系统会直接提供标准化的解答；对于复杂问题，系统会通过语义分析功能提取问题关键点，并将问题转交给人工专家处理，确保用户的需求能够得到准确满足。

5. 服务质量的自动评估与反馈

服务质量的评估与优化是人工智能优化服务流程的重要组成部分。通过分析用户的使用记录、反馈意见和行为模式，系统能够自动评估服务的效果，并生成改进建议。服务质量评估指标包括用户满意度、资源利用率、响应时间等多个维度。自动反馈机制还能够实现服务的持续改进。每次用户与系统的交互都会被记录并作为训练数据输入机器学习模型，从而不断完善服务的逻辑和内容。

6. 个性化服务的动态调整

在优化流程的最后阶段，人工智能通过个性化服务的动态调整，满足用户多样化和变化的需求。根据用户的最新行为和兴趣变化，系统会实时更新用户画像，并调整推荐策略和服务内容。例如，用户在某一领域的研究兴趣增加后，系统会自动优先推送相关领域的高质量资源，并提供个性化的研究建议。动态调整的过程体现了人工智能在服务流程优化中的灵活性和前瞻性。通过实时追踪用户的需求变化，系统能够在服务内容和形式上做到及时响应，使图书馆的服务始终保持高效和贴心。

7. 系统安全与隐私保护

人工智能在优化服务流程的同时，也注重数据安全和隐私保护。在用户数据收集和分析过程中，系统通过数据加密和权限管理技术，确保用户信息不被非法访问或滥用。同时，隐私保护机制还允许用户对其数据使用范围进行自定义设置，进一步提升用户对服务的信任。

（二）物联网推动图书馆智能化管理

1.实时数据采集与资源动态监控

物联网技术在图书馆管理中的应用首先体现在数据采集的实时性和全面性。通过在书架、阅览区域和馆内设备中嵌入智能传感器，物联网实现了对资源和环境的全时监控。每本图书的位置、借阅情况以及读者活动的热区都能够实时反映在管理系统中，为管理者提供精准的数据支持。动态监控系统不仅提升了馆藏管理的效率，还为馆内的设施管理提供了可靠依据。灯光、空调等设施的运行状态和使用频率能够通过物联网设备实现自动调整。环境监测数据如温度、湿度和空气质量也能够实时采集，为馆藏保护和读者舒适度提供科学指导。

2.自动化借阅与归还流程的优化

通过 RFID技术和自动化设备的结合，物联网实现了无缝衔接的自助借还书服务。读者只需将图书放置在自助设备上，系统即可通过感应快速完成借阅或归还操作，整个过程简单便捷。归还流程中的图书分类和定位也因物联网技术的介入而更加高效。每本图书的标签与馆内系统互联，归还后的图书能够迅速按照其所属分类进行自动分拣和归架。智能化的归还流程让图书馆能够更快速地恢复资源的可用状态，为用户提供更好的服务体验。

3.馆藏定位与资源追踪的精准化

馆藏资源的定位和追踪是图书馆管理中的关键环节，而物联网技术的精准定位功能为这一环节提供了革命性的解决方案。通过在每本图书的标签中嵌入射频识别芯片，馆藏资源的具体位置能够实时显示在管理系统中。管理员可以随时追踪图书的动态，无论是被借阅、归还还是在馆内流转，所有信息都能够一目了然。定位功能还为用户的馆内导航提供了技术支持。当用户在馆内寻找某本图书时，系统能够通过移动设备为其提供实时路径指引，大幅提升了用户的便利性。同时，这一技术也有效减少了图书的错架和丢失问题，为馆藏管理提供了可靠保障。

4.智能安防与资源保护

物联网技术在图书馆安防系统中的应用极大地提升了资源的安全性。智能安防系统通过门禁监控、行为识别和异常报警等功能，为馆内的人员和资源提供了全方位的保护。传感器能够实时监测馆内的人员流动和行为，当系统检测到异常情况时，能够立即发出警报并通知管理者采取措施。对于珍贵的馆藏资源，物联网设备能够实时监测其保存环境并提供预警功能。当环境参数如温湿度超出安全范围时，系统会自动调整相关设备或提示管理员进行人工干预。智能安防系统不仅保障了馆藏资源的安全，还提高了整个馆内环境的管理水平。

5. 数据驱动的管理决策支持

物联网技术在图书馆管理中的另一个重要作用是通过数据驱动的方式为决策提供支持。传感器收集的读者行为数据、设备使用频率和资源借阅记录经过分析后，能够转化为优化服务的具体方案。管理者可以根据这些数据调整资源分配、开放时间以及服务内容，以更好地满足用户需求。此外，物联网技术还为管理效率的提升提供了强有力的工具。设备的维护周期、耗材的使用情况以及能耗数据都能够通过物联网系统实时掌握，为馆内资源的高效配置提供依据。这种数据驱动的管理模式不仅节省了人力和物力成本，还使决策更加科学合理。

6. 智能化空间管理与环境优化

物联网技术的应用改变了图书馆空间管理的传统方式。通过智能监测设备，图书馆能够实时掌握阅览座位的使用情况和空间的流动分布。这种动态数据为读者提供了更高效的空间利用体验，用户可以通过移动应用实时查看座位使用情况并进行预约。环境优化是空间管理的重要组成部分，物联网技术使这一过程更加智能化。通过对温湿度、光照强度和空气质量的实时监控，图书馆能够根据具体需求动态调整设施参数，为读者和馆藏提供最优的环境条件。这种技术的引入不仅提升了用户的舒适度，还延长了资源的使用寿命。

7. 用户交互与服务体验的个性化提升

物联网技术在用户交互中的应用使图书馆服务更加贴近用户需求。用户通过个人终端设备与物联网系统连接，可以获得实时的资源推荐、活动通知和个性化服务。这种智能交互模式增强了用户与图书馆之间的联系，让服务体验更加丰富和个性化。个性化服务的实施还体现在用户行为数据的深度挖掘上。通过分析用户的借阅记录和馆内活动，物联网系统能够为用户定制专属的服务内容。用户不仅能够快速获取自己感兴趣的资源，还能够享受到更多符合其需求的增值服务。

参考文献

[1]刘莎莎，陈松林．高校图书馆文献资源优化配置研究［J］.安徽工业大学学报（社会科学版），2019(04)

[2]肖竹青．高校图书馆文献资源建设新议［J］.闽南师范大学学报（哲学社会科学版），2019(02)

[3]杨再婵，汤顺林．高校图书馆文献资源构建现状及优化策略研究［J］.教育教学论坛，2017(39)

[4]沈元慈，董川远，王兴旺．高校图书馆文献资源配置的弹性分析模型［J］.图书馆理论与实践，2014(10)

[5]郭敩．浅谈多校区模式下高校图书馆文献资源配置工作［J］.科技情报开发与经济，2009(28)

[6]黄宪．高校图书馆文献资源配置效用研究［J］.高校图书馆工作，2009(05)

[7]丁辉,陈心蓉.基于AHP的高校图书馆文献资源优化配置[J].情报杂志，2006(06)

[8]黄世晴，张琳，张薇，等．数智驱动下的高校图书馆纸电文献资源优化建设探究杨莘［J］.图书馆杂志，2023(02)

[9]试谈新时期高校图书馆采访人员的素质莫志雄．全国新书目，2007(18).

[10]高校图书馆争取社会捐助工作的思考梁震戈，王文君，张丽君．河北师范大学学报（哲学社会科学版），2004(04).

[11]论市场经济与高校图书馆改革蒋燕萍．柳州师专学报，1995(03).

[12]谈谈高校图书馆的改革张厚涵．山东图书馆季刊，1985(02).

[13]高校图书馆如何提高对于高等继续教育的服务许芳芹．内蒙古民族大学学报，2005(01).

[14]基于"冷门绝学"视域的高校图书馆特藏建设探究李璟致．图书情报导刊，2024(09).

[15]高校图书馆专利预评估服务现状分析马新宇，王舒，彭博，俞小怡．图书馆研究，2024(05).

[16]高校图书馆阅读推广组织模式探究王明鑫．图书馆研究，2024(05).

[17]高校图书馆阅读推广活动现状与发展路径研究——以大学生参与"读书月"活动为例徐玮，付新玲，刘洪新．造纸装备及材料，2024(08).

[18]全媒体环境下复合阅读与推广策略曹爽 . 农业图书情报学刊，2017(08).

[19]全媒体环境下基于内容营销的图书馆阅读推广策略研究马小翠，孙振强 . 大学图书情报学刊，2022(03).

[20]全媒体环境下大学生阅读活动中多重主体及其关系研究刘英梅，郭瑞芳 . 图书馆界，2014(03).

[21]全媒体环境下图书阅读的精细化管理王莉娥 . 文化产业，2023(35).

[22]基于融媒体环境的图书文化发展探究周月霞 . 文化产业，2022(36).

[23]融媒体环境下公共图书馆阅读推广质量提升策略研究陈丽萍 . 图书馆界，2022(02).

[24]全媒体环境下图书馆的建设与发展倪桂灵 . 甘肃高师学报，2015(04).

[25]全媒体环境下图书馆深阅读推广研究王欣，余成斌 . 文献与数据学报，2021(04).

[26]自媒体环境下我国图书馆服务面临的挑战与对策司姣姣 . 山东图书馆学刊，2024(01).

[27]全媒体环境下公共图书馆阅读推广社会合作探索张慕洁 . 河南图书馆学刊，2015(07).